闪电式扩张

BLITZSCALING

*The Lightning-Fast
Path to Building Massively
Valuable Companies*

[美] 里德·霍夫曼 (Reid Hoffman)
[美] 叶嘉新 (Chris Yeh) / 著

路蒙佳 / 译

中信出版集团 | 北京

图书在版编目（CIP）数据

闪电式扩张 / (美) 里德·霍夫曼, (美) 叶嘉新著 ;
路蒙佳译 . -- 北京 : 中信出版社, 2019.9（2025.4重印）
书名原文 : Blitzscaling: The Lightning-Fast
Path to Building Massively Valuable Companies
ISBN 978 - 7 - 5217 - 0586 - 7

Ⅰ . ①闪… Ⅱ . ①里… ②叶… ③路… Ⅲ . ①企业管
理—经验—美国 Ⅳ . ① F 279.712.3

中国版本图书馆 CIP 数据核字 (2019) 第 087925 号

闪电式扩张

著　　者：[美]里德·霍夫曼　[美]叶嘉新
译　　者：路蒙佳
出版发行：中信出版集团股份有限公司
　　　　　（北京市朝阳区东三环北路 27 号嘉铭中心　邮编　100020）
承 印 者：三河市中晟雅豪印务有限公司

开　　本：880 mm×1230 mm　1/32　　印　张：10.75　　字　数：223 千字
版　　次：2019 年 9 月第 1 版　　　　印　次：2025 年 4 月第 6 次印刷
京权图字：01-2019-0989
书　　号：ISBN 978-7-5217-0586-7
定　　价：68.00 元

版权所有·侵权必究
如有印刷、装订问题，本公司负责调换。
服务热线：400-600-8099
投稿邮箱：author@citicpub.com

陆奇　YC 中国创始人兼首席执行官

中国的创新环境为闪电式扩张提供了一个比较自然的用武之地，我在自己创新探索的实践中也多次借鉴《闪电式扩张》中的理念，受益良多。我相信这本书能够帮助中国的企业管理者和创业者提高认知，从而在未来大有作为。

刘炽平　腾讯公司总裁

当扩张速度至关重要时，闪电式扩张就是创业与创新宝典。这本书详细介绍了硅谷和中国的重要经验，案例囊括爱彼迎、亚马逊、谷歌和腾讯等公司。

陆坚　领英中国总裁

2019 年年初在硅谷出差，里德送给我一本《闪电式扩张》英文版，并在扉页上写下"为领英中国、科技和美好社会的闪电式扩张"。这是一本指引创业者和管理者以超乎寻常的智慧和勇气打造伟大公司的战略指南和战术手册。任何一家创业公司都追求规模化的快速增长，但是闪电式扩张不一定适用于所有创业公司或所有发展阶段。作者不仅提供了丰富的案例，还提供了"是否"（If）和"何时"（When）的战略思考，以及"如何"（How）赢得闪电式扩张的战术指导。

比尔·盖茨

你即将看到的案例研究以及你即将获得的工具拥有前所未有的重大意义。阅读本书正当其时。

埃里克·施密特　谷歌前执行董事长

硅谷的秘诀在于它不断更新剧本。每次新的成功——从谷歌到脸书，再到爱彼迎和优步——都建立了推出改变世界的产品的新方法。通过关键案例研究，里德·霍夫曼介绍了打造一家市场领先公司的关键元素。如果你想学习如何在混乱——这已经成为初创企业和传统企业的新常态——中实现增长，就请阅读这本书吧。

布莱恩·切斯基　爱彼迎联合创始人兼首席执行官

这是一本初创企业翘首以盼的书。我想不到还有哪本书能如此完美地反映公司在每个增长阶段面临的具体挑战和机遇。

谢丽尔·桑德伯格　《向前一步》《另一种选择》作者

《闪电式扩张》展示了公司如何在数字时代为客户和股东创造价值。这是一种引人注目的内部观点，阐述了新经济如何形成并改变全球商业。

亚当·格兰特　《沃顿商学院最受欢迎的思维课》作者

在我读过的关于如何让公司快速发展壮大，以及何时值得尝试这样做的书中，这是最优秀的一本。本书罕见地结合了新鲜见解、生动案例和可操作建议，是企业家和高管的案头书目。

杨致远　雅虎联合创始人

《闪电式扩张》结合了中国和硅谷的经验，解释了阿里巴巴和爱彼迎等公司如何在极短时间内发展成为改变世界的公司。对于打造未来公司的企业家和领导者来说，这是一本重要的参考书。

目　录

第一章　什么是闪电式扩张

第二章　商业模式创新

第三章 战略创新

第四章 管理创新

第五章 闪电式扩张的蓝图

目　录

第六章　负责任的闪电式扩张

序 一　以快制胜

比尔·盖茨

我认识里德·霍夫曼有许多年了。当时我到硅谷与格雷洛克合伙公司（Greylock Partners）的负责人会谈，以便了解他们投资的公司，而里德是这家风投公司的合伙人，于是我们成了朋友。他的敏锐头脑和出色的商业意识让我印象深刻。里德以举办长午宴而闻名，席间的谈话一直持续到深夜，我们花了许多顿饭的时间剖析科技业、分析人工智能的前景，等等。当微软的首席执行官萨蒂亚·纳德拉开始谈论收购领英（LinkedIn）时，我知道这是个非常合适的选择。

在我与里德讨论的所有问题中，最引人深思的可能就是闪电式扩张。正如他和叶在本书最后一章中说明的，这一思想适用于许多行业。但是，当商业模式依赖于拥有大量用户并从中获得反馈时，优先考虑速度（speed）而非效率（efficiency）——即使面临不确定性——就显得尤为重要。如果你提早进入市场并开始获得反馈，而你的竞争对手没有这样做，那么你就成功在望。只要规模对于业务至关重要，尽早进入市场并快速行动就是制胜法宝。

这尤其适用于双向商业模式，这种商业模式有两组用户，他们对彼此产生积极的网络影响。例如，领英希望吸引求职者和想聘用他们的雇主，爱彼迎（Airbnb）希望吸引寻找住处的房客和出租房屋的房东，优步（Uber）希望吸引司机和乘客。

同理，销售操作系统的软件公司希望吸引应用程序开发人员和终端用户。微软当然经历过闪电式扩张阶段（虽然当时我们没有如此称呼它）。我们很早就走上了学习的道路，并建立了严肃认真的公司声誉。我们拥有勤奋工作和做事高效的极致文化。

闪电式扩张背后的思想不仅适用于初创企业和规模化企业，对于大型成熟公司也很重要。行动窗口可能很窄，也可能快速关闭。数月的犹豫，即意味着领先者与追逐者的差距。

里德和叶的想法比以往任何时候都更加实际，因为现在企业可能正以几十年前根本不可行的方式快速壮大。丰富的服务提供商和外包公司生态系统为快速增长提供了支持。许多公司都经历过急剧增长，因此有很多例子可供学习。用户反馈以数据流形式源源不断地涌入。产品周期从以年为单位缩短到以周或天为单位。好评可以在网上即时传播，因此强大的产品可以迅速吸引大量受众。

换言之，你即将看到的案例研究以及你即将获得的工具拥有前所未有的重大意义。阅读本书正当其时。我很高兴里德和叶能分享他们的真知灼见。

序 二　　闪电式扩张带来新机遇

YC 中国创始人兼首席执行官　陆奇

我很高兴能够为里德·霍夫曼的这本书作序，我愿意毫无保留地将这本书推荐给中国的读者朋友们。

我推荐这本书的第一个重要原因是里德本人。里德不仅思想前瞻，还拥有独特的创业和投资经验，是当今最值得重视和尊敬的创业者、投资人和创新思想家之一。他对前沿技术的思考与探索，特别是对人工智能、全球创新和社会整体进步所做的贡献，值得我们每个人关注。

我初识里德是在他创建领英的早期，从此我们便保持频繁的交流并成了长期的朋友。我们在一些重大课题上有过很深入的探讨，这常常让我受益匪浅。在过去的交往中，我也有幸见证里德职业生涯的重要时刻。第一次是在 2008 年，我毫无保留地推荐领英现任首席执行官杰夫·韦纳成为他的接班人。我和杰夫曾在雅虎有着近 6 年的合作经历，他主持业务，我负责技术。领英的这一次首席执行官传承在业界是一个公认的成功案例，并在硅谷传为佳话。第二次是我参与了微软并购领英的过程，这是美国互联网生态中的重要事件。

随后里德也进入了微软董事会，从此他的才华与智慧有了一个更大的创造价值的舞台。后来我回到中国工作，依然与里德保持着频繁互动。里德关注中国创新，我相信他对中国市场的了解超过了大部分美国作者。

我推荐这本书的第二个也是更为重要的原因是这本书的内容。闪电式扩张的核心是：在面对不确定性时优先考虑速度，由此获得快速增长。这个核心通过三个方面体现其丰富的内涵：商业模式创新的框架、战略创新的框架以及管理创新的框架。闪电式扩张的概念源自里德在斯坦福大学的课程案例，我认为这一前瞻性的概念将会运用在科技驱动创新的前沿，对创业者和企业管理者起到越来越重要的作用。其主要原因是随着技术推动和数字化程度的不断提高，物理世界和人的行为越来越趋于数字化。数字化链接覆盖了越来越多的人与人、人与物之间的关系。网络效应和平台化越来越成为每一个成功的产品必然面临的机遇和挑战。因此，任何一个技术驱动的大规模创新的 S 形成长曲线会越来越陡，这是历史的趋势。闪电式扩张将成为每一个创业者和企业管理者需要深刻理解并有效使用的概念。

闪电式扩张这个概念非常适合中国的创新环境。在这本书中，里德把微信作为重要案例，提及腾讯抓住了 PC（个人计算机）互联网到移动互联网发展的历史机遇：腾讯内部设有三个团队，同时探索移动方案，最终取得成功。里德认为中国是闪电式扩张的沃土，为闪电式扩张提供了最基本的条件：更加激烈的市场竞争、更快的企业决策和迭代速度、更丰富的人才储备和总体偏低的人力资源成本。闪电式扩张的核心是速度胜于一切，做一次性的事，比如不惜代价，通过投入人力来获得速度。中国的创新环境为闪电式扩张提供了一个比较自然的用武之地，而这本书能推动每个读者更上一层楼，激发他们进行更多结构化的深刻思考，继而结合自己的业务，更好地把握住机会。

我有幸很早就看到了这本书的初稿，也有机会就书中的一些重要概念与里德交流。我在自己创新探索的实践中也多次借鉴本书中的理念，受益良多。于是我将这本书推荐给了很多同事和创业者朋友。在此，我将结合我的工作实践，向中国的读者有针对性地推荐书中的重要章节。

第一，关于商业模式创新的章节和有关内容。首先，我建议中国的读者，特别是创业者，要重视商业模式的创新，尤其在技术驱动浪潮的早期。回顾历史，在互联网时代早期，谷歌、亚马逊和脸书等成功的企业，都曾在早期专注于商业模式并持续进行创新，从而确立了市场的领先地位。今天，我们处在另一个浪潮——人工智能的早期，重视商业模式的创新将带来更大的机遇。

另外要高度重视毛利，这也是我在微软工作期间学到的重要经验之一。我与里德的观点高度一致：只有对毛利有一个非常明确的判断，才能知道自己能不能进行闪电式扩张，以及应该用多快的速度扩张。过多地依赖融资烧钱是不可持续的，只有拥有了健康的商业模式和充足的毛利，才能有效地支撑企业成长。

此外，里德在这本书里也强调了推广和渠道的重要性。中国的线上和线下渠道都很丰富，这就意味着机遇和挑战并存。我建议中国的企业管理者和创业者们，早期要在渠道推广上多下功夫，深入了解渠道的结构，特别是成本和竞争结构。规划完整的渠道战略，才能有效地推进闪电式扩张。以火箭来比喻：产品是发动机，毛利是闪电式扩张时的燃料，渠道是让我们能杀出一条血路的路径。

第二，关于战略创新的章节和有关内容。这里我建议大家要着眼于真正的大机会，真正的大机会是由技术驱动的。大家应该高度关注书中相关的案例，提取有价值的经验教训，提高深刻理解技术发展方向的能力，对技术的长期发展保持高度敏锐，从而随时准备捕捉闪电式扩张的机会。这一点对中国当下的创新环境来说，意义格外显著。我们在越来越多的技术领域走在了前沿，包括人工智能技术等，这是中国创业者面临的一个非常好的机会。

第三，关于管理创新的章节和有关内容。里德在书中提出了企业在不同阶段的五种管理方式，并做了形象的类比：家庭、部落、村庄、城市和国家。就我个人的经历而言，在大部分环境中，这一管理框架都能找到行之有效的应用。我也希望中国读者在不断快速迭代的创新环境中，灵活地借鉴这样的管理方式，让自己受益。

这本书中有很多案例，不过更多的是研究美国企业的案例。我认为中国的案例可以更好地帮助中国企业管理者和创业者，特别是移动互联网行业的案例，可能会比美国的更精彩。建议大家看看日活用户排名前 20 的移动 App（应用程序），回顾它们当时是如何冲上去的，相信大家能够受益良多。

最后，一个企业是否能通过闪电式扩张真正地实现跨越式发展，并连续创新，需要看企业的领军人物的认知能不能保持持续高速成长，要看其认知提升的速度能不能站在 S 形曲线的前沿。我相信这本书能够帮助中国的企业管理者和创业者提高认知，从而在未来大有作为。中国的机会非常大，但不进则退，我们可以将里德为我们提供的养分作为启动点，希望每一位读者都能够把握住属于自己的机会。

中文版序　闪电式扩张在中国

里德·霍夫曼

　　写《闪电式扩张》时，我们首先整理提炼了自己在硅谷的工作生涯中得到的经验。但是，我们越是探究闪电式扩张的概念，就越意识到如果不加入中国闪电式扩张的伟大经验和案例，对闪电式扩张的介绍就根本不完整。这就是为什么我们在本书开篇的案例中选取了微信的诞生以及爱彼迎的闪电式扩张决策，为什么世界上只有中国能在本书中独占一章，以及为什么我们称中国为"闪电式扩张的沃土"。

　　在这篇中文版序中，我将重点介绍我从中国和中国企业家身上学到的一些重要创业经验，这些经验是我在硅谷期间从未学到的。我认为自己仍是一名学生，不断从这两个地方学习优秀的创业经验。

　　闪电式扩张是指在面对不确定性时优先考虑速度而非效率，从而追求快速增长。人口只有400万左右的硅谷在过去25年中打造出世界上大多数最有价值的科技公司，原因不言自明，正是因为它使用了这种方法。

　　在同一时期，中国超越了世界上其他地区——包括波士顿和纽约等知名地区，成为闪电式扩张效率第二高的地区。

在推出领英中国的过程中，我很荣幸，也很高兴能了解世界级中国企业家、高管和投资者实施闪电式扩张的中国方法。

遗憾的是，硅谷的企业家中只有少数人有机会体验在中国运用的其他方法。我在中国遇到的人投入了大量精力学习硅谷的方法，例如阅读本书，但很少有来自硅谷或世界各地的企业家投入相同精力向中国人学习。

这是错失良机。

当我在中国旅行和演讲时，我发现多数听众都熟悉硅谷的最新发展。多数中国高管都会读说英文，并且每天都看最新的英语新闻。有多少美国或欧洲高管会读说中文并了解中国的最新发展情况？

如果西方企业家等待英文媒体报道一项创新——这可能是因为一家硅谷公司开始推出这项创新，中国的闪电式扩张公司可能已经领先一年起步，并在全球市场建立了重大优势。

因此，为了鼓励硅谷与中国的闪电式扩张公司建立更紧密的联系，我总结了自己在中国亲身学到的一些重要经验。

虽然闪电式扩张可以（至少在理论上可以）在世界任何地方实行，但在世界上有两个闪电式扩张地理"中心"：硅谷和中国。为什么是硅谷？本书后面回答了这个问题。为什么是中国？和美国一样，中国提供了一个庞大的国内市场，它让本国的闪电式扩张公司可以在迎接全球化挑战之前积累起巨大规模和优势。

但是，真正耐人寻味的地方在于：中国在许多方面拥有比硅谷更优越的闪电式扩张环境。例如，中国的人口环境和教育体系产生了大量熟练的劳动力和技术专家。在涉及复杂硬件制造的领域，例如无人机、手机、网络设备、专业计算，中国远远领先于世界其他国家。

然而，最强大的因素或许是中国的速度文化。中国企业家对极致速度的追求使他们的工作节奏让硅谷的"互联网时代"工作狂也相形见绌。当我从硅谷前往世界大部分地区时，商业节奏都变得像慢动作。而当我前往中国时，硅谷的商业节奏也变得像慢动作。

这造就了世界上最令人惊叹的部分闪电式扩张案例。

以腾讯的微信为例，在撰写本书时，它可能是世界上最有意思的通信平台。

美国最具影响力的商业杂志之一《快公司》（*Fast Company*）称微信为"中国的万能应用程序"。据《金融时报》报道，超过一半的微信用户每天使用微信的时间超过 90 分钟。将微信放在美国的背景下，就像是把脸书、WhatsApp、Facebook Messenger、Venmo、Grubhub、亚马逊、优步、Apple Pay、Gmail 甚至 Slack 的功能整合到一个超级软件中。你可以使用微信的普通功能，例如发信息和打电话，参与社交媒体和阅读文章，也可以用它打出租车、买电影票、预约医生、给朋友转账、玩游戏、支付租金、订餐等，这些全都用智能手机上的一个应用程序完成。

然而更令人惊叹的是微信增长的速度和锐意进取。深夜接到一通电话后，马化腾就拍板启动微信项目；两个月后，一个从零开始的小型内部团队推出了微信；又过了 14 个月，微信迎来第 1 亿位注册用户。微信证明了快速、果断行动的力量。

另一个令人惊叹的闪电式扩张者是小米以及它的创始人雷军。小米有一种创新商业模式，即以成本价出售其智能手机作为推广策略，借此建立一个强大的手机软件平台。然后，该公司会变现在该平台上运行的软件，以及出售智能手机配件和其他核心硬件产品配件的高利润业务。

小米取得的成绩部分归功于一种让硅谷看起来温情脉脉的冷酷方法。雷军告诉我："你们美国企业家很懒。我的公司里绝大多数人周六晚上9点仍然在工作。"在某些方面，他是对的。几乎没有硅谷企业能匹敌中国闪电式扩张公司的工作强度。美国的标准工作时间是上午9点到下午5点，但小米是按照"996"模式运营——上午9点上班，晚上9点下班，每周工作6天。

聪明的企业家也可以通过观察中国竞争激烈的实验性市场中出现的问题来了解新兴商业模式。许多催生闪电式扩张新企业的商业模式创新已经在中国——或者更广泛地说是在亚洲——起步，比如数字商品的飞速兴起。任何计划在移动支付和消费机器人等领域进行创新的非中国企业家都应该学习阅读中文，认真翻译重要的中文知识，与优秀的中国企业家会面，否则就将面临障碍重重的闪电式扩张竞赛。

中国的企业家应该为他们取得的惊人进步感到自豪，但我们希望他们也能在本书中获得关于规模扩张和管理增长的其他方法的宝贵经验。最大的机会在于硅谷和中国携手合作，并结合各自的优势。斯坦福大学教授、Coursera联合创始人吴恩达称，太平洋两岸的创意结合推动了语音识别方面的突破性进展。辉达（Nvidia）等硅谷公司的图形处理器单元（GPU）为机器学习网络提供了助力，同时进展还来自硅谷在 GPU 编程领域的专长与中国在超级计算领域的专长的结合。

　　没人知道未来这两个生态系统中创新领导者的合作会诞生怎样的财富和进步。创业的一个重要经验和优点就是，携手共创更强盛的未来将让我们共同受益。

2011 年，旧金山，爱彼迎总部

"它们可能会毁掉你。"

这是 2011 年，爱彼迎的办公室里。当时爱彼迎还是一家斗志昂扬的小型初创公司，员工总共只有 40 人。联合创始人兼首席执行官布莱恩·切斯基刚刚收到一些糟糕透顶的消息。

布莱恩正在琢磨他刚刚从高朋（Groupon）联合创始人兼首席执行官安德鲁·梅森那里听到的不祥预测有何意味。他不喜欢这种说法。

布莱恩与联合创始人乔·杰比亚和柏思齐（即内桑·布莱卡斯亚克）为创建爱彼迎已经奋力克服了很多障碍，这个网站让人们可以轻松出租他们的房间或住宅供别人过夜。起初，这些创始人接触的每个投资者都拒绝了他们，或者干脆置之不理。现在，这家公司蒸蒸日上，但不堪回首的往事仍清晰地印在他们的脑海中，因此他们不希望再打一仗。

与爱彼迎的创始人第一次见面时，备受尊敬的初创企业加速器 Y Combinator（以下简称 YC）的创始人保罗·格雷厄姆直言不讳地说，他们的想法非常糟糕。"人们真会这样做?！"他怀疑地问。布莱恩告诉他，没错，人们确实会出租自己的生活空间供别人过夜，而格雷厄姆的回答是："他们是有什么毛病吗？"

尽管如此，格雷厄姆仍同意爱彼迎进入为期三个月的 YC 项目。这并不是因为他被爱彼迎的业务打动，而是因为他对创始人的干劲印象深刻。他喜欢布莱恩及其联合创始人为了让爱彼迎顺利起步而想方设法赚钱的故事（现在这个故事已经家喻户晓了）。那是 2008 年，恰逢美国总统大选，于是他们生产并销售了名为"奥巴马奥氏"和"麦凯恩长官"的特别版麦片，戏仿（或者说致敬，这取决于你的看法）当时的总统候选人巴拉克·奥巴马和约翰·麦凯恩。爱彼迎创始人作为"麦片企业家"展示出的创意和毅力使他们争取到了 YC 的机会；刚一加入该项目，他们就对业务进行了完善，并说服红杉资本（Sequoia Capital）和格雷洛克合伙公司（我是这家公司的普通合伙人）这两家领先的风险投资公司进行投资。

现在将近 4 年过去了，所有的努力似乎终于开始得到回报。爱彼迎迎来了第 100 万份订单，拥有了大量运营资本，显然这个理念非常有价值。

但是当你取得成功时，也会引来竞争。有时竞争甚至代表着致命威胁。

对爱彼迎来说，这种威胁来自德国科隆的三兄弟：奥利弗·扎姆韦尔、马克·扎姆韦尔和亚历山大·扎姆韦尔。他们分析成功的美国公司，在欧洲迅速成立山寨公司，多数时候他们将这些"克隆"公司出售给最初提出创意的美国公司，从而成为亿万富翁。有些时候，扎姆韦尔兄弟会继续经营并扩张克隆公司；2017 年，有"欧洲 Zappos"之称的 Zalando 拥有超过 10 000 名员工，价值超过 100 亿美元。

他们的首次成功是 Alando，在这个山寨版 eBay（易贝）刚推出 100 天时，他们就将其以 4 300 万美元的价格卖给了 eBay。扎姆韦尔兄弟随后投资于德国版 YouTube（MyVideo）、推特（Frazr）和脸书（StudiVZ），然后初创了自己的工作室 Rocket Internet。

2011 年初，布莱恩及其团队注意到爱彼迎用户收到一家名为 Wimdu 的新公司发送的垃圾邮件。显然，Wimdu 刚刚获得 9 000 万美元投资，这是截至当时欧洲初创企业获得的最大一笔投资，它正是来自 Rocket Internet 和 Kinnevik（与扎姆韦尔兄弟合作的一家大型瑞典投资公司）。

问题出在哪里？ Wimdu 的商业模式和网站看起来就像山寨版爱彼迎。

Wimdu 成立于 2011 年 3 月，几周之内，这家位于柏林的公司就雇用了多达 400 名员工，并在欧洲开设了 20 家分支机构。与此同时，身为原版但规模小得多的爱彼迎仅筹集了 700 万美元，只有 40 名员工，经营地点也只在旧金山一处。头一次做首席执行官的布莱恩甚至不确定开设第二家分支机构的流程是什么，更不用说在另一个大洲开设几十家分支机构了。

布莱恩还知道，如果 Wimdu 占领并主导欧洲市场，那么爱彼迎可能无法生存。我们在斯坦福大学开设了"技术驱动闪电式扩张"课，2015 年布莱恩莅临课堂并告诉我们："如果你的公司是一家旅游网站，但业务没有覆盖欧洲，那么你就完蛋了。"

扎姆韦尔兄弟已经开出了价格：爱彼迎可以用其 25% 的股份收购 Wimdu。现在布莱恩面临一个艰难决定，无论他如何选择，结果都让人头疼。

作为应对，布莱恩采用了他最喜欢的决策技巧之一：主动与全球著名专家联系。他的第一通电话打给了当时的高朋首席执行官安德鲁·梅森。这家著名团购公司前一年也有过类似遭遇：2009 年 12 月，扎姆韦尔兄弟推出了他们的山寨版高朋 CityDeal。6 个月后，高朋以 9 位数的价格收购了这家竞争对手，这大约是高朋当时估值的 10%。

这个问题深深困扰着布莱恩及其团队：爱彼迎应该遵循高朋的战略购买山寨公司吗？布莱恩的直觉是拒绝。吸纳 Wimdu 以财务为中心的指标驱动型团队可能会破坏爱彼迎的设计驱动型文化。他也不愿意奖励这种被他视为合法敲诈而不是真心实意创造市场价值的行为。

但布莱恩感到他有责任考虑这个提议。梅森告诉他，尽管收购 CityDeal 带来了许多问题，但也加速了高朋进军欧洲市场的进程，最终使高朋的欧洲市场销售额达到全球销售额的近 30%。显而易见，用 10% 的高朋股份收购 CityDeal 实际上是一笔很划算的交易。但或许是被 CityDeal 的开门红壮了胆气，扎姆韦尔兄弟要求获得更大份额的爱彼迎股份——整整 25%。

爱彼迎可以拒绝这一提议，与野心勃勃的扎姆韦尔兄弟正面竞争。但是，Wimdu 拥有本土优势，员工人数是爱彼迎的 10 倍，所获投资金额更是爱彼迎的 10 倍以上。与他们竞争将是一场艰苦的战斗。

布莱恩厌倦了折磨人的筹资过程，尤其是它带来的精神压力，他怀疑自己是否有能力迎接这场可能非常惨烈的新战斗。但在进入 YC 之前，他和他的团队已经在爱彼迎工作了 18 个月，不仅看来毫无成效，还欠下了数万美元的信用卡债务。他们为自己的公司付出了那么多血泪和汗水，真的愿意放弃四分之一的股份吗？

最终，布莱恩决定不购买 Wimdu，部分原因是他听取了重要顾问的意见。脸书创始人马克·扎克伯格建议他应战。"别买它，"扎克伯格说，"最好的产品将胜出。"

YC 的保罗·格雷厄姆给出了类似反馈。"他们是雇佣兵，而你是传教士，"他告诉布莱恩，"他们就像是对子女只管生养却无感情的父母。"

当布莱恩征求我的建议时，我也建议他不要购买 Wimdu。关键问题不是价格和股权稀释，而是这种并购方式可能对公司发展速度和成功形成障碍。"购买（Wimdu）增加了大量整合风险，高朋购买 CityDeal 后就为其所困。"我告诉他，"合并公司文化和公司管理可能会产生致命风险，尤其是当它减缓了公司发展速度时。凭借爱彼迎，我们已经从网络效应中受益。我们能赢。"我今天仍然坚持这个建议。

最后，爱彼迎的创始人意识到他们想要接受扎姆韦尔兄弟的挑战，他们想赢。但是怎么赢？

关键是制订积极进取、全力以赴的增长计划，我们称之为闪电式扩张。闪电式扩张通过优先考虑速度而非效率来推动"闪电式"增长，即使在不确定环境中也是如此。这是一套具体的策略和技巧，它使爱彼迎能在竞争中击败扎姆韦尔兄弟。

布莱恩决心获得在规模上超过扎姆韦尔兄弟所需的资源，仅仅几个月后，他就又筹集了 1.12 亿美元风险资本。随后，爱彼迎开始实施积极的国际扩张计划，包括收购更小、更便宜的德国山寨版爱彼迎——Accoleo，以使爱彼迎能与 Wimdu 在其本土市场上直接竞争。截至 2012 年春，爱彼迎已经开设了 9 家国际分支机构，在伦敦、汉堡、柏林、巴黎、米兰、巴塞罗那、哥本哈根、莫斯科和圣保罗建立了门店。自 2011 年 2 月以来，爱彼迎的订单增长了 10 倍，2012 年 6 月，爱彼迎宣布其迎来了第 1 000 万份订单。

"扎姆韦尔兄弟给我们送了一份大礼，"多年后，布莱恩在我们的闪电式扩张课上承认，"他们迫使我们以超过以往任何时候的速度扩张。"爱彼迎选择以极快速度增长，从而在市场中占据了主导地位。尽管总部位于柏林的 Wimdu 最初在人力资源、金融资本和欧洲市场熟悉度方面具有优势，但布莱恩及其联合创始人施展妙计，使爱彼迎直面挑战并最终击败了挑战者。

2010 年，中国深圳，腾讯总部

爱彼迎开始闪电式扩张大约一年前，世界另一端的另一位首席执行官办公室在半夜时分收到一条消息，它即将改变一切。

这是 2010 年秋天，马化腾正在思考腾讯的下一步发展。他在 1998 年与深圳大学的 4 位同学共同创建了这家公司并经营至今。凭借其核心产品——月活跃用户达到 6.5 亿人的 QQ 即时通信服务，腾讯已成为中国最有价值的互联网公司之一，收入近 20 亿美元，市值超过 330 亿美元，员工超过 10 000 人。然而，QQ 现在是一款基于 20 世纪 90 年代后期技术的成熟桌面端产品，其用户群已停止增长。它的美国同类产品 AOL Instant Messenger 已呈现出迅速下滑趋势。

马化腾确信，腾讯必须为新兴的智能手机平台或者其他平台开发新的突破性产品。"能应对变化的互联网公司将生存下来，"他说，"做不到的则会灭亡。"

那天晚上马化腾看到的消息来自一名腾讯员工，张小龙。张小龙也曾是一名企业家，5 年前腾讯收购了他的公司 Foxmail。张小龙当时负责腾讯的广州研发部门，那里距离腾讯深圳总部只有两小时车程。他一直关注一种叫 Kik 的新型社交通信产品的快速增长，它在年轻人中特别受欢迎。他认为腾讯需要为智能手机打造自己的社交通信软件，而且要快。

张小龙的建议不仅代表着巨大机遇，还代表着巨大风险，同时其结果也存在巨大的不确定性。虽然新的通信软件可能会吸引年轻消费者，但它也可能对 QQ 形成冲击，毕竟后者是腾讯的核心业务。此外，腾讯已经与中国移动等主要移动运营商合作，收取 QQ 用户向手机发送短信产生的短信费用的 40%。新服务可能损害腾讯的财务收益，同时还会威胁其与部分中国巨头公司的关系。

有数万员工的上市公司通常会将这种决策提交给某个委员会进一步研究。但马化腾并不是传统的公司高管。那天晚上，他让张小龙继续跟进这个想法。张小龙组建了一个 10 人团队（包括 7 名工程师），负责开发并推出新产品。

短短两个月内，张小龙的小团队就开发出一个移动端优先的社交通信网络，其设计简洁，与 QQ 截然不同。马化腾将这种服务命名为微信，意即"微信息"。在中国之外，这项服务被称为 WeChat。

接下来发生的事令人惊叹。在张小龙于深夜向马化腾发出这条重要信息的短短 16 个月后，微信迎来了第 1 亿位用户。又过了 6 个月，它的用户数量已增长到 2 亿。再过了 4 个月，它的用户数量增长到 3 亿。

马化腾的深夜决策得到了丰厚回报。2016 年，腾讯的账面收入为 220 亿美元，比上一年度增长 48%，比 2010 年（微信推出的前一年）增长近 700%。2018 年初，腾讯的市值超过 5 000 亿美元，成为全球最有价值的公司之一，微信也成为世界上使用最广泛、最频繁的服务之一。

美国最具影响力的商业杂志之一《快公司》称微信为"中国的万能应用程序"。据《金融时报》报道，超过一半的微信用户每天使用微信的时间超过 90 分钟。将微信放在美国的背景下，就像是把脸书、WhatsApp、Facebook Messenger、Venmo、Grubhub、亚马逊、优步、Apple Pay、Gmail 甚至 Slack 的功能整合到一个超级软件中。你可以使用微信的普通功能，例如发信息和打电话，参与社交媒体和阅读文章，也可以用它打出租车、买电影票、预约医生、给朋友转账、玩游戏、支付租金、订餐等等，这些全都用智能手机上的一个应用程序完成。

马化腾自己也认识到了他所做决策的重要性，接受采访时他说："现在回想起来，那两个月是生死攸关的时期。"

这些极速增长的案例，无论是在加利福尼亚还是在世界另一端的中国，都完美地说明了为什么研究闪电式扩张及其运作方式是有价值的。

在本书中，我们将讲述不同闪电式扩张公司的案例。附录 A 简要介绍了这些公司，提供了更多背景信息。如果你想详细了解背景信息，请访问 Blitzscaling.com。

闪电式扩张：建立规模化企业的秘密武器

当初创公司走向成熟，开始拥有杀手级产品、清晰且规模庞大的市场以及强大的推广渠道时，它就有机会成为"规模化企业"，这是指触达数百万甚至数十亿人、能改变世界的公司。通常，从初创企业到规模化企业，最快、最直接的途径是闪电式扩张产生的超高速增长。

企业软件公司 Slack 将软件开发团队作为其团队通信应用程序的

初始市场，当用户采用率迅速且加速上升时，它马上达到了这个关键阶段。从 Slack 成立到首次推出产品，时间已经过去了将近 5 年。但是 Slack 的产品一经推出，用户自己就会一次添加许多同事，从而推动用户数量增长，这得益于一种无摩擦过程，它允许新用户借助简单的网络应用程序，或者从媒体播放器 iTunes 或在线应用程序商店 Google Play 上下载移动应用程序加入进来。达到这个关键点之后，Slack 开始迅速扩张，以闪电般的速度增加员工、资本和客户。Slack 在成立后的前 5 年中筹集了 1 700 万美元；在推出应用程序后的 8 个月内，它又筹得 1.63 亿美元；到 2017 年年底，总筹资额达到 8 亿美元。

任何公司，无论是全球巨头还是在联合创始人车库里诞生的初创企业，都希望推出和做大像爱彼迎、微信和 Slack 这样的杀手级产品。然而真正做到的人，尤其是做到布莱恩·切斯基和马化腾这种程度的人仍然非常罕见。这是为什么？是什么让这些公司与众不同？

在本书中，我们将证明，在当今环境中快速建立大规模业务的关键是被称为闪电式扩张的积极增长战略，它是让初创企业和成熟公司都能在极短时间内建立占主导地位的世界领先企业的一系列方法。

迈入闪电式扩张时代

过去 20 年中，互联网彻底改变了我们的日常生活和商业世界。1995 年 8 月 9 日，网景公司（Netscape）轰动一时的首次公开募股标志着互联网热潮和我所谓的网络时代的开始。当时，互联网热潮下的股价上涨最为引人关注，但回想起来，最大的变化是互联网开始将所有人、信息、资源和其他网络连接到一起。过去有过其他革命——我们会立即想到蒸汽革命、电力革命和无线电革命——但是，让互联网的影响如此独特而深远的是，它改变一切的速度要快得多。如今，每个人都能与另一个人即时联系，速度提高是使闪电式扩张成为可能并且如此强大的原因。

互联网的高速性产生了许多二阶效应（second-order effects），改变了企业和组织的增长方式。例如，互联网使它们有可能以早年间无法实现的方式进入全球市场并利用可大规模扩张的推广渠道。但是，对企业最重要的影响或许是所谓网络效应的重要性和普遍性的上升，这种效应发生在人们越来越多地使用某种产品或服务，提高了这种产品或服务对其他用户的价值时。例如，每增加一个爱彼迎房东，就让这项服务对每个爱彼迎房客来说更有价值一点，反之亦然；每增加一个微信用户，就让这项服务对其他所有微信用户来说更有价值一点；等等。

网络效应产生了正反馈循环，可以让首个利用网络效应的产品或服务建立牢不可破的竞争优势。例如，eBay 成立于 1995 年，但网络效应使其在 20 年后仍是 P2P（点对点网络借款）电子商务的主导者。爱彼迎在全球 6.5 万个城市提供超过 300 万套房源，想想新竞争者提供基本相同的选择和价值有多么困难。

我们不禁想起电影《大亨游戏》（Glengarry Glen Ross）中的著名场景，亚历克·鲍德温扮演的布莱克正在对一群推销员讲话：

众所周知，一等奖是一辆凯迪拉克 Eldorado。有谁想看二等奖？二等奖是一套牛排刀。三等奖是你被解雇了。懂了吗？

第一拨消费者社交网络的一等奖被脸书收入囊中，MySpace 得了二等奖，Friendster 得了三等奖。还有人记得 Friendster 吗？你需要赢得一等奖才能在互联网时代生存。

竞争程度有时看上去异常激烈，但网络时代也让公司能比以往任何时期更快地获得惊人回报。我们称用于实现这一目标的战略和思维方式为"闪电式扩张"。

闪电式扩张是一种策略和一套方法，用于推动和管理在不确定环境中优先考虑速度而非效率的极快速增长。换言之，它是一种加速剂，可以让你的公司疯狂增长，从竞争的泥潭中解脱出来。

闪电式扩张需要超高速增长，但不只是"快速做大"的浅陋策略，因为它需要有目的、有意识地去做传统商业思维认为没有意义的事。在闪电式扩张时代，你必须做出一个艰难决定：承担对公司进行闪电式扩张带来的额外风险和不安；或者保持现状，但若竞争对手抢先进行闪电式扩张，则可能面临更大的失败风险。

爱彼迎进军欧洲市场的决策——这一举措可能会使公司摊得过薄，以至于破坏其核心业务——是效率卓著或胸有成竹的吗？恐怕不是。爱彼迎很容易失败，耗尽所有资本，同时基本将欧洲市场拱手让给山寨竞争对手 Wimdu。然而事实证明，这个风险决策是正确的。

闪电式扩张用新技术和新商业模式颠覆了所有行业，比如音乐、视频游戏和电话……这些只是一家公司的例子（你知道的，生产 iPod、iTunes、iPhone 和 iPad 等产品的那家公司）。这些颠覆性创新浪潮影响着我们日常生活的方方面面，从我们的工作到我们使用的产品，再到我们彼此联系的方式。

颠覆性创新本身没有好坏，但总会涉及变化。用质量相同或更好但只卖 1 美元的产品，取代价格为 10 美元的产品，对现有厂商而言就像一场灾难，但对于整个社会来说，这意味着更高的生产率。买方获得了所需产品，现在还有 9 美元可做其他投资。网飞（Netflix）对于广播和有线电视网络来说是个坏消息，但它对电影和电视的粉丝和创作者来说是个好消息。是的，颠覆会产生输家和赢家，但总体来说，它是增长和机会的重要来源，不容忽视。

值得谨记的是，赞美颠覆性创新优点的人往往——非常巧合的是——身处赢家圈子。但是，广泛带来好处和新机会的颠覆性创新将造福整个社会。幸运的是，多数颠覆性创新都属于这一类。耶鲁大学经济学家威廉·诺德豪斯在 2004 年的论文《美国经济中的熊彼特利润：理论和测量》中，研究了 1948 年到 2001 年的美国经济。他根据收集的数据得出结论，"当企业能从创新活动中获得回报时，产生的利润"中只有 2.2% 归颠覆性创新者所有。"技术变革带来的大部分好处都传递给了消费者，而不是被生产者获得。"他总结道。无论你喜欢与否，改变是不可避免的，但它不一定是完全出乎意料的。

未来学家阿尔文·托夫勒在其著作《未来的冲击》（*Future Shock*）中写道，"唯一不变的是变化"，"为了生存，避免我们所谓的未来冲击，个人必须拥有比以往任何时候都强的适应性和能力"。这些话最初发表于 1970 年。自那时起，变化的步伐越来越快。

每个人都应该有机会了解闪电式扩张的运作原理，因为它已经影响了我们的生活。一旦人们知道它如何运作，就可以用它来重塑世界。人们应该成为未来的建设者，而不是被动迎接未来。

闪电式扩张将两种初创企业区分开来：一种是随着世界变化被颠覆和消失的初创企业，另一种是实现规模扩张，成为市场领导者并塑造未来的初创企业。

本书脱胎于我们在斯坦福大学教授的一门课程，我们在这门课中剖析了世界上最大的科技公司的成长过程，然后总结出一系列实现这种过程的策略和选择。我们得出一套具体原则，它介绍了如何在几年内成长为价值数十亿美元的公司。

撰写本书时，我们与数百名企业家和首席执行官进行了交流，其中有些人来自全球最有价值的公司，比如脸书、Alphabet（谷歌母公司）、网飞、Dropbox（多宝箱）、推特和爱彼迎。尽管这些公司的发家故事在很多方面都截然不同，但共同点在于它们都采用了极端、笨拙、冒险、低效、破釜沉舟的增长方式。

在本书中，我们从这些世界著名公司中汲取经验，具体解释如何进行闪电式扩张，何时进行闪电式扩张，为什么要进行闪电式扩张，以及此时此刻在你身边进行闪电式扩张的公司带来的全球影响。

为了探寻答案，我们将放眼全球，但有一个地方尤为引人注目。

硅谷：解码闪电式扩张的理想场所

尽管除南极洲之外，每个大洲都有公司成功进行了闪电式扩张，但最著名、最集中的例子还是来自加利福尼亚州的硅谷。我们不能简单地复制粘贴在硅谷有效的方法并期望它们在上海同样有效，也不能将在上海有效的方法复制粘贴到斯德哥尔摩，或者将在斯德哥尔摩有效的方法复制粘贴到圣保罗。相反，我们尝试总结出一些普遍适用的经验，然后探索如何将它们应用到全世界。

截至 2017 年底，全球仅有 14 家市值超过 1 000 亿美元的上市科技公司。猜猜有多少家在硅谷？ 7 家，占世界上最有价值的科技公司的一半。

硅谷 150 家最有价值的上市科技公司加在一起价值 3.5 万亿美元。这个数字太大了，以至于我们大多数人对其都没有概念。因此，让我们换个说法：仅这 150 家公司就占纳斯达克价值的 50%，占全球市值的 5% 以上。这相当于一个有 350 万到 400 万居民（或者全球人口的 0.05% 左右）的地区创造的巨额价值。

虽然我们完全理解这种情况可能在未来发生变化，但硅谷历史上和现在的成功使其成为研究以下问题的理想场所：要想快速打造出价值极高的公司，最有效的方法是什么？

外人看硅谷时，常常认为这个问题的关键是技术创新。但正如你将看到的，单靠技术创新并不能造就一家欣欣向荣的公司。

硅谷的内部人士和博学的外部人士认为，关键在于人才、资本和企业文化的结合使创办新公司变得容易。这也是不正确的。

不可否认，硅谷是高科技人才和风险投资的主要中心，但它并非一开始就是如此。当然，它有知名大学云集的优势，比如斯坦福大学和加州大学伯克利分校，但其他许多地区也是如此。答案不能仅仅是把风险投资、研究型大学和聪明人结合起来。这种组合远非独一无二。事实上，相同的基本要素在美国和世界各地的众多初创企业聚集区俯拾即是：奥斯汀、波士顿、纽约、西雅图、上海、班加罗尔、伊斯坦布尔、斯德哥尔摩、特拉维夫和迪拜。

要发现硅谷的成功秘诀，你需要跳出标准的创业故事模式。当人们想到硅谷时，首先出现在脑海的——当然，是在 HBO 电视节目之后——是著名初创企业及其同样魅力四射的创始人的名字：苹果、谷歌、脸书、乔布斯和沃兹尼亚克、佩奇和布林、扎克伯格。

这些神圣名字背后的成功故事已经变得如此家喻户晓，以至于世界各国的人都能像桑德希尔路（Sand Hill Road）的风险资本家一样讲述它。故事是这样的：一位才华横溢的企业家发现了一个千载难逢的机会，从大学退学后，他（她）组建了一支乐于拿股权报酬的小团队，在一间简陋的车库边开店边玩桌上足球，向睿智的风险资本家筹钱，然后继续改变世界。当然，此后创始人和早期员工都过上了幸福生活，用他们积累的财富为新一代企业家提供融资，给斯坦福大学计算机系楼群捐款冠名。

这是一个振奋人心的故事，深深感染了我们。但有一个问题：它在几个重要方面并不完整，并且有欺骗性。

首先，虽然"硅谷"和"初创企业"现在几乎作为同义词使用，但实际上世界上只有一小部分初创企业来自硅谷，随着创业知识在全球传播，这部分变得越来越小。有了互联网，世界各地的企业家都可以接触到相同信息。此外，随着其他市场走向成熟，世界各地有头脑的创始人都在选择在本国的创业中心建立公司，而不是移民到硅谷。

其次，仅仅创办公司显然是不够的。实现巨大价值的初创企业都找到了以远远快于竞争对手的速度扩大规模的方法。

那么，硅谷有何秘诀，能推进世界上如此多最有价值的科技公司飞速增长？如果确实存在这样一种秘诀，它是否能被找到、分析、理解？最重要的是，它能否被用于其他地方？

闪电式扩张就是这个秘诀。闪电式扩张如此重要的原因在于，它并不固属于硅谷。

人们普遍存在一种误解，认为硅谷是世界的加速器。真实情况是，世界始终在加快步伐，硅谷只是第一个知晓如何跟上这种步伐的地方。当然，硅谷有许多关键网络和资源，可以更容易地应用我们将向你介绍的方法，但构成闪电式扩张的基本原则并不依赖于地理位置。在我们将向你展示的例子中，有些来自被忽视的美国地区，比如 Rocket Mortgage（火箭抵押贷款）来自底特律，Priceline（普利斯林）来自康涅狄格州；有些来自国际化公司，比如微信和 Spotify（在线流媒体音乐播放平台）。在这个过程中，你将看到如何因地制宜地应用闪电式扩张经验打造优秀公司，这种经验几乎适用于任何生态系统，尽管难度不尽相同。

这就是本书的使命。我们希望分享让硅谷能远远冲破其人口指数（超过 100 倍）的秘密武器，使这些经验的用武之地远远超过金门大桥到圣何塞之间的方圆近 100 千米。

人们迫切需要这种经验。

不妨来看一个惊人的事实：到 2030 年，全球经济需要创造 6 亿个新工作岗位，以实现联合国的可持续发展目标。现在距离这个时间点已经不到 15 年了。世界需要的不仅是新公司和新工作，还需要全新的行业。

这些行业更利于产生规模化企业和初创企业。在我们看来，为了在全球增加 6 亿个新工作岗位，创建 6 万个新的万人公司比创建 6 000 万个新的 10 人公司要容易得多。

英特尔公司传奇首席执行官、伟大的安迪·格鲁夫（1936—2016）在 2010 年彭博社的一篇时评中写下这段话，阐述了他对此的理解和解释：

> 初创企业是好事，但它们自身不能增加科技行业的就业。同样重要的是，初创企业诞生于车库的神奇一刻之后发生了什么，这就好比是技术从原型发展到大规模生产的过程。这是公司扩大规模的阶段。他们拟出设计细节，弄清如何以经济实惠的方式生产商品，建造工厂并雇用成千上万名员工。规模扩张是一项艰苦的工作，但它是让创新起作用的必要前提。

认识从初创企业到规模化企业的快速增长动力并理解其运作原理，将有助于企业家和公司应用这些原理，不是仅应用于美国和中国等个别地方，而是应用到世界各地。

谁应该是本书的读者？

只要你希望了解如何让一家企业在几年内从零增长为价值数十亿美元的市场领导者，就可以阅读本书。

希望建立大公司的企业家、希望对其投资的风险资本家、希望为其工作的员工，以及希望鼓励这些公司在本地区发展的政府和社区，都会对这些方法感兴趣。即使你不想建立或投资这些公司，也不想为这些公司工作，你仍然需要了解它们正在造就的世界。

如果你是一名经理或领导者，正试图在一家大公司内快速扩张某个项目或业务部门，那么闪电式扩张也可以帮助你。虽然我们的经验主要来自高科技领域，但本书提出的许多原则和框架（尤其是关于人才管理的原则和框架）适用于全球大多数行业的高增长公司——从欧洲的快时尚零售商到得克萨斯州的油页岩公司。

即使是商业领域以外的组织，也可以利用闪电式扩张形成优势。黑马总统竞选团队和为弱势群体服务的非营利组织都利用闪电式扩张推翻了传统观点并取得了巨大成果。你将在本书中读到所有这些案例以及更多案例。

无论你是创始人、经理、求职者还是投资者，我们都相信，在速度是至关重要的竞争优势的世界中，了解闪电式扩张将让你做出更好的决策。

凭借闪电式扩张的力量，叙利亚移民的养子（史蒂夫·乔布斯）、古巴移民的养子（杰夫·贝佐斯）以及前英语教师（马云），都能创建改变世界并且仍在改变世界的企业。

我们在本书中介绍的战略和方法是基于我作为 PayPal（贝宝）创始团队成员，领英联合创始人、首席执行官和现任执行主席，脸书和爱彼迎的主要投资者，格雷洛克合伙公司（我通过该公司与其他许多价值数十亿美元的公司合作，比如 Workday、Pandora、Cloudera 和 Pure Storage）的投资者的经验。我和我在格雷洛克的合作伙伴帮助这些公司从车库里的初创企业成为相关行业的全球主导者，在本书中，我们将与你分享我们认为非常重要的基本方法，它有助于理解和解决闪电式扩张对公司不同要素的挑战。

然而，正如许多优秀商业图书所否认的那样，尽管这是一个剧本和策略指南，但它并不是一本给出精确配方的食谱。无论大众媒体如何描绘，每个打造伟大公司的公式都是独一无二的，它取决于市场机会、创始人和经营环境。事实是，绝对没有一本适合所有人的通用宝典。但是，确实存在成功模式。因此，除了提示和技巧之外，本书还为领导者、企业家和内部创业者提供了一套可以适应其自身需求和环境的原则和策略。

"闪电式扩张"小注

"闪电式扩张"一词源于 20 世纪用"闪电战"来描述的一种以迅雷不及掩耳之势全力出击的方法。这种意义上的闪电战最初是用来形容第二次世界大战期间海因茨·威廉·古德里安将军为纳粹德国最初的军事行动设计的"blitzkrieg"（闪电战）战略。讽刺的是，古德里安深受利德尔·哈特和约翰·弗雷德里克·查尔斯·富勒等英国军事思想家的影响，而"闪电战"一词实际上是被英国媒体推广开来的，德国军方从未正式采用它。

在这些战役中，前进的军队放弃了传统行动方式，因为在传统行动方式下，为了建立供给保障线和安全撤退，行动非常缓慢。相反，他们接受燃料、供给和弹药可能耗尽的可能性，冒着可能一败涂地的风险，全力以赴采取进攻战略，以最大限度地提高速度，出其不意，攻其不备。这些军队前进的速度震惊并征服了对手，闪电战部队凭借策略和实力战胜了防御部队。

德国军队最初取得的成功促使闪电战经验传播到战争中的所有部队。例如，美国将军乔治·史密斯·巴顿后来很好地利用这些经验，率领美国第三集团军从诺曼底海滩一路推进到柏林。从那以后，"闪电战"一词就被用来形容生活中的方方面面，从橄榄球比赛到大公司推出新产品的方式。和橄榄球中的全力突击防守（派每个可用的后卫去追四分卫的高风险举动）或众所周知的闪电式营销（例如，随着一部大片上映，在电视、平面媒体和网络上掀起的营销热潮）一样，闪电式扩张追求的是以令人目眩的速度征服市场。

尽管我们小心地避免引发人们——尤其是在二战中惨遭闪电战蹂躏国家的人民——对"闪电战"负面含义的联想，但我们认为，比喻的强大力量以及该术语在非军事背景下的广泛口语化使用，使其最适于描述本书中讨论的概念。

第一章

什么是闪电式扩张

闪电式扩张就是使公司能以惊人速度达到庞大规模的一般框架和具体方法。如果你的增长速度远远快于竞争对手，甚至让你感觉不安，那么可要抓稳了，你可能正在经历闪电式扩张！

亚马逊在 20 世纪 90 年代后期（直至今天）的惊人增长，是闪电式扩张的最佳范例。1996 年，上市前的亚马逊图书（Amazon Books）拥有 151 名员工，收入为 510 万美元。到 1999 年，已经上市的亚马逊公司（Amazon.com）员工人数增至 7 600 名，收入为 16.4 亿美元。短短三年内，它的员工人数增加了 50 倍，而收入增加了 322 倍。2017 年，亚马逊拥有 541 900 名员工，预期收入将达到 1 770 亿美元[①]（2016 年为 1 360 亿美元）。

Dropbox 的创始人德鲁·休斯敦向我描述了这种增长带来的感觉："这就像是用鱼叉捕鲸。好消息是，你捕到了一头鲸鱼。坏消息是，你捕到的是一头鲸鱼！"

虽然闪电式扩张看上去像是好事，但它也充满挑战。闪电式扩张本身就很违反常理。商业战略的经典方法是收集信息，并在对结

---

① 2017 财年年报显示，亚马逊全年净营收为 1778.7 亿美元。——编者注

果有相当把握时做出决策。传统观点认为，要承担风险，但只承担自己能衡量和承受的适度风险。这意味着，这种方法优先考虑正确性和效率，而不是速度。

不幸的是，当新技术催生出新市场或争夺现有市场时，这种谨慎斟酌的方法将不堪一击。

20世纪90年代末，正值网络时代初现曙光之际，叶获得了哈佛商学院的MBA（工商管理硕士）学位。当时，他的MBA课程专注于传统方法，例如使用贴现现金流分析做出更确定的财务决策。叶还学习了传统制造技术，例如如何使装配流水线的吞吐量最大化。这些方法侧重于实现效率和确定性，广大商业领域也同样重视它们。当时世界上最有价值的公司之一通用电气深受华尔街分析师的青睐，因为它能提供持续且可预测的利润增长。然而，尽管效率和确定性天生具有吸引力，而且在稳定成熟的市场中非常重要，但它们对世界上的颠覆者、发明者和创新者助益不多。

当一个市场敞开大门时，风险并不在于效率低下，而在于太过谨慎。如果你赢了，效率就没那么重要；如果你输了，效率更是完全无关紧要。多年来，亚马逊在尚未持续产生利润时消耗资本的高风险策略备受批评，但亚马逊可能乐见其"低效"帮助它赢得了几个关键市场，例如网络零售、电子书和云计算。

当你进行闪电式扩张时，即使你的信心水平显著低于100%，也会有意识地做出决策并付诸行动。你接受做出错误决策的风险，并愿意支付运营效率严重低下的成本，以换取更快行动的能力。这些风险和成本是可以接受的，因为行动过慢的风险和成本更高。但闪电式扩张并不是盲目地向前冲，以"快速做大"来赢得市场。为了减轻所承担风险的负面影响，你应该设法抓住重点——在几种企业发展情况假设下对这些风险排序，以便了解和监测导致成功或失败的因素。你还必须有所准备，当时运不利时，可能要付出十二分的执行力度去弥补。

例如，了解杰夫·贝佐斯的人都知道，他并不只是用脚猛踩油门。亚马逊有意识地积极投资于未来，并且尽管存在会计亏损，仍然产生大量现金。2016 年，亚马逊的营运现金流超过 160 亿美元，但它将 100 亿美元用于投资，将 40 亿美元用于偿还债务。它看似微薄的利润是其积极战略的特征，而不是错误。

闪电式扩张需要的不只是企业家的勇气和技巧。它还需要愿意用金融资本和人力资本为明智的风险融资的环境，这是闪电式扩张的基本要素。你可以把它们想象成燃料和氧气，要想将火箭发射入太空，这两者必不可少。与此同时，企业的基础架构就是火箭的实际结构，在火箭飞向高空的过程中，你将对其进行再造。作为领导者和企业家，你的职责是确保有足够燃料推动企业增长，同时对火箭实体进行必要的机械调整，以防它在加速时散架。

幸运的是，今天比以往任何时候都更有可能实现这个目标。

软件正在吞噬（并拯救）世界

从历史上看，高速增长的案例要么涉及计算机软件，要么涉及基于软件的硬件，比如 Fitbit 健身追踪器或特斯拉电动汽车。前者在推广方面具有几乎无限的可扩张性，后者的软件成分使公司的创新节奏能比肩软件（天或周）而非硬件（年）。此外，软件开发还具有快速性和灵活性，即使公司难免忙中出错，也能进行更新换代和恢复。

如今，尤为令人兴奋的是，软件公司和基于软件的公司开始主导传统高科技行业以外的行业。我的朋友马克·安德森认为"软件正在吞噬世界"。他的意思是，即使是以实物产品（原子）为主的行业，也在与软件（比特）融合。特斯拉生产汽车（原子），但软件更新（比特）可以在一夜之间升级这些汽车的加速度并添加自动驾驶功能。

软件和计算机运算在各行各业中的普及，加上连接我们所有人的密集网络，意味着即使在成熟行业或低科技行业，闪电式扩张的经验也变得更重要且更易于实施。用计算机运算来打比方，技术正在调快世界的"时钟速度"（中央处理器的运行速度），使变化发生之快超出以前的想象。不仅世界的变化速度更快，重大新技术平台的产生速度也正在缩短每次创新浪潮之间的停滞期。以前，创新浪潮是一波接一波地席卷经济，例如个人计算机、磁盘驱动器和只读光盘等技术。如今，多个重大创新浪潮似乎正在同时袭来，例如云、人工智能、增强现实/虚拟现实等技术，更不用说超音速飞机和超级高铁等更高精尖的项目了。更重要的是，如今的新技术几乎会影响经济的每个部分，创造许多新机会，而不是一窝蜂集中在个人计算机行业中（它本质上是个利基市场）。

这种趋势蕴含着无比广阔的前景。精准医疗将利用计算机运算能力彻底改变医疗行业。智能电网利用软件大幅提高电力效率，并使太阳能屋顶等可再生能源产品得以普及。计算生物学可能会让我们改进生命本身。闪电式扩张有助于普及这些进步并放大其需求迫切的影响。

仅有增长并不是闪电式扩张

闪电式扩张不仅仅是快速增长的问题。每家公司都痴迷于增长。在任何行业中，用户获取率、利润率、增长率等数字都是企业成败的关键。然而，仅有增长并不是闪电式扩张。更确切地说，面临不确定性时，闪电式扩张优先考虑速度而非效率。通过将其与其他快速增长形式进行比较，我们可以更好地了解闪电式扩张。

	效　率	速　度
不确定性	典型的初创企业增长	闪电式扩张
确定性	典型的规模化企业增长	快速扩张

典型的初创企业增长在面临不确定性时优先考虑效率。创办一家公司就像跳下悬崖，并在下落过程中组装一架飞机，节约资源让你"滑翔"以尽量降低下降速度，好有时间在落地前了解市场、技术和团队。这种受控的有效增长降低了不确定性，当你试图确保埃里克·里斯和史蒂夫·布兰克所称的产品／市场匹配性时，这是一种很好的策略：你的产品将满足市场对某个具体问题（或需要）的解决方案的强烈需求。

典型的规模化企业增长主要是指公司在确定性环境中的有效增长。这种方法反映了经典的公司管理方法，例如运用"必要收益率"，使公司项目的投资收益率（ROI）始终超过资本成本。当你试图在成熟稳定的市场中最大化收益率时，这种最优化方法是一种好策略。

快速扩张意味着你愿意为提高增长率而牺牲效率。但是，由于快速扩张发生在确定环境中，因此可以充分了解和预测成本。快速扩张是获得市场份额或试图实现收入里程碑的良好策略。实际上，无论是通过购买股票和债券还是通过贷款，金融服务业通常都乐于为快速扩张融资。分析师和银行家相信他们可以建立周密的财务模型，以精确计算出快速扩张投资的可能投资收益率。

闪电式扩张意味着你愿意为了速度而牺牲效率，但不会等到确知这种牺牲能否得到回报。如果说典型的初创企业增长是在你试图组装飞机时降低下降速度，那么闪电式扩张就是以更快速度组装这架飞机，不等安装完机翼就捆上并点燃一组喷气式发动机（可能还有它们的加力燃烧室）。这是"不成功则成仁"，成功或死亡发生在转瞬之间。

鉴于这些定义，你可能想知道为什么有人会追求闪电式扩张。毕竟，它既有初创企业增长中那种痛苦的不确定性，还可能遭受更大、更尴尬、更严重的失败。闪电式扩张也很难执行。除非你像微软或谷歌一样，能用指数式增长的收入流为增长融资，否则你就需要说服投资者向你投资，而且向投资者筹资进行有意的赌博（闪电式扩张）要比进行确定的计划（快速扩张）困难得多。更糟的是，和快速扩张相比，你通常需要更多资金来进行闪电式扩张，因为你可能在这个过程中犯下许多错误，所以必须保留足够资本以重整旗鼓。

尽管存在这些隐患，但闪电式扩张仍然是企业家和其他商业领袖的强大工具。如果你愿意承担其他人不愿承担的闪电式扩张的风险，那么你将能比他们更快地行动。如果获胜的奖励足够高，并且争夺胜利果实的竞争足够激烈，那么闪电式扩张就将成为一种理性的甚至最优的策略。

一旦你说服资本市场和人才市场——包括客户、合作伙伴和员工——为你的规模化企业投资，你就有了开始闪电式扩张所需的燃料。此时，你的目标在极短时间内从 0 变为 1，又从 1 变为 10 亿。

一家公司可能在生命周期的不同时点上采用不同类型的扩张。谷歌和脸书这种公司经历的标准顺序是从典型的初创企业增长开始，同时确立产品／市场匹配性，接着转变为闪电式扩张，以在竞争开始前达到临界规模和（或）市场主导地位，然后随着企业成熟放松至快速扩张，最终当公司坐稳行业领导者的位置时，降为典型的规模化增长。总体来看，这种扩张顺序产生了经典的"S 形"增长曲线，最初增长较慢，随后是快速加速期，最终放慢脚步，进入平缓的稳定期。

当然，这种标准顺序被大大简化了。扩张周期不仅适用于整个公司，也适用于具体产品和业务线；这些扩张周期曲线的总和就是公司的整体扩张曲线。

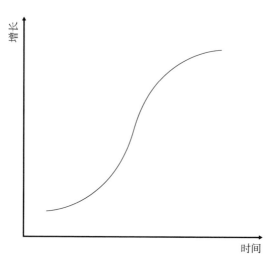

图 1-1 S 形增长曲线

例如，脸书最初是一个经典的闪电式扩张案例。其成立最初几年的年收入增长率分别为 2 150%、433% 和 219%，收入从零增长到 2007 年的 1.53 亿美元。然后，这家公司经历了一次关键转型，由于货币化和从桌面端到移动端的转变都不顺利，脸书的增长率跌入两位数范围。幸运的是，脸书的创始人马克·扎克伯格实施了两项重要举措：他亲自领导了从桌面端优先到移动端优先的转变，并聘请谢丽尔·桑德伯格担任该公司的首席运营官，后者将脸书打造成了广告营销巨头。脸书的增长率回升至三位数，到 2010 年，这些举措已使脸书的收入超过 20 亿美元。我们将在本书后面详细考察这两项关键举措：分析脸书的商业模式时，我们会提到脸书转向移动端的策略；在从贡献者到经理再到高管的关键转变一节中，我们将介绍脸书聘用谢丽尔·桑德伯格的做法。

苹果公司的例子说明了这种在几十年中交叠进行的模式。在其传奇历史中，苹果经历了 Apple II、Macintosh（麦金塔电脑）、iMac 和 iPod 的完整扩张周期（iPhone 的扩张周期仍在进行中）。值得注意的是，苹果公司未能在 Apple II 和 Mac 之后推出任何可以闪电式扩张的产品，直到史蒂夫·乔布斯回归并推出 iMac、iPod 和 iPhone。史蒂夫的稀世天才让他能一次又一次地为苹果公司选择合适的产品进行闪电式扩张，甚至没有放慢脚步经历典型的初创企业增长期以收集市场反馈。

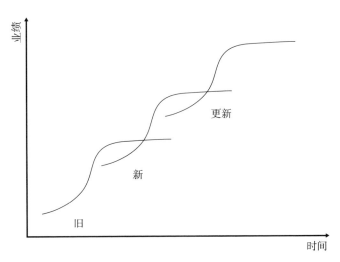

图 1-2　多重 S 形增长曲线

无论行业或地理位置如何，规模扩张曲线都适用于每个闪电式扩张者。脸书或苹果的多重 S 形曲线图也适用于腾讯，后者曾推出 QQ，然后在 2010 年 QQ 达到成熟后加入了第二条曲线（微信）。当你刚刚完成一条业务线的闪电式扩张时，就需要进行下一条业务线的闪电式扩张，以维持公司不断进步。随着闪电式扩张继续扩展，拥有成熟业务线的老牌公司应该考虑将目光转向内部创业者，以便对新业务部门进行闪电式扩张。

进攻与防守，回报与风险

闪电式扩张要求你的行动速度快到几乎必然让你的团队不适应的程度。当你探索充满不确定性的环境时，你一定会犯很多错误；诀窍在于培养从错误中快速学习，并恢复极速前进的技巧。但首先，了解闪电式扩张的三个基本特征至关重要。

闪电式扩张既是进攻战略，又是防守战略

在进攻中，闪电式战略有几个作用。第一，你可以出其不意地占领市场，绕过防守严密的利基市场来利用突破机会。例如，Slack推出后，它的快速增长使微软和Salesforce.com等许多树大根深的竞争对手措手不及。第二，你可以在其他竞争对手做出反应之前，利用领先地位来建立长期竞争优势。我们稍后将详细分析这个概念。第三，闪电式扩张开辟了获得资金的途径，因为投资者通常更愿意支持市场领导者。如果你进行闪电式扩张，就可以赢得这个地位，并凭借它比慢半拍的竞争对手更方便快捷地筹到更多钱。

在防守方面，闪电式扩张可以让你设定某个让竞争对手很难跟上的速度，这样他们就没有多少时间和空间来反击。因为他们专注于对你的行动做出反应，而这种行动往往出其不意，迫使他们采取追赶策略，所以他们没有足够时间来制定和执行可能威胁到你的地位的差异化策略。闪电式扩张能够帮助你以极大优势抢占市场。

闪电式扩张借助正反馈循环发展壮大，因为首先扩张到一定规模的公司将获得显著竞争优势

2014 年 4 月，麦肯锡公司发布了一份题为《快速增长或缓慢死亡》的报告，该报告分析了 3 000 家软件和互联网公司的生命周期，发现正反馈循环使快速增长成为财务成功的关键因素：

> 首先，增长带来更高的收益率。高增长公司向股东提供的收益率是中等增长公司的 5 倍。其次，增长预示着长期成功。"超级增长者"——当收入达到 1 亿美元时增长率超过 60% 的公司——收入达到 10 亿美元的可能性是增长率不到 20% 的公司的 8 倍。

我们认为，闪电式扩张的力量背后的机制是"首个规模扩张者优势"。一旦某家规模化企业占据其生态系统的制高点，周围的关系者就会认识到它的领导地位，人才和资本都会涌入。

首先，一流专业人士了解他们为市场领导者工作可以产生更大

影响力。与此同时，与为早期初创企业工作相比，为显然是"火箭船"的规模化企业工作将提供相差无几的经济回报，而确定性高得多，风险低得多。规模化企业的员工可以拿到市场薪酬，获得股价上涨收益，就算成不了超级富豪，也有很大机会发家致富。通过吸引最优秀的人才，规模化企业提高了生产和销售优秀产品的能力，继而提高了快速扩张的能力。

类似机制也适用于投资者。风险资本家根据他们对其投资理念的置信区间做出投资决策。实现规模扩张缩小了这些区间，使做出投资决策变得更容易。而且，由于连接投资者的网络，尤其是在像硅谷这样紧密结合的生态系统中，可以快速广泛地传播这些信息，因此闪电式扩张公司可以大规模筹集资本。这种资本注入可以助推爆炸性增长，进一步缩小置信区间。

矛盾的是，全球化既为世界各地的企业家提供了公平的竞争环境，又提高了硅谷或中国等一流规模化中心的区位价值。由于世界上其他国家认为这些生态系统在初创企业规模扩张方面具有优势，因此这些初创企业及其投资者吸引了来自世界各地的资本（人力资本和金融资本），进一步增强了它们保持增长的能力。正是这个关键原因使优步和Pinterest（品趣志）这种规模化企业达到的规模和价值令大多数上市公司相形见绌。由于我在格雷洛克合伙公司中的职务，我不能评价Dropbox和爱彼迎的价值，但它们在生态系统中占据了类似位置。

以推特和Tumblr（汤博乐）这两家非常相似的公司为例。这两家公司都有非常出色的产品导向创始人，分别是埃文·威廉姆斯和戴维·卡普。两家公司都是热门的社交媒体初创企业。确立产品/市场匹配性之后，两家公司都以令人瞩目的速度增长。两家公司都对流行文化产生了重大影响。然而，推特实现上市并达到近370亿美元的市值高峰，而 Tumblr 则以"区区"10亿美元被雅虎收购（雅虎是另一家利用闪电式扩张成为规模化企业，却走了下坡路并逐渐消失的初创企业）。

　　这是因为推特受到了运气垂青吗？也许是。运气的作用总是比创始人、投资者以及媒体愿意承认的更大。但两家公司有一个主要区别，即推特可以利用众多人脉获得 Tumblr 无法获得的建议和帮助。例如，推特能将迪克·科斯特洛招入麾下，他是一位在谷歌有过规模扩张经验并深谙此道的高管。相比之下，尽管 Tumblr 可以说是纽约生态系统中最突出的初创企业，但它无法轻易吸引有快速增长经验的本地人才。格雷洛克的约翰·利利称，对于 Tumblr 虚位以待的每个高管职位，纽约市可担此任的人才寥寥可数。这种人才缺乏使招聘变得困难，而且由于没有更好的替代人选，该公司不愿意换掉现有员工。Tumblr 没有能力聘用一支可以进行闪电式扩张的高管团队，因此决定出售公司。

　　当然，尽管地理位置可能对闪电式扩张形成挑战，但如果你意识到这一点，这个问题就好解决得多。例如，过去10年，全世界最成功的在线旅游公司之一 Priceline 就从其位于康涅狄格州的总部进行了闪电式扩张。Priceline 增长阶段的领导者、首席执行官杰弗里·博伊德看到了这种地理隔离的优势，并指出该公司所处的位置意味着其寻求支持业务快速增长所需的关键软件工程师和设计师时，面临的竞争更少。

后来的竞争者极难与具有首个规模扩张者优势的闪电式扩张公司直接竞争。除非这些竞争者找到其他领域发挥首个规模扩张者优势，否则它们将变得无足轻重。

尽管闪电式扩张具有令人难以置信的优点和潜在回报，但也存在巨大风险

"快速行动，打破常规"曾是脸书的著名座右铭。然而，快速增长可能导致的问题几乎与其解决的问题同样多。正如马克·扎克伯格接受我的"规模化大师"播客采访时告诉我的，"发展到如今这个阶段，与加快步伐争取到的速度相比，我们需要花更多时间回过头来修复产生的错误和问题"。在一次著名的事故中，一名暑期实习生造成的漏洞使整个脸书网站瘫痪了 30 分钟。

有一个用来形容人体组织失控增长的科学术语："癌症"。在这种语义背景下，失控增长显然是不可取的。对于企业来说也是如此。成功的闪电式扩张意味着，你可以快速修复难免出现的漏洞，这样至少能保持某种程度的控制，使公司能保持高速增长步伐而不会发生意外或倒下。就像橄榄球运动员为了触地得分赢得比赛而滚倒在球场上，即使一家公司已经取得首个规模扩张者优势，如果它承担的风险超过其处理能力，也可能在越过得分线之前丢掉球。

从管理角度来看，闪电式扩张也存在风险。在每个新的规模阶段重塑领导风格、产品和企业并非易事，但这是必要的。用领导力

大师马歇尔·戈德史密斯的话来说，"过去的成功经验未必适用于未来"。

市场份额和收入增长可以抢到头条，但如果不扩张员工、财务、产品和技术战略的规模和范围，就无法实现客户规模和收入规模。如果企业的增长步伐不能与收入和客户群保持同步，那么情况就会迅速失控。

例如，在20世纪80年代末和90年代初的闪电式扩张时期，甲骨文公司一心一意扑在销售增长上，结果在技术（落后于主要竞争对手赛贝斯公司）和财务方面都严重落后，几乎以破产告终。多亏雷·莱恩和杰夫·亨利全力扭转局面才避免了这场灾难，并重新奠定了甲骨文日后的成功基础。

对企业进行闪电式扩张需要做出艰难选择和牺牲。例如，正如上述甲骨文公司的例子所示，擅长创办公司的人不一定是适合扩张公司的人。在本书后面，我们将讨论成功的闪电式扩张公司如何有意识地管理增长而不是被增长管理。

五个阶段：从"家庭"到"国家"

对初创企业进行闪电式扩张不是一个线性过程。不是简单地把一家初创企业乘以1 000，在光鲜亮丽的摩天大厦工作，而不是在破旧的车库中工作，就可以打造一家全球巨头。每次重大增长都包含定性变化和定量变化。Dropbox的创始人德鲁·休斯敦对此一语道破，他告诉我："棋盘上会逐渐加入新的棋子，棋盘也会逐渐扩大。"

在物理学中，材料通常会随着环境（例如温度和压力）变化而发生相变。冰融化为水，水沸腾为蒸气。随着初创企业从一个阶段规模扩张到下一个阶段，它也会发生根本性变化。

就像溜冰鞋在水上毫无用处，在水蒸气中不能打水漂一样，一旦规模化企业到达下一阶段，前一阶段有效的方法和过程就会失去作用。

本书旨在帮你成功应对各种阶段变化，直到成为全球市场主导者。

在本书中，我们将使用社会学比喻来指代闪电式扩张的五个关键阶段。由于规模化企业中最显而易见、最有影响力的变化就是其聘用的人数，因此我们将根据公司的员工人数或组织规模来定义这些阶段。

闪电式扩张的五个阶段

第一阶段（家庭）　　1~9 名员工

第二阶段（部落）　　数十名员工

第三阶段（村庄）　　数百名员工

第四阶段（城市）　　数千名员工

第五阶段（国家）　　数万名员工

每个阶段在管理和领导方面都存在巨大差异。当你领导的企业处于原子核般的"家庭"阶段时，你与所有"家庭"成员都保持着密切关系。当你领导的企业进入"国家"阶段时，你就要对许多人的生活负责，其中多数人你永远都不会遇到。（在本书后面的章节中，我们将讨论如何在公司增长过程中优化人员管理策略。）

重要的是记住，虽然这些 10 的数量级划分出清晰一致的类别，但现实往往更加复杂。例如，一家团队关系紧密的初创企业即使拥有近 20 名员工，其感觉和行事也可能像"家庭"阶段的企业一样。因此，这些定义仅仅是为了提供一套可用的指南。

我们还认识到，员工人数只是企业规模的几项指标之一。其他一些规模指标包括用户数量（用户规模）、客户数量（客户规模）和年度总收入（业务规模）。这些指标通常是（但并不总是）同步变化的。尽管在没有企业规模的情况下实现客户规模或业务规模几乎是不可能的，因为客户需要客户服务代表，而实现收入通常需要销售人员，但在未实现企业规模的情况下实现用户规模是有可能的。以 Instagram（照片墙）为例：当该公司以 10 亿美元的价格被脸书收购时，它拥有超过 1 亿名用户，但只有 13 名员工，并且没有可观收入。

发展阶段并不总是同步变化，这是闪电式扩张的特征，而不是缺陷。正如我们将要讨论的，运营可扩张性是规模化企业需要解决的主要增长限制因素之一。如果企业的用户、客户和收入增长速度能快于员工人数增长速度，并且不被自身的增长压垮，那么企业就可以实现更高的利润率并保持增长，而不会受到资金需求或人力资本需求的严格约束。相比之下，当员工数量的增长快于用户、客户和收入的增长时，这就是一个重要的危险信号，可能表明基本商业模式存在问题。

然而，为了简单起见，本书通常会根据公司规模来定义公司所处的阶段。处于"家庭"阶段的公司有1~9名员工，处于"部落"阶段的公司有10~99名员工，依此类推。当出现例外情况时，我们会特别指出以避免混淆。

三种关键方法

通过对谷歌、亚马逊和脸书等公司的大量研究、直接接触和与其领导层的对话，以及通过我自己作为企业家和投资者的经验，我们已经总结出企业家和投资者打造占市场主导地位的公司使用的三种关键方法。这些方法不依赖于地理位置，可以在任何生态系统中因地制宜地打造优秀公司，尽管困难程度有所不同。

第一种方法：商业模式创新

闪电式扩张的第一种方法是设计一种能真正实现增长的创新商业模式。这听起来就像初创企业的终极绝招，但令人惊讶的是许多创始人都遗漏了这个关键元素。世界各地的许多初创公司都犯过一个重大错误，那就是关注技术、软件、产品和设计，但忽略了业务，甚至连业务是什么都没搞懂。这里的"业务"是指公司如何通过获取客户并服务客户来赚钱。相比之下，尽管硅谷流行"工程师是上帝"的说法，但被大众盛赞为天才的公司和创始人不只是技术极客——他们往往也是商业极客。在谷歌，拉里·佩奇和谢尔盖·布林开发出优秀的搜索算法，但这是他们对搜索引擎商业模式的创新，具体来说就是在展示广告时考虑相关性和绩效，而不是简单地向最高出价者出租空间，这推动他们取得了巨大成就。

随着世界数字化程度的提高，商业模式创新变得更加重要。有如此多技术可以为人们服务，它们顺应需求，易于集成，因此技术不再是强大的差异化因素，而找到正确的服务组合以研制出突破性产品已成为主要的差异化因素。如今，多数成功公司更像结合了一系列已有技术的特斯拉，而不是必须研究新技术的 SpaceX。

商业模式创新是初创企业胜过通常比它们具有许多优势的老牌竞争对手的方法。作为初创企业，Dropbox 与微软和谷歌等巨头竞争，后者在技术、财务和市场实力方面本应拥有巨大优势。Dropbox 创始人兼首席执行官德鲁·休斯敦知道，他的公司不能只是依靠更好的技术或在竞争中胜出，他说："如果你的剧本与竞争对手的相同，你就有麻烦了，因为他们可能用更多资源去演你的剧本！"

德鲁必须设计一种更好的商业模式，其中专注于共享文件意味着 Dropbox 必须存储的文件数量（过去，该公司要向亚马逊支付费用以存储文件）的增加速度远远低于为客户创造价值的速度，因而低于 Dropbox 可以从客户那里获得收入的速度。优步和爱彼迎也以惊人的速度建立了大型企业，它们是基于新颖的商业模式，而不是前所未有的新技术。如果仅靠技术创新就够了，那么联邦研究实验室将定期打造出价值 1 000 亿美元的公司。剧透警告：他们没造出来。

这并不是说技术创新不重要。技术创新是开辟新市场或颠覆现有市场最常见的触发因素。优步不是第一家试图改善打车体验的公司。但在智能手机问世，实现无线互联网连接和基于全球定位系统的定位服务技术创新之前，优步的商业模式根本无法运行。这些创新减少了司机和乘客的摩擦，使优步核心的 UberX 拼车模式首次有可能成为大众市场的选择。

公司成功进行闪电式扩张，进入"城市"阶段或"国家"阶段之后，技术创新也不容忽视。每家价值超过 1 000 亿美元的科技公司都曾利用技术领先地位巩固其竞争优势。亚马逊最初可能是一家没有独特技术的纯网络零售商，但如今它在云计算、自动化物流和语音识别方面的高超技术帮助其保持了市场主导地位。实际上，通过闪电式扩张建立的巨型公司通常是收购技术创新企业的公司，就像谷歌收购 DeepMind 和脸书收购 Oculus 一样。

技术创新是保持商业模式创新产生收益的关键因素。毕竟，如果一项技术创新可以创造一个新市场，那么另一项技术创新也可能使它在一夜之间过时。虽然优步已经达到了巨大规模，但对其未来的最大威胁并不是像滴滴出行这样的直接竞争对手，尽管它们都是强大的威胁。对优步业务的最大威胁是自动驾驶汽车的技术创新，这可能使优步最大的竞争优势之一——其精心培育的司机网络——在一夜之间基本过时。

关键是将新技术与向潜在客户的有效推广，可扩张且高利润的收入模式，以及让你能在或有资源约束下为这些客户提供服务的方法结合起来。

理想情况下，你应该在创建公司之前设计好商业模式创新。

我与别人共同创建领英时就是这样做的。领英的关键商业模式创新——关系的双向性和满足专业人士对商业导向网络身份的需求，并不是自然而然产生的。这些创新是深思熟虑的结果，我借鉴了创建 SocialNet 的经验，它是最早的在线社交网络之一，比领英早问世近 10 年。但生活并非总是一帆风顺。许多公司，即使是著名的成功公司，也必须在开始运营之后进行商业模式创新。

PayPal 在开始运营时并没有商业模式（我是 PayPal 高管团队的重要成员）。我们以每天 5% 的速度呈几何级数增长，而且我们处理的每笔交易都亏损了。有趣的是，一些批评人士称我们疯了，因为我们向把 Paypal 推荐给朋友的顾客支付奖金。推荐奖金实际上是个绝妙主意，因为它的成本远低于通过广告获得新的金融服务客户的标准成本。（我们稍后将讨论这种病毒式营销的力量和重要性。）

事实上，疯狂之处是我们允许用户接受信用卡支付，由 PayPal 向信用卡处理商支付占每笔交易金额 3% 的费用，而不向用户收取任何费用。我记得有一次我跟大学老友兼 PayPal 联合创始人、首席执行官彼得·蒂尔说："彼得，就算你我站在我们办公室楼顶上，不停地往下扔成捆百元大钞，也比不上我们现在的赔钱速度。"我们最终通过向接受付款的企业收费来解决这个问题，这很像信用卡处理商的做法，只不过是用 ACH（自动清算所）银行交易为这些支付提供融资，这只相当于信用卡网络相关费用的一小部分。但是，如果我们等到解决这个问题再进行闪电式扩张，我怀疑我们就不会成为市场领导者。[①]

第二种方法：战略创新

闪电式扩张最明显的要素就是追求极速增长，它与创新商业模式相结合，可以产生巨大价值和长期竞争优势。许多初创企业认为它们采用的是极速增长战略，然而实际上它们的目标和愿望是极速增长，但并没有理解实现这一目标和愿望所需的实际战略。为了实现目标，你必须知道自己计划做什么；同样重要的是，你还必须知道自己计划不做什么。此外，增长本身并不能创造价值；为了创造价值，它必须配合有效的商业模式。如果你的公司以 1 美元的价格出售 20 美元钞票，那么很容易实现极速的客户增长和收入增长，但"以数量弥补"不会让你建立任何可持续价值。

成功的闪电式扩张的竞争优势来自商业模式内含的增长因素，例如网络效应，即首家达到临界规模的公司触发反馈循环，使其能主导赢家通吃市场或赢家多拿市场，并实现持久的首个规模扩张者优势。例如，优步的积极逐城扩张战略使其客户的打车等待时长短于竞争对手客户的打车等待时长。优步希望你能更快打到优步的车而不是其他出租车。这吸引了更多客户，继而吸引了更多司机，增加了市场流动性，使客户能更快打到车，从而吸引更多客户，循环往复。早期的优步投资者比尔·格利在他 2012 年的博客文章《并非

---

① 更多 Paypal 的商业模式创新，可参见埃里克·杰克逊的《支付战争》。——编者注

所有市场都生来平等》中阐述了优步的战略：

> 随着优步的发展，它能在道路上投放更多汽车，并且随着它在路线和载客量优化方面的投资，可以不断缩短接单时间。它在市场上运营得越久，体验就越好。

闪电式扩张不仅仅是一种积极增长战略，它需要做按照传统商业思维来看不合情理的事，比如在不确定环境中优先考虑速度而非效率。与此同时，闪电式扩张也不只是冒险。用公司做赌注可能有风险，就像沃尔特·迪斯尼用自己的人寿保险抵押贷款建造迪士尼乐园时所做的那样，但这不是闪电式扩张。闪电式扩张可能导致效率低下，例如聘请建筑工人每天工作 24 小时以提前几个月开放迪士尼乐园，或者将门票降价 90% 以更快迎来第 100 万位游客——因为园方知道这第 100 万位游客会引来超过 1 000 万位游客。

硅谷的雷厉风行助其大获成功，在此仅举一例：投资者关注一家处于上升轨道，但并未显示出众所周知的曲棍球棒形指数增长的公司，并认为他们需要卖掉企业或承担更多风险以增加实现指数增长的机会。实现 20% 的年增长率可以让关注任何其他行业的华尔街分析师满意，但不足以使一家初创企业快速转变为价值数十亿美元的公司。硅谷的风险资本家希望企业家追求指数增长，即使这样做会花费更多资金并增加企业破产从而产生更大亏损的可能性。对于投资者而言，甚至连年增长率跌至 40% 以下都是警告信号。

人们很难理解这种思维模式。他们可能会理所当然地问："我为什么要冒所有风险，还可能搞砸一家正在成长的成功企业？"答案是，闪电式扩张公司往往会在赢家多拿市场或赢家通吃市场中大显身手。正在成长的成功企业面临的更大风险是行动速度太慢，以至于让竞争对手赢得市场领导地位和首个规模扩张者优势。

诺基亚是付出谨慎代价的一个典型例子。2007年，诺基亚是全球最大、最成功的手机制造商，市值只略低于990亿美元。然后，苹果和三星开始以迅雷不及掩耳之势进入市场。2013年，诺基亚以70亿美元的价格将其亏损的手机业务出售给微软，2016年，微软以区区3.5亿美元的价格将其功能手机资产和诺基亚手机品牌卖给了富士康和HMD。诺基亚手机业务的价值在不到10年的时间内从990亿美元左右降至3.5亿美元，降幅超过99%。

当时，诺基亚的决定似乎是有道理的。即使在iPhone和谷歌的安卓操作系统推出之后，诺基亚的销量仍继续增长。诺基亚的单位销量在2010年达到顶峰，手机出货量为1.04亿部。但此后诺基亚的销量开始下降，并且在2011年和2012年先后被安卓操作系统手机和iPhone超越。当诺基亚的管理层意识到他们面临的生存威胁时，为时已晚，即使是与微软合作成为Windows Phone独家合作伙伴的背水一战，也未能扭转颓势。

由于闪电式扩张通常需要花费大量资金，而传统商业观点认为这是"浪费"，因此实施支持这种积极支出的财务策略是闪电式扩张的关键部分。例如，优步在进入新城市时，通常对市场双方都给予大量补贴，一方面降低打车费以吸引乘客，另一方面提高司机补贴以吸引司机。通过在早期打车订单中实行投入资金超过收回资金的策略，优步能比更保守的竞争对手更快达到临界规模。鉴于拼车市场的赢家多拿性质，"浪费性"支出帮助优步在其运营的城市中占据了市场主导地位。当然，如果没有以优惠条件筹集大量资本的能力，这种策略是不可能实现的。以优步为例，从其创立到撰写本书时，该公司筹集了近90亿美元。在某个时点上，优步必须展示出显著提高单位经济效益的能力，否则投资者将变得牢骚满腹。这一担忧有助于解释优步对自动驾驶汽车技术的重金投资，这可以一举消除其最大的支出——司机报酬。

愿意承担闪电式扩张的风险是硅谷与其他地区相比诞生出如此多黑马公司的主要原因之一。公平地说，它也产生了相对多得多的金融灾难，因此在讨论闪电式扩张时会出现"风险"这个词。但随着阿里巴巴和Spotify这种行业巨头的崛起，闪电式扩张也开始在世界各地蓬勃发展。

第三种方法：管理创新

闪电式扩张需要的最后一种方法是管理创新。这是必不可少的，因为超高速增长对企业及其员工施加了极大压力。

我喜欢向企业家和高管们指出"理论上，你不需要实践"。

我的意思是，无论你的商业模式和增长战略多么出色，如果不经过大量实践，就无法创建一家真实的（即非理论的）黑马公司。但是当你试图进行闪电式扩张时，这个问题会被放大。

闪电式扩张涉及的这种增长，通常意味着重大的人力资源挑战。

对于一家进行闪电式扩张的公司而言，每年员工数量翻三倍的情况并不少见。这需要一种与普通增长型公司截然不同的管理方法，后者每年增长 15% 就能令人满意，还可以不慌不忙地招募理想员工并沉迷于企业文化。正如我们将在本书后面详细讨论的，进行闪电式扩张的公司必须在增长过程中快速经历一系列关键转变，并且必须接受违反直觉的规则，例如聘用"差不多"的员工，发布有缺陷和不完美的产品，暂时搁置问题，无视愤怒的客户。

在阅读本书的过程中，我们将看到商业模式、增长战略和管理创新如何共同造就高风险、高回报的闪电式扩张过程。

第二章

商业模式创新

在闪电式扩张的三种核心方法中，第一种也是最基础的方法是设计能实现指数增长的创新商业模式。

互联网时代的创业故事就是这种商业模式创新的故事。

不妨回想一下 .com 时代，其时间范围大致是从 1995 年网景公司首次公开募股到 2000 年纳斯达克开始崩盘。在此期间，大量初创企业和几乎每家老牌公司都试图做好互联网业务，但几乎所有公司都失败了。原因在于，大多数公司只是试图将现有商业模式剪切并粘贴到新的网络媒体上。你不能将一个物种的心脏移植到另一个物种身体里，并期望它茁壮成长。

如果你在 1995 年问股票市场分析师哪些公司最有可能主宰互联网，多数人都会指向微软和时代华纳这种已经占据市场的巨头，它们在 MSN 和 Pathfinder 等互联网业务上投入了数百万美元。还有些人会提到像 eToys[①] 这样的"单一业务"网络初创企业，它结合了久经考验的商业模式（如"品类杀手"商店）和新颖的在线媒体。

① eToys 是一个通过互联网销售玩具的零售网站，1997 年成立，1999 年上市后市值飙升，成为网络泡沫的象征。2001 年，eToys 宣布破产，之后不久就倒闭了。——编者注

然而，当网络泡沫破灭后的一地狼藉消失时，仍然生气勃勃的最成功的公司是围绕全新商业模式设计的少数初创企业，比如亚马逊、eBay 和谷歌。

沃尔玛本应成为在线零售市场的主导者，但亚马逊横空出世，成为电子商务宝典——包括消费者评论、购物车和免运费——的实际书写者。报纸和电话簿公司本应将它们的信息业务移植到网络世界，但雅虎和谷歌先后进入这个市场。这两家公司建立了汇总全球信息的搜索引擎，谷歌开发的商业模式使其价值超过所有传统媒体公司的总和。

相比之下，非常不幸的是，纯粹依赖技术创新而没有任何真正商业模式创新的初创企业大部分已经破产。像 eToys 这种公司试图在各种市场上模仿亚马逊，但没有亚马逊的前台和后台创新，一旦金融市场开始要求利润而不仅仅是昂贵的收入增长，它们就会灰飞烟灭。网景公司开发的 Netscape Navigator 曾是主流网络浏览器，其首次公开募股开启了互联网热潮，但即便是这样一家公司，也被迫把自己卖给了美国在线。网景的工程师开发了 JavaScript、SSL 以及各种沿用至今的酷炫互联网技术，但网景满足于现状，使用经过验证的商业模式，而不是开发由其技术创新支持的新商业模式。不幸的是，对于网景来说，其竞争对手微软已经熟稔这些商业模式，并且清楚地知道如何利用其经济实力和资源来拉动杠杆。在第一次"浏览器大战"中，微软在所有新的 Windows 计算机上都预装了 Internet Explorer 浏览器，然后放弃了其 Web 服务器软件 Internet Information Server（IIS），这有效摧毁了网景的商业模式。

网景能否采用不同的策略实现成功？我们相信可以。比如，网景可以采取以下方法变现 Netscape Navigator 浏览器：以 500 万美元的价格将"网络搜索"按钮的赞助位出售给 Excite 搜索引擎。网景认为浏览器本身是关键，而搜索只是副业。这让两对斯坦福大学毕业生——杨致远和大卫·费罗（雅虎）以及拉里·佩奇和谢尔盖·布林（谷歌）——有机会证明搜索是前景更加广阔的业务。谷歌的创新模式是通过自动化市场出售搜索结果旁边的文字广告，这使其建立了在这个市场上的绝对垄断地位，因而后来经受住了微软的一系列正面进攻，包括微软实质上向客户付费以鼓励其使用其 Bing 搜索引擎的营销计划。

从那时起，同样的故事在多次浪潮中不断重演。脸书和领英主导了社交网络，尽管这些社交网络首次出现时，美国在线、微软（Hotmail）和雅虎（Yahoo! Mail）控制了大多数主流网络消费品牌；阿里巴巴在中国击败了 eBay；优步战胜了出租车公司；爱彼迎拥有的房源数量超过世界上任何一家酒店。

当然，这些成功案例都是科技公司。但正如我们所见，仅靠技术创新是不够的，即使它对未来的影响巨大。像 Craigslist（大型网上免费分类广告网站）、维基百科和 IMDb（互联网电影数据库）这样的服务是有影响力的早期互联网创新者，仍然从未靠自身实现大量（财务）价值。

当创新技术通过创新商业模式推出创新产品和服务时，将真正创造价值。尽管谷歌、阿里巴巴和脸书的商业模式看似显而易见，甚至是必然的，但从事后来看，它们在推出时并未受到广泛赞赏。

1999 年有多少人会意识到，在相当于电子卡片目录的服务旁边投放豆腐块文字广告会催生出世界上最有价值的软件公司？或者说，为中国新兴的中产阶级建立一个网上购物中心将造就一家价值 1 000 亿美元的企业？2004 年谁会预测到，盯着手持式计算机上的小屏幕看朋友聊天会成为主要的媒体形式？伟大的公司和伟大的业务首次出现时往往看起来像个坏点子，因为根据其定义，商业模式创新无法像经过验证的商业模式那样证明其行之有效。

　　要真正理解为何这些商业模式能成功，我们首先需要明确定义"商业模式"。部分问题在于，该术语可以用许多不同方式来解释。伟大的管理思想家彼得·德鲁克写道，商业模式本质上是由商业假设组成的理论，而环境可能要求这些假设随着时间推移而变化。哈佛商学院教授兼作家克莱顿·克里斯坦森认为，人们需要专注于"待完成工作"这一概念；也就是说，当顾客购买产品时，他是在"雇用"它完成某项特定工作。爱彼迎的布莱恩·切斯基也言简意赅地说："做出人们喜爱的产品，聘用优秀的人才。还需要做别的吗？其他一切都是装样子。"

　　正如安德烈亚·奥万斯在发表于 2015 年 1 月《哈佛商业评论》上的文章《什么是商业模式？》中恰如其分地指出的，它足以让你绞尽脑汁！就本书而言，我们将重点关注基本定义：一家公司的商业模式描述了它如何通过生产、销售和支持产品来创造财务收益。

　　亚马逊、谷歌和脸书等公司与普通公司，甚至其他成功高科技公司的区别在于，它们始终能设计和执行使自身快速实现庞大规模和可持续竞争优势的商业模式。当然，没有一种适用于所有公司的完美商业模式，而且试图找到这样一种商业模式也是浪费时间。但多数优秀的商业模式都有某些共同特征。如果你想找到最适合你公司的商业模式，那么在设计时应该尽量放大四个关键增长因素，并尽量缩小两个关键增长限制因素。

四个关键增长因素

第一个增长因素：市场规模

商业模式需要考虑的最基本的增长因素是市场规模。这种对市场规模的关注可能是显而易见的，对于初创企业来说，它是融资演讲稿最基本的内容，但如果你想创建一家规模庞大的公司，就需要从基础开始，摒弃服务于过小市场的想法。

大型市场既有大量潜在客户，也有不同有效渠道来接触这些客户。后面这一点很重要，由"世界上每个人"组成的市场可能看起来很大，却无法以任何有效方式被接触到。我们在考察推广这个关键增长因素时，将深入讨论这个问题。

判断市场规模，或者什么是融资演讲稿和风险资本家常说的TAM（潜在市场规模）并不容易。预测潜在市场规模及其将来的增长前景，是闪电式扩张的主要不确定因素之一。但正如我们将在爱彼迎和优步的案例中看到的，当其他人仍畏葸不前时，正确预测市场规模并据此进行投资，也是获得意外高收益的主要机会之一。

理想情况下，市场本身也会快速增长，这使小型市场具有吸引力，并使大型市场的吸引力难以抗拒。

在硅谷，对风险投资的竞争给企业家施加了巨大压力，使他们将重点放在追求大型市场的想法上。风险投资公司可能向投资者——养老基金和大学捐赠基金等有限合伙人——筹集数亿甚至数十亿美元，这些投资者寻求高于市场的收益率，以补偿它们从私营公司身上碰运气，而不只是投资于可口可乐这类全球性大公司的风险。为了实现这些高于市场的收益率，风险投资基金至少需要将投资者的钱翻 3 倍。1 亿美元的风险投资基金需要在典型的基金生命周期（7~10 年）内获得 3 亿美元收益，以实现高于市场的内部收益率（15%~22%）。一笔 10 亿美元的基金需要 30 亿美元收益。由于多数风险投资要么亏本，要么勉强维持收支平衡，风险资本家实现这些积极目标的唯一现实方式就是依靠少量非常成功的投资。例如，1997 年，基准资本（Benchmark Capital）对 eBay 投资了 670 万美元。一年多之后，eBay 上市，基准资本的股权价值达到 50 亿美元，收益率为 745 倍。进行这笔投资的具体基金 Benchmark Capital Partners I 从投资者那里获得了 8 500 万美元投资，并获得了 78 亿美元收益，收益率为 92 倍。（脸书的初始投资者收益率更高，但他们是个人而不是公司。）

由于渴望像投资 eBay 这样大获成功，多数风险资本家都会根据市场规模过滤投资机会。如果一家公司无法实现"风投规模"（通常是年销售额至少为 10 亿美元的市场），那么大多数风险投资公司都不会投资，即使对方是一家好公司，原因只是它的规模还不足以帮助风险投资公司实现收益 3 倍于投资金额以上的目标。

当布莱恩·切斯基寻找风险资本家投资爱彼迎时，他咨询的顾问之一是企业家兼投资者萨姆·奥尔特曼，奥尔特曼后来成为 YC 的总裁。奥尔特曼看了切斯基的融资演讲稿，并告诉他这份计划很完美，除了他需要将市场规模从不太高的 3 000 万美元改为 300 亿美元。奥尔特曼告诉切斯基："投资者想要 10 亿美元级的项目。"当然，奥尔特曼不是让切斯基说谎；相反，他认为如果爱彼迎团队真正相信自己的假设，那么 3 000 万美元是被严重低估的数字，他们应该使用一个真实反映其信念的数字。事实证明，爱彼迎的市场规模确实接近 300 亿美元。

评估市场规模时，除了从现有竞争者手中抢占市场份额之外，还要考虑如何通过降低成本和改进产品吸引新客户来扩大市场，这一点至关重要。2014 年，纽约大学斯特恩商学院的金融学教授阿斯沃斯·达莫达兰估计优步可能价值约 60 亿美元，根据是其最终赢得价值 1 000 亿美元的全球出租车市场的 10%，也就是价值 100 亿美元的市场的能力。根据优步自己的预测，2016 年，该公司处理了超过 260 亿美元的支付金额。可以肯定地说，100 亿美元的市场是被严重低估的数字，因为优步及其竞争对手的易用性和低成本扩大了运输服务市场。

正如在线文件存储公司 Box 的创始人阿龙·利维在 2014 年的一条推文中指出的："根据现有运营者的市场确定颠覆性创新者的市场规模，就好比根据 1910 年的马匹数量确定汽车行业的市场规模。"

导致低估市场规模的另一个因素是忽略了扩张到其他市场的可

能。亚马逊最初叫亚马逊图书，定位为"地球上最大的书店"。但杰夫·贝佐斯一直打算将图书销售作为亚马逊向外扩张的桥头堡，以实现他的"百货商店"巨大愿景。如今，亚马逊主导了图书销售行业，但由于市场扩张强劲，图书销售额还不到亚马逊总销售额的 7%。

在苹果公司的财务业绩中可以看到相同情况。2017 年第一季度，苹果通过出售个人计算机创造了 72 亿美元收入，这是该公司开创并一度占据主导地位的领域。这个数字当然很漂亮，但是，在同一个财政季度，苹果的总收入高达 784 亿美元，这意味着苹果的原始市场只占其总销售额的不到 10%。

我在格雷洛克的同事杰丽·陈曾帮助黛安娜·格林将 VMware 的虚拟化软件扩展为一项庞大的业务，杰丽指出："每家价值 10 亿美元的企业都是从价值 1 000 万美元的企业开始的。"

但无论是开辟新市场，扩大现有市场，还是依靠相邻市场获得投资者想要的"10 亿美元级企业"，你都需要有一条通往目标的合理路径。这自然而然地引出了我最爱与企业家讨论的增长因素之一：推广。

第二个增长因素：推广

强大、可扩张的业务所需的第二个增长因素是推广。在硅谷，许多人都喜欢专注于打造用史蒂夫·乔布斯的名言来说"绝妙至极"的产品。打造出伟大产品肯定是好事——后面我们将讨论产品质量低劣这个增长限制因素，但是，一个残酷的事实是，推广出色的优秀产品几乎总能击败推广不佳的伟大产品。

Dropbox 是一家拥有伟大产品的公司，但它的成功是因为其出色的推广。在里德的"规模化大师"播客采访中，该公司的创始人兼首席执行官德鲁·休斯敦说，他认为太多初创企业忽视了推广的重要性：

> 硅谷的大部分正统观念都是推出优秀产品。我认为这是因为硅谷的大多数公司都无法生存到推出产品的阶段之后。你必须擅长推出产品，然后你必须善于吸引用户，再然后你必须善于建立商业模式。如果你遗漏了这根链条中的任何环节，整个链条就会瓦解。

在"移动优先"时代，推广挑战变得更加严峻。在网络时代，搜索引擎优化和电子邮件链接广泛适用，而且是成功的推广渠道，但与之不同，移动应用程序商店几乎不提供偶然发现产品的机会。你在访问苹果或谷歌的应用程序商店时，是搜索某个特定产品，很少有人安装应用程序只是装着玩。因此，成功的商业模式创新者（例如 Instagram、WhatsApp、Snap）必须找到大范围推广其产品而无须花费很多钱的创造性方法。这些推广方法分为两大类：利用现有网络和病毒式传播。

利用现有网络

新公司很少有投资于广告宣传所需的渠道或资源，因此，它们必须找到创造性方法来利用现有网络推广产品。

当我在 PayPal 时，我们推广支付服务的主要工具之一是结算 eBay 上的交易。当时，eBay 已经是电子商务领域最大的竞争者之一，并且到 2000 年年初已有 1 000 万注册用户。我们通过开发软件来利用这个用户群，使 eBay 卖家可以极其轻松地在其所有 eBay 商品中自动添加"用 PayPal 支付"按钮。令人惊讶的是，即使 eBay 自身有与之竞争的支付服务 Billpoint，客户仍然会这样做！但卖家需要手动将 Billpoint 添加到他们的每件商品中，而 PayPal 为他们代劳了。

多年以后，爱彼迎利用在线分类服务 Craigslist 实现了类似壮举。根据 YC 的迈克尔·塞贝尔的建议，爱彼迎建立了一个系统，允许并鼓励房东将他们的房源交叉发布到规模大得多的 Craigslist 上。房东被告知，"将你的房源从爱彼迎转发到 Craigslist，会使你的月均收益增加 500 美元"，并且只需点击一个按钮即可实现。这需要严谨的技术技巧——与许多平台不同，Craigslist 没有允许其他软件与之交互的应用程序编程接口（API），但它是用于推广创新而非产品创新的技术创新。"这是一种新颖的方法，"爱彼迎的创始人柏思齐谈到了整合，"没有其他网站能实现如此天衣无缝的整合。我们做得非常成功。"

当然，利用现有网络也会有缺点。现有网络提供的好处（或在不知不觉中允许你利用的好处），现有网络也可以将其拿走。Zynga 是一家领先的社交游戏公司，它利用脸书进行推广取得了巨大成功，但在脸书决定停止允许 Zynga 游戏玩家向脸书好友发布进度后，Zynga 不得不大幅重新设计其推广模式。（透露一下，我是 Zynga 的董事会成员。）Zynga 的创始人马克·平卡斯富有远见地建立了足够强大的垄断地位，这才能应变求存。

相比之下，在谷歌调整其算法，对其所称的"垃圾"网站内容降权之后，利用谷歌的搜索平台创造网站流量和广告收入的所谓内容农场（如 Demand Media）从未恢复元气。

尽管存在这些危险，但利用现有网络可能是商业模式的关键部分，尤其是当这些网络可以提供"助推火箭"时，日后可以用病毒式传播或网络效应作为补充。

病毒式传播

当某个产品的用户带来新用户，而这些新用户又带来更多用户时，就会发生"病毒式"推广，这非常像传染性病毒从一个宿主传播到另一宿主的过程。病毒式传播可能是自然产生的——产生于产品的正常使用过程中，也可以通过某种奖励来激励。

推出领英后，我和团队投入了大量时间和精力来研究如何改善自然产生的病毒式传播；也就是说，如何让现有用户更方便地邀请好友使用这项服务。我们采用的一种方法是改进传播工具，它们中的一部分后来成了病毒式传播的标准工具，比如地址簿导入器。举例来说，我们开发了允许领英调取用户的 Outlook 联系人的软件，这使他们能非常轻松地邀请最重要的联系人。

但同样重要的是一种意想不到的病毒式传播来源。事实证明，用户希望将其领英主页作为互联网上的主要职业身份。这样一种将用户的全部详细职业履历集于一处的介绍页面，不仅为用户创造了价值，也为浏览页面的人创造了价值，同时让浏览者意识到他们应该拥有自己的领英简历。因此，我们增加了公开简历作为一个系统工具，以提升用户的价值定位和我们的病毒式增长率。

在 PayPal，我们将自然产生的病毒式传播和激励产生的病毒式传播结合起来。支付产品本质上适合病毒式传播。如果有人使用 PayPal 通过电子邮件向你汇款，你必须设置一个账户才能收到款项。但我们通过货币激励措施增强了这种自然产生的病毒式传播。如果你推荐一个朋友使用 PayPal，你将得到 10 美元，你的朋友也将得到 10 美元。这种自然产生的病毒式传播和激励产生的病毒式传播的组合使 PayPal 每天增长 7%~10%。随着 PayPal 网络的增长，我们将激励标准均降低到 5 美元，直至最终彻底取消了货币激励。

激励措施不一定是用货币，和 PayPal 一样，Dropbox 使用了类似方法，结合自然产生的病毒式传播（用户与非用户共享文件时）和激励产生的病毒式传播（基本账户持有者每成功推荐一个用户，将获得 500 MB 的额外存储空间；高级账户持有者每成功推荐一个用户，将获得 1 GB 的额外存储空间）来实现增长。尽管 Dropbox 通过投资与戴尔等著名计算机制造商建立了合作关系，但德鲁·休斯敦将推动该公司快速增长归功于病毒式传播，它帮助其用户数量在短短 10 天内从推出时的 10 万增长到 20 万，然后在短短 7 个月后飙升至 100 万。

如果你的推广策略侧重于病毒式传播，那么你还必须关注用户留存率。如果新用户刚进门就转身离开，那么吸引新用户进门并不能帮助你实现增长。根据德鲁的说法，Dropbox 沮丧地发现，激活率显示只有 40% 的注册用户真正将文件存入 Dropbox 并将其链接到计算机。在接受我的"规模化大师"播客采访时，德鲁描述了一个让

人回想起电视剧《硅谷》(*Silicon Valley*)的场景(但结局更幸福):

> 我们所做的是继续投资 Craigslist,并送给任何在网站上停留时间达到半小时的访客 40 美元——一个穷人的可用性测试。我们就像在说:"好,请坐。你的电子邮件中有一封 Dropbox 的邀请函,请用这个电子邮件地址共享一个文件。"我们测试的 5 个人中没人成功,甚至没人接近成功。这真是令人震惊。我们想:"噢,天哪,这是有史以来最糟糕的产品。"于是我们在这张 Excel 电子表格中列出了大概 80 处不足,然后逐一打磨这些体验中的粗疏之处,这才看到我们的激活率开始攀升。

病毒式传播几乎总是需要免费或免费增值的产品(即,在某个节点前免费,然后用户必须付费升级,例如,Dropbox 提供 2 GB 的免费存储空间)。我们不记得有哪家公司利用付费产品的病毒式传播实现了大规模扩张。

最强大的推广创新之一是将两种策略结合起来。脸书通过利用社交网络自然产生的病毒式传播(用户邀请其他用户加入进来)和以校园为中心的现有网络(向大学逐家推广产品)来实现这一目标。当考虑网络效应时,我们将深入讨论脸书的推广策略。

第三个增长因素:高毛利率

企业家经常忽视的一个关键增长因素是高毛利率的力量。毛利润是销售额减去销售成本，它可能是长期单位经济的最佳指标。毛利率越高，每一美元销售额对公司来说就越有价值，因为这意味着每有一美元销售额，公司就有更多现金可用于增长和扩张。许多高科技企业默认具有较高毛利率，这就是为什么这个因素经常被忽视。软件业务的毛利率很高，因为复制软件的成本基本为零。软件即服务（SaaS）业务的销货成本略高，因为它需要提供某种服务，但是由于有亚马逊这样的云提供商，这种成本一直在变小。

相比之下，"传统经济"业务的毛利率往往较低。和在商店销售商品或在餐馆提供餐点一样，种植小麦是一项低利润率业务。亚马逊的成功中最令人惊奇的一点是，它能建立基于零售业的大规模业务，而这通常是低利润率行业。即使是现在，亚马逊也非常依赖其高利润的软件即服务业务——亚马逊网络服务（AWS）。2016年，亚马逊网络服务占亚马逊营业收入的150%，这意味着零售业务实际上已经出现亏损。

我们在本书中关注的多数高价值公司的毛利率都超过60%、70%甚至80%。2016年，谷歌的总收入为546亿美元，销售额为897亿美元，毛利率为61%；脸书的总收入为239亿美元，销售额为276亿美元，毛利率为87%。2015年，领英的毛利率为86%。正如我们讨论过的，亚马逊属于异常情况，2016年其总收入为477亿美元，销售额为1 360亿美元，毛利率为35%。然而，即使是亚马逊的毛利率，也高于通用电气这种"高利润"传统公司，后者在2016年的总收入为322亿美元，销售额为1 197亿美元，毛利率为27%。

高毛利率是一个强大的增长因素，因为正如下面所阐述的，并非所有收入都天生平等。这里的关键观点是，尽管毛利润对卖方来说很重要，但它们与买方无关。你买东西时可曾考虑过毛利率？你会因为皇堡的利润率低于巨无霸而选择汉堡王而不选择麦当劳吗？通常，你只关注价格以及购买商品带来的享受。这意味着出售低利润产品并不一定比出售高利润产品更容易。因此，如果可能的话，公司应该设计高毛利率的商业模式。

其次，高毛利率业务对投资者具有吸引力，投资者通常会为此类业务产生现金的能力支付溢价。正如著名投资者比尔·格利在其2011年的博客文章中所写，"并非所有收入都天生平等"，"当所有条件相同时，投资者更喜欢在更高收入下创造出更高边际利润的公司。出售同一软件的更多拷贝（增量成本为零）是一项可以很好地进行规模化的业务"。当公司为私营时，对投资者有吸引力使公司更容易以更高估值筹集更多资金（稍后我们将深入研究为什么这如此重要），并降低公司上市时的资金成本。这种获取资本的途径是能够为超高速增长融资的关键因素。

重要的是注意潜在毛利率与实际毛利率之间的差异。许多闪电式扩张公司，比如亚马逊或中国硬件制造商华为和小米，其产品定价都有意最大化市场份额而非毛利率。正如杰夫·贝佐斯喜欢说的，"你的利润就是我的机会"。小米明确将净利润率控制在1%~3%，它将这一做法的灵感归功于Costco（开市客）。在其他所有因素相同的情况下，投资者对潜在毛利率较高的公司估值总是远远高于已经最大化实际毛利率的公司。

最后，公司的大部分运营挑战都是根据收入或单位销量而非毛利率来衡量的。如果你有 100 万个客户，每年产生 1 亿美元销售额，那么不管你的毛利率是 10% 还是 80%，为这些客户提供服务的成本并不会改变，你仍然需要雇用足够多的员工来响应他们的客服支持请求。但是，当你有 8 000 万美元而不是 1 000 万美元的毛利润可用时，更容易提供良好的客服支持。

相反，同样是达到 1 000 万美元毛利润，向每年产生 1 250 万美元销售额的 12.5 万名客户出售商品并提供服务，与向每年产生 1 亿美元销售额的 100 万名客户出售商品并提供服务相比，实现前一目标要容易得多。8 倍的客户数量，8 倍的收入，意味着 8 倍的销售人员、客户服务代表、会计师等等。

设计高毛利率的商业模式可以让你获得更大的成功机会和更高的成功回报。正如我们将在后面的章节中看到的，高毛利率甚至帮助非科技企业［例如西班牙服装零售商 Zara（飒拉）］成长为全球巨头。

第四个增长因素：网络效应

市场规模、推广和毛利率都是推动公司增长的重要因素，但最后一个增长因素的关键作用在于，它使这种增长能维持足够长时间，以建立具有极高价值和持久独家优势的市场。虽然过去 20 年前三个增长因素有所改善，但全球互联网使用率的增长将网络效应推向了经济生活中前所未有的水平。

网络效应变得日益重要，是技术在经济中的主导地位提高的主要原因之一。

1996 年年底，世界上最有价值的 5 家公司是通用电气、荷兰皇家壳牌、可口可乐公司、NTT（日本电报电话公司）以及埃克森美孚，这些都是传统的工业和消费品公司，依赖庞大的规模经济和有数十年历史的品牌推动其价值。仅仅 21 年后，在 2017 年第四季度，这个名单就变得截然不同：苹果、谷歌、微软、亚马逊和脸书。这是一个非凡的转变。事实上，虽然苹果和微软在 1996 年年底已经是知名公司，但亚马逊彼时只是一家私营初创企业，拉里·佩奇和谢尔盖·布林还是斯坦福大学的研究生，距离他们创建谷歌还有两年时间，而马克·扎克伯格尚未迎来他的犹太教成年礼[①]。

那么，这 21 年间发生了什么？网络时代来了，这就是答案。

现在，技术以我们祖辈无法想象的方式将所有人联系起来。目前，超过 20 亿人有智能手机（其中许多是由苹果公司制造，或使用谷歌的安卓操作系统），这使他们始终与全球一切网络息息相关。任何时候，他们都能找到世界上几乎任何信息（通过谷歌），购买世界上几乎任何产品（通过亚马逊或阿里巴巴），或与世界上几乎任何其他人交流（通过脸书、WhatsApp、Instagram、微信）。

在这个高度互联的世界中，越来越多的公司能够利用网络效应来实现超大规模增长和利润。

我们将在本书中使用通俗易懂的网络效应定义：

---

① 犹太教成年礼是犹太男子的成人仪式，于 13 岁生日举行。——译者注

当增加任何一个用户都会增加产品或服务对于其他用户的价值时，这种产品或服务就会产生积极的网络效应。

经济学家将这种效应称为"需求方规模经济"，或者更一般地称为"正外部性"。

网络效应的神奇之处在于它会产生正反馈循环，从而导致超线性增长并创造价值。这种超线性效应使网络中的任何节点都很难从现有选择切换到替代选择（"客户锁定"），因为任何新竞争者都几乎不可能与加入现有网络的价值相提并论。（这些网络中的节点通常是客户或用户，比如传真机的典型案例或最近的脸书案例，但也可能是数据要素或其他对于企业富有价值的基本资产。）

由此产生的"规模收益递增"现象通常会导致最终均衡，即单个产品或公司在市场中占主导地位并获得该行业的大部分利润。因此，聪明的企业家努力创造（聪明的投资者希望投资）这些网络效应初创企业也就不足为奇了。

从 eBay 到脸书再到爱彼迎的几代初创企业都利用这些驱动因素建立了市场主导地位。要实现这些目标，关键是准确理解网络效应的作用原理。我在格雷洛克的同事西蒙·罗思曼是全球首屈一指的网络效应专家之一，他为 eBay 开创了价值 140 亿美元的自动化市场。西蒙警告说："很多人都试图通过添加资料简介等方式利用网络效应，他们推论，'市场上提供了资料简介这项功能，因此，如果我添加资料简介，就会产生网络效应'。"然而，建立网络效应的实际情况很复杂。最优秀的闪电式扩张公司不是简单地模仿具体功能，而是研究不同类型的网络效应并将其设计到公司的商业模式中。

五类网络效应

纽约大学阿伦·萨丹拉彻教授在其信息技术产业组织网站上，将网络效应分为五大类：

1.**直接网络效应**：使用量增加导致价值直接增加。（例如脸书、微信和 WhatsApp 等通信软件。）

2.**间接网络效应**：使用量增加鼓励互补商品的消费，从而增加原始产品的价值。（例如采用 Microsoft Windows、iOS 或安卓等操作系统鼓励第三方软件开发人员开发应用程序，从而提高了平台价值。）

3.**双侧网络效应**：一组用户的使用量增加将增加另一组互补用户的价值，反之亦然。（例如 eBay、优步和爱彼迎等市场。）

4.**局部网络效应**：一小部分用户使用量的增加将增加关联用户的价值。（例如在电话按时长收费的时代，某些无线运营商允许用户指定有限数量的"常用联系人"，与他们的通话不计入每月的通话时长额度。）

5.**兼容性和标准**：使用一种技术产品将鼓励使用兼容产品。（例如在 Microsoft Office 系列软件中，Word 的主导地位意味着其文档的文件格式成为标准；这使其能击败 WordPerfect 等竞争对手并抵御 OpenDocument 等开源解决方案。）

任何这些不同的网络效应都会产生重大影响。微软能借助Windows和 Office 利用多种网络效应，这大大帮助其空前持久地占据了市场主导地位。即使在今天，Windows 和 Office 仍然在个人计算机市场占据主导地位，只不过手机等其他平台已经变得同等重要甚至更为重要。

网络效应既产生积极增长，又需要积极增长

利用网络效应的一个关键因素是积极追求网络增长率和采用率。由于网络效应的影响以超线性方式增加，因此在较低规模水平上，网络效应实际上对用户采用率施加了下行压力。一旦你的所有朋友都用脸书，你也必须用脸书。但相反，如果你的朋友都没有用脸书，你为什么要用脸书呢？对于 eBay 和爱彼迎这种市场的第一个用户来说也是如此。

对于有网络效应的业务，你不能从小做起，寄希望于慢慢成长；在产品被特定市场广泛采用之前，它对潜在用户几乎没有价值。经济学家会说，企业必须超越需求曲线与供给曲线相交的"临界点"。优步等公司向客户提供补贴是为了操纵需求曲线以更快达到临界点，它赌的是，一旦你超过临界点，短期亏损就可能让你在长期赚钱。

这种方法产生的一个挑战是（最终）需要取消补贴以发挥单位经济效益。我在 PayPal 时，我们提升采用率的做法之一就是宣称该服务永远免费，这意味着消化掉接受信用卡付款的交易成本。我很希望说这是个宏伟计划。我们曾希望通过从在途账款——存放在 PayPal 中的资金——中赚钱来弥补信用卡交易费用补贴。不幸的是，它远远没有抵消费用补贴，而公司的资金还在大出血。因此，我们将 PayPal 从"永远免费"改为"ACH 永远免费"，并开始对接受信用卡付款收取费用。幸运的是，我们已经有了忠实拥趸，我们的客

户接受了这一变化。

当企业无法改变产品的经济效益（脸书等免费服务无法降低价格）时，可能会动摇潜在用户的预期。用户决定是否采用某项服务时对它的估值既取决于当前的采用率水平，也取决于他们对未来采用率的预期。如果他们认为其他人也会采用这项服务，对服务的估值就会增加，他们就更有可能采用它。

高科技营销魔法之父杰弗里·摩尔在其所著的极具影响力的《跨越鸿沟》（*Crossing the Chasm*）一书中提到了这项技术。摩尔认为，科技公司在试图从早期采用者市场过渡到主流市场时，常常会遇到问题，即众所周知的"鸿沟"。他建议这些公司专注于利基桥头堡市场，它们可以使用"保龄球瓶"策略通过这种市场向外扩张，因为这种市场有助于开拓毗邻的市场。对于具有网络效应的业务而言，这种策略更为重要。

公司还可以重塑需求曲线，方法是在产品设计中考虑对个人用户的价值而不考虑网络采用率。例如，在领英，我们发现公开的领英个人资料具有某些独立于用户人脉的价值，因为它们可以作为网络职业身份。这使人们有了使用领英的理由，即使他们的朋友和同事还没有使用。

连通性使有网络效应的业务成为可能

除了支持网络效应之外，当今世界的高连通性还使业务更容易到达产生网络效应的临界点，并维持这些网络效应及其产生的市场主导地位。

首先，互联网使产品和服务的发现成本低于以往任何时候。过去，公司需要在零售商店出售商品或播出广告，好让客户看到这些商品；而今天的买家可以在亚马逊或其他在线市场上，比如阿里巴巴、应用程序商店，找到他们需要的东西，即使其他所有方法都失败了，还可以使用谷歌搜索。因为广受欢迎的产品和服务几乎总是在搜索结果中排名第一，因此具有竞争优势的公司可以迅速增长到网络效应增加的收益产生赢家多拿市场或赢家通吃市场的程度。这也解释了为什么公司要想取得成功，推广这一增长因素与产品本身一样重要或更重要——没有推广，就很难达到临界点。

在网络效应确立之后，网络时代带来的效率将使公司更容易保持快速增长步伐。过去，快速的客户增长不可避免地导致组织的快速增长，以及协调大量员工和团队所需管理费用的急剧增加。如今网络让公司可以绕开这些传统的增长限制因素，例如，苹果利用富士康来解决其制造基础设施的潜在限制（下一节将详细介绍）。公司越能消除这些限制因素，网络效应驱动型业务增长后占据的主导地位就越牢固。这就是谷歌这种年收入超过 1 000 亿美元的公司仍能以每年超过 20% 的速度增长的原因。

最后，这些公司卓越的盈利能力为其提供了拓展到新领域和投资于未来的财务资源。创新的 S 形曲线认为，随着市场饱和，每项创新的采用率最终都会放缓。然而，像苹果这种公司已经掌握了投资新产品的策略，这可以让它们跃上更多 S 形曲线。苹果从音乐播放器跃到智能手机，再跃到平板电脑，毫无疑问，它将部分巨额利润用于追逐下一条 S 形曲线。股市给予这些公司的溢价也有助于它们以并购方式跃上这些曲线，就像脸书对 Instagram、WhatsApp 和 Oculus，以及谷歌对 DeepMind 所做的那样。

当然，网络效应并不适用于每家公司或每个市场，即使它们表面上相似——许多公司及其投资者都在网络泡沫破灭、大萧条和 2016 年融资放缓期间懊悔不已。这就是为什么最优秀的企业家致力于设计利用网络效应的创新商业模式。谷歌还是谷歌，而雅虎现在被美国在线收入旗下（后者由 Verizon 持有）的原因是，谷歌专注于 AdWords（一个具有强大网络效应的市场），而雅虎试图成为一家媒体公司（一种基于规模经济的传统模式）。

历史上，硅谷打造公司巨头的大部分成功案例都可以追溯到其在文化上对商业模式创新的重视，这导致了网络效应驱动型企业的诞生。具有讽刺意味的是，许多硅谷人都无法定义网络效应或者不知道是什么导致了网络效应。然而，许多企业家正在尝试大量不同的商业模式，仅仅因为这一点，他们最终就可能在无意中卷入强大的网络效应。克雷格·纽马克从 1995 年开始向朋友发送关于当地活动信息的电子邮件。将近 22 年后，网络效应使 Craigslist 站稳了在线分类广告的主导地位，尽管其以极为精简的员工队伍来运营并且 20 多年来似乎都没有改变网站设计！

在这里，重视速度也发挥了重要作用。由于硅谷的企业家专注于设计可以快速扩大规模的商业模式，因此他们更有可能结合网络效应。此外，由于激烈的本地竞争迫使初创企业非常积极地增长（即闪电式扩张），因此与竞争相对缓和地区的初创企业相比，硅谷初创企业更可能在它们之前达到网络效应的临界点。

本书的初衷之一是教给世界各地的企业家如何系统设计企业的闪电式扩张战略，从而帮助他们模仿这些成功案例。当你设计出能利用网络效应的商业模式时，你就能在任何领域取得成功。

两个限制增长的障碍

将关键增长因素纳入创新商业模式只是成功的一半。使业务增长到很大规模是极为困难的，部分原因在于它很容易遇到限制增长的障碍。商业模式创新的一个关键组成部分就是围绕这些增长限制因素进行设计。

第一个增长限制因素：缺乏产品/市场匹配性

拥有产品/市场匹配性能实现快速增长，而缺乏产品/市场匹配性会使增长变得昂贵而困难。产品/市场匹配性的概念起源于马克·安德森影响深远的博客文章《唯一关键》（The Only Thing That Matters）。在这篇文章中，安德森认为成功的初创企业中最重要的因素是市场与产品的结合。

他的定义简单得不能再简单：产品/市场匹配性意味着市场环境适宜，而产品能满足这个市场。

如果没有产品/市场匹配性，初创企业就不可能发展为成功的企业。正如安德森所说：

你会看到数量惊人的出色初创企业，它们的运营各方面都很顺畅，人力资源政策得当，有优秀的销售模式、深思熟虑的营销计划、完善的面试流程、优质的食堂餐饮，所有程序员都配备了 30 英寸显示器，由顶尖的风险投资家担任董事……但由于没有找到产品 / 市场匹配性，它们直接翻下了悬崖。

不幸的是，定义产品 / 市场匹配性比建立产品 / 市场匹配性要容易得多！

当创办一家新公司时，你需要回答一个重要的产品 / 市场匹配性问题：你是否发现了一个毫不起眼的市场机会，你在这方面独具优势或绝招，而且竞争对手在你稳稳抢占领先地位之前都无法发现这个机会？通常很难在"大热"领域找到这样的机会。如果每个人都能轻易发现这种机会，你成为成功者的可能性就非常小。

大多数不起眼的机会产生于现有企业不愿意或无法适应的市场变化中。在许多情况下，这可能是一种颠覆性技术创新，但它也可能是法律或金融法规的变化、新客户群的崛起或任何其他重大转变。例如，查尔斯·施瓦布曾利用对经纪佣金的管制放松推出折扣经纪业务，从而建立了以其名字命名的金融帝国。

通常，在投身于公司建设之前，你无法完全验证产品 / 市场匹配性，但是你应该试一试。身为作家和企业家，我们是埃里克·里斯及其精益创业方法的忠实粉丝。这是系统性应对风险的优秀流程。但事实上，多数初创企业都没有遵循这一流程，而是选择进行"我们是会成功还是会烧光钱"的实验。

资源紧张的小型团队评估待选战略时，最好的方法是利用我们在上一本书《联盟》（The Alliance）中所讲的"人脉情报"。即使是一小群创始人也可能拥有庞大的人脉，其中汇集了具备相关知识或经验的聪明人。你应该主动与他们交流，邀请他们质疑你的想法，并告诉你还应该考虑什么。

当然，即使是最好的人脉情报，也无法保证你在这个设计阶段真正找到产品/市场匹配性。唯一能切实证明产品/市场匹配性的方法是将产品交到真实用户手中。但企业家可以而且应该进行研究，并尝试设计自己的商业模式，以使尽快实现产品/市场匹配性的机会最大化。

第二个增长限制因素：运营可扩张性

如果你不能对业务进行规模扩张以满足需求，那么仅设计出可扩张经济模式还不够。企业家常常忽视运营可扩张性的挑战，他们说"管理爆炸性增长是高级问题"。高级问题仍然是问题。为增长问题操心而不是尽量避免发不出工资可能让你自我感觉更好，但两者都可能毁掉你的公司。最聪明的创新者不是忽视这些挑战，而是将运营可扩张性设计到他们的商业模式中。

运营可扩张性的人力限制

仅仅由于人力限制因素，就会出现大量运营问题。尽管我们希望自己和同事能不知疲倦、无缝衔接地工作，但无论组织规模如何，事实上增长都会导致我们遇到各种各样的问题。

如果你领导着一个 4 人小型创业团队，就必须担心你与其他 3 个联合创始人之间的直接关系，以及他们之间的直接关系。排列组合数学原理告诉我们，这意味着你需要管理 6 对人之间的关系（4 × 3 ÷ 2）。现在假设你聘用了两名员工，那么团队总规模就为 6 人，而你需要管理 15 对人之间的关系（6 × 5 ÷ 2）。你的团队规模增加了 50%，而你需要管理的关系数量增加了 150%。数学计算从此变得更烦冗。这还只是考虑每对团队成员的关系，而不用考虑 3 个成员、4 个成员之间的关系等情况。

一种方法是设计一个人力需求尽可能少的商业模式。某些软件公司采用的商业模式使其能以最少的员工数量取得巨大成功。WhatsApp 的创始人简·库姆和布莱恩·阿克顿设计了一种巧妙的商业模式，解决了部分关键增长因素（他们的通信服务既利用了经典的网络效应，也利用了现有的电话簿推广网络，以实现更快的增长），但也设法避开了运营可扩张性问题。WhatsApp 实行免费增值业务模式，该服务可免费使用一年，之后每年的费用为 1 美元。这种低摩擦模式基本上消除了对销售、营销和客户服务等部门工作人员的需求，使 WhatsApp 在被脸书收购之前的月活跃用户增加到 5 亿人，而员工仅为 43 人，活跃用户人数与员工人数之比超过 1 000 万！

另一种方法是设法把工作外包给承包商或供应商。爱彼迎给房东房间拍照的策略就是一个有指导意义的例子。最初，爱彼迎的创始人发现，提高在爱彼迎租房成功率的关键因素之一就是房间照片的质量。事实证明，我们多数人都不是专业摄影师，而我们构图糟糕、拍摄模糊的手机照片无法很好地体现出租屋的优点。于是，爱彼迎的创始人行动起来，上门为房东的出租屋拍照。显然，逐户上门拍照并不是可扩张的解决方案，所以，他们很快将这项任务外包给自由摄影师。随着爱彼迎的发展，这项策略从由创始人管理一小部分摄影师转变为由一位员工管理一大群摄影师，再到由自动化系统管理来自全球的摄影师队伍。创始人布莱恩·切斯基简洁地描述了这项策略："对每件事都亲力亲为直到做不下去，然后实现自动化。"

最终，即使拥有巧妙的商业模式和自动化系统，几乎每家成功的大型公司也需要成千上万名员工。巧妙的方法可以推迟算这笔账的时间，但无法永远推迟。后面，我们将讨论一些管理创新，它们可以让公司处理这种组织增长和规模问题。

运营可扩张性的基础设施限制

运营可扩张性的另一个主要挑战来自企业非人力基础设施规模扩张的压力。如果企业的基础设施无法处理需求，那么无论创造多少需求都没用。基础设施限制对公司发展宏图的影响甚至可能是致命的。让我们来看社交网络 Friendster 和推特的例子。

虽然 Friendster 现在已被许多人遗忘，但它是第一个（在脸书之前）闯入主流市场的在线社交网络（我是 Friendster 的早期投资者）。Friendster 于 2003 年 3 月推出，数月内就呈现出病毒式增长且用户数量达到百万级。在这一年结束之前，Friendster 热潮甚至成为一种文化现象，以至于创始人乔纳森·艾布拉姆斯出现在深夜电视节目《吉米·基梅尔秀》（*Jimmy Kimmel Live*）中！但 Friendster 的大规模增长带来了巨大麻烦，尤其是在基础设施方面。尽管拥有一支才华横溢的技术团队，但 Friendster 的服务器无法应对用户增长，Friendster 的个人主页常常需要花 40 秒才能完成加载。到 2005 年初，速度更快的新竞争者 MySpace 产生的网页浏览量是 Friendster 的 10 倍以上，而 Friendster 再也没有恢复元气。当然，MySpace 最终输掉了与脸书的消费者社交网络战，我们将在本书后面详细讨论这件事。

推特险些走上同样的失败之路，但它及时重整旗鼓，从而建立了大规模业务。推特在 2008 年左右开始崛起时，曾因"宕机鲸"而名声扫地，这是一个古怪的错误信息，只要其服务器无法处理负载就会出现。不幸的是，对于推特来说，"宕机鲸"经常出现，尤其是爆出重大新闻时，例如 2009 年著名音乐人迈克尔·杰克逊去世（公平地说，这位流行音乐之王去世时，推特并不是唯一出现这个问题的网站）以及 2010 年世界杯。推特投入了大量资源来重新架构其系统和工程设计流程，以提高效率。即使经过这种艰苦努力，推特也花了数年时间来"驯服"宕机鲸；直到推特成功挺过 2012 年美国总统大选之夜而没有宕机后，推特当时的创意总监道格·鲍曼才宣布"宕机鲸"已死。

近年来高价值网络公司增长率大幅提高的主要原因之一是亚马逊提供的云服务，亚马逊网络服务帮助许多此类企业克服了基础设施限制。例如，Dropbox 能更快速、更轻松地扩张其存储基础设施规模，因为它使用了亚马逊网络服务存储空间，无须建设和维护自己的硬盘阵列。

亚马逊网络服务反映了亚马逊使运营可扩张性成为竞争优势的

方法之一。亚马逊网络服务这种网络服务利用了哈佛商学院教授卡丽斯·鲍德温和哈佛商学院前教授金·克拉克所说的"模块化的力量"。正如鲍德温和克拉克在他们的书《设计规则（第一卷）：模块化的力量》（*Design Rules，Vol I：The Power of modularity*）中所述，这项原则使亚马逊等公司及其客户有可能用小型标准化子系统打造出复杂产品。但模块化的力量不仅仅反映在软件开发和工程设计上。通过构建易于集成的子系统（如支付和物流），亚马逊提高了其整体业务的灵活性和适应速度。

在硬件方面与亚马逊网络服务旗鼓相当的是中国。硬件初创企业通过直接利用或与定制生产设计厂商 PCH 等公司合作利用中国的制造能力，能更快地管理基础设施限制并实现规模扩张。例如，智能温控器制造商 Nest 以 30 亿美元的价格被谷歌收购时仅有 130 名员工，这主要是因为它将所有制造业务外包给了中国。

相比之下，特斯拉汽车的增长就受到基础设施限制的拖累。由于其制造工艺的复杂性，特斯拉的生产率落后于其他汽车制造商，结果是其屡获殊荣的汽车几乎总是售罄，订单延期数月甚至数年。特斯拉的需求创造不是问题，问题在于如何满足这种需求。

经过验证的商业模式类型

无论是否有意设计，快速增长公司的商业模式往往遵循经过验证的模式，即利用增长因素并避开增长限制因素。下面将详细介绍这些形式，但是需要注意，这些高级模式是原则而非详细配方。只采用这些特定模式中的任何一种都不足以确保它是创新商业模式，但了解它们确实为企业家提供了一系列良好示范。

值得一提的是，并非所有模式都天生平等。某些常见的商业模式遵循经过验证的形式，但似乎不会产生价值 1 000 亿美元甚至 100 亿美元的企业。以开源软件为例，它作为传播 Linux 等软件产品的模式已经非常成功。开源意味着免费提供由社群创建、用户可以进行修改的软件，它在 .com 时代异军突起，并自此成为世界技术栈不可分割的一部分。

开源软件的故事符合商业模式创新的模式。开源软件服务于大型市场，通过开源软件代码库进行强有力的推广，受益于标准和兼容性的网络效应，并利用志愿贡献者的推广社区而不是建立庞大的员工组织，巧妙避免了运营可扩张性的许多人力限制。

然而，即使是最成功的开源业务之一"红帽"，其市值也"仅为"150 亿美元左右，而且这是经营 20 年之后的成果。实证表明，开源是一种值得采用，但不适于建立大规模盈利业务的模式。

要验证某种模式，必须证明多家具有巨大价值的企业都采用这种模式。基于这项标准，我们总结出以下经过验证的模式，以启发你推出自己的商业模式创新。

第一种经过验证的模式：数字业务优于实体业务

谷歌和脸书基本上属于专注于电子比特而非物质原子的软件企

业。数字业务可以更轻松地服务于全球市场，从而更容易实现庞大的市场规模。电子移动起来比原子容易得多，因此数字业务更容易利用病毒式传播这种推广方法，而且它们高度联网的能力提供了更多利用网络效应的机会。数字业务往往是高毛利率业务，因为它们的可变成本较少。

此外，数字业务更易于围绕增长限制因素进行设计。你可以比实物产品更快地对软件产品进行更新换代（许多互联网公司都是每天发布新软件），从而更快、成本更低地实现产品／市场匹配性。正如我们从 WhatsApp 的例子中看到的，数字业务所需的员工数量远远少于大多数实体业务。

早在 1990 年，未来学家乔治·吉尔德就在他的《微观世界》（*Microcosm*）一书中预言："20 世纪的核心事件就是推翻物质。在各国的技术、经济和政治中，物质资源形式的财富的价值和重要性正在稳步下降。思想的力量在一切方面超越了实物的蛮力。"

仅仅 20 多年后的 2011 年，风险资本家以及网景的联合创始人马克·安德森在《华尔街日报》的专栏文章《为什么软件正在吞噬世界》中证实了吉尔德的观点。安德森指出，世界上最大的书店（亚马逊）、视频提供商（网飞）、招聘公司（领英）和音乐公司（苹果、Spotify、Pandora）都是软件公司，甚至像沃尔玛和联邦快递这种"传统经济"的忠实拥趸，也使用软件（而不是"实物"）来推动业务。

尽管（也可能是因为）数字企业的主导地位越来越强，软件的力量也使扩大实体业务的规模更加容易。亚马逊的零售业务主要是实体业务——想想堆在你的回收箱中的亚马逊包装盒！亚马逊最初将其物流业务外包给英格拉姆图书公司，但随着业务增长，亚马逊对库存管理系统和仓库的大量投资将基础设施限制从增长限制因素转变为增长因素。在零售方面，商家向亚马逊支付管理库存和物流的费用，而亚马逊为经营零售业务而打造的大型计算机系统，使其能推出亚马逊网络服务（这是高利润的数码类业务）。

第二种经过验证的模式：平台

早在网络时代，甚至是工业时代之前，平台经济就出现了。像威尼斯共和国这种贸易型公国为商人提供了一个受欢迎的生态系统，包括货币与法治，以及用于收获平台价值的税收。早在万维网还只是蒂姆·伯纳斯－李的灵光一现时（伯纳斯－李爵士在 1989 年撰写了建立全球超文本系统的提议），微软 Windows 这种技术平台就展示出作为企业首选基础平台的实力。然而，尽管在互联网时代来临之前平台的价值已经得到证明，但网络时代使它们变得更强大、更有价值。

如今，基于软件的平台几乎可以立即实现全球推广，而不是像威尼斯共和国那样局限于特定地理位置。此外，由于如今在平台上的交易是通过应用程序编程接口而不是面对面谈判进行的，因此它们可以快速无缝地进行数量惊人的交易，而几乎不需要任何人为干预。

如果一个平台达到一定规模并成为所在行业的事实标准，那么兼容性和标准的网络效应（加上快速更新换代和优化平台的能力）就能创造出显著持久的竞争优势，这种优势几乎无懈可击。这种主导地位让市场领导者对所有希望使用该平台的参与者"征税"，就像从前的威尼斯共和国征收的税款一样。例如，只要在 iTunes 商店中销售歌曲、电影、书籍或应用程序，该平台就会抽取 30% 的收入份额。这些平台收入往往具有非常高的毛利率，所产生的现金可以重新投入平台，使其更加完善。亚马逊的商家平台、脸书的社交图谱，当然还有苹果的 IOS 生态系统，都是平台力量的典型例子。

第三种经过验证的模式：免费或免费增值

"免费"拥有其他定价不具备的惊人力量。杜克大学的行为经济学家丹·艾瑞里在其著作《怪诞行为学：可预测的非理性》（*Predictably Irrational*）中写到了免费的力量。他描述了一个实验，在这个实验中，他为研究对象提供了两个选择：花 15 美分得到瑞士莲（Lindt）巧克力松露，或仅花 1 美分得到好时之吻（Hershey's Kiss）巧克力。近四分之三的研究对象选择了品质更高的巧克力松露，而不是普通的好时之吻。但是当艾瑞里改变定价，将巧克力松露的价格改为 14 美分，而将好时之吻改为免费时——价格差相同，超过三分之二的研究对象都选择了品质较差（但是免费）的好时之吻。

免费的强大力量使其成为推广和病毒式传播的宝贵工具。免费还在启动网络效应方面发挥着重要作用，因为它可以帮助产品达到网络效应起作用所需的临界用户数量。在领英，我们知道，要想达到百万级用户规模（我们根据理论推算出的临界规模），基本账户必须是免费的。

有时，你可以免费提供产品且仍然有利可图；在广告驱动型商业模式中，即使免费用户从不为服务付费，足够大量的免费用户也很有价值。例如，脸书不向用户收一毛钱，但它可以通过出售定向广告产生大量高毛利率收入。但有时产品本身不适合广告模式，比如学生和教育工作者使用的许多服务。如果没有第三方收入，向用户免费提供产品的问题就在于，无法通过"以量补价"来抵消销售收入不足的问题。

这就是免费增值创新的用武之地。风险资本家弗雷德·威尔逊在2006 年的博客文章中提出了这个术语（基于雅里德·卢金的建议），但这种商业模式本身早于该术语出现，它起源于 20 世纪 80 年代销售软件的"共享软件"模式。免费产品是发现并获得临界规模用户的工具，而付费版软件让企业一旦明确其价值，就可以从这些用户中提取价值。Dropbox 是最优秀的成功免费增值业务例子之一，通过赠送 2 GB 存储空间，Dropbox 吸引了庞大的用户群，其中相当一部分用户决定为额外存储空间的价值及其便利性付费。

第四种经过验证的模式：市场

市场是最成功的商业模式之一，.com 时代的谷歌和 eBay，以及如今脱颖而出的阿里巴巴和爱彼迎，都是采用这种模式的重要高价值公司的例子。市场的力量之所以强大，一个原因就是它常常利用双侧网络效应。尽管刚开始少人问津时很难建立成功的市场，但首个设法实现流动性——买卖双方都能快速有效地找到交易对手进行交易——的市场，对市场双方将变得非常有吸引力。随着买家和卖家的涌入，市场对双方的吸引力进一步提高，引发正反馈循环，使新竞争者很难赢得市场份额。

除了明显的网络效应之外，市场还提供多种重要优势。通过建立买卖双方共同参与的流动性市场，供需双方的动态力量确定的交易价格优于任何人类判断。市场上的价格越高效，它创造的价值就越高，因为这意味着实际发生了更多可能创造价值的交易。相比之下，在流动性不足的市场中，卖家往往会对其产品错误定价，从而导致销售额减少，创造的价值低于最优价值。

最能体现有效市场定价优点的例子可能是谷歌的 AdWords 广告市场。AdWords 允许任何人对目标关键词出价，不限数量，因此即使是最小的企业也可以进行全球推广。与之形成鲜明对比的是传统广告市场，比如，大型客户要花费数百万美元聘请广告代理商在超级碗比赛转播等热门节目上投放昂贵的 30 秒电视广告。谷歌的系统还会衡量广告质量；受众群定位精准，通过点击带来最高收入的广告受到青睐。净效果是，消费者将看到最有效的定向广告，而不用向唐·德雷珀这种中间商支付间接费用和高额商业费用。谷歌还提高了自身的毛利率，因为与电视节目中插播的商业广告不同，基于搜索的广告空间几乎是无限的，谷歌几乎不用支付任何成本。

虽然市场，甚至本地市场，一直是一种强大的商业模式，但网络时代带来的变化使其比以往任何时候都更有价值。然而与规模有限的本地市场不同——想想人口稠密城市中心的老式集市，在线市场可以利用全球市场。通过连接买卖双方而不是持有库存或管理物流（因而对数字商品而不是实物进行交易），在线市场避免了人力或基础设施可扩张性的许多增长限制。

第五种经过验证的模式：订购

当 Salesforce.com 首次推出顺应需求的客户关系管理产品时，这种新型软件即服务模式存在许多合理问题。以订购方式销售软件，通过互联网推广，是企业软件供应商的主要出发点之一。与收取月费或年费相比，出售预置软件的永久许可证并收取维护费用的旧有模式可以在前期提供更多现金。支持这种模式所需的员工也不同：销售和支持预置软件需要现场销售人员和销售工程师以安装预置软件，而新型软件即服务模式需要更多人员提供全天候的数据中心覆盖和支持。

当然，事实证明，软件即服务最终成了企业软件的主流商业模式。现金流缺点和所需人员的变动是真正令人担忧的问题，但主要是市场上面临的现有竞争者问题。Salesforce.com 和 Workday 等新型软件即服务企业是围绕新模式设计和构建的，相对于试图将预置软件业务转换为订购业务的现有竞争者，这使其拥有重大优势。

订购互联网服务已经取得成功，因为销售和推广模式提供了比传统打包软件更大的市场规模和更好的推广效果。支持预装软件需要大量现场操作，由于其成本和开销，传统企业软件用户必须达到 6 位数至 7 位数才能使这种模式生效。这意味着软件供应商只关注最大客户的需求。

相比之下，Salesforce.com 和其他软件即服务供应商不仅可以将任意数量的软件许可证卖给财富 500 强企业，还可以卖给中小型企业，从而显著扩大其潜在市场。互联网推广和自助服务使在打包软件时代无法实现的新推广形式成为可能，例如 Dropbox 对推荐新客户奖励额外免费存储空间的病毒式激励措施。

互联网订购模式也不仅限于企业软件。音乐（Spotify、Pandora）和视频（网飞、Hulu、亚马逊）市场的主导企业通过使用订购商业模式，也可以降低间接费用，提高推广效果。

这种模式的另一个不太明显的好处是，一旦订购业务达到一定规模，其收入流的可预测性就使其能进行更积极的长期投资，因为企业不必保持大量现金余额以抵御短期业务波动。这种财务实力可以代表一种主要竞争优势。例如，网飞宣布计划在 2017 年向其流媒体服务投入 60 亿美元原创内容，该公司利用直接订购模式在支出上超越了传统电视网络，而后者不得不依赖相对较弱的收入来源，例如有线电视提供商支付的费用和广告销售收入。

第六种经过验证的模式：数字商品

基于新平台和服务的新兴模式之一是数字商品销售业务。数字商品位于"数字业务而非实体业务"和平台的交叉点上，可以说是一种没有内在价值的无形产品，但它们仍然可以创造有利可图且可扩张的业务。例如，通信服务 LINE 通过销售"贴纸"——插入智能手机消息文字中的图像，获得了可观收入。在 LINE 运营的第一年，也就是 2014 年，其贴纸业务产生了 7 500 万美元收入。该数字在 2015 年增长到 2.7 亿美元，占 LINE 总收入的四分之一以上。对于没有内在价值的无形产品来说，这很不错了！

数字商品也已成为视频游戏行业的重要商业模式，在游戏中购买的数字商品可以帮助玩家推进游戏进度或宣示游戏身份。根据预计，2017 年，整个游戏市场的应用程序内购买收入将超过付费应用程序下载收入，分别为 370 亿美元和 290 亿美元。

除了享有数字业务的优势外，数字商品的毛利率往往接近100%，因为它们是纯数字化的，通常不会显著增加基础设施成本或间接费用。

第七种经过验证的模式：消息推送

在经过验证的模式中，最被低估和不受重视的模式之一是消息推送。脸书强大的网络效应使该网站能吸引用户，但其消息推送创新使其成为世界级企业。然而脸书并不是唯一以消息推送为中心的成功案例。推特、Instagram 和 Slack 等公司都围绕消息推送模式创造了数十亿美元的市场价值。

消息推送的力量来自其推动用户参与，继而提高广告收入和长期留存率的能力。正如脸书已经证明的，推送带有广告的消息更新是将众所周知的互联网"眼球经济"变现的最有效方式。谷歌的消息推送在网络广告市场上的主导地位只有谷歌的 AdWords 才能超越，而 AdWords 一开始就有显著的内在优势，即抓住积极的消费意图，而不仅仅是娱乐欲望。例如，有多少人访问脸书是为了购物？消息推送模式的神奇之处在于它能利用无聊用户对朋友动态的关注赚钱。

当然，有效使用消息推送模式需要大量复杂技术。脸书不会随机插入带有广告的消息更新。它会基于你点击过、点赞过或以其他方式参与过的所有商品做出选择，比你自己更了解你的兴趣。它可以根据你的个人习惯以及相关情景，精准定位消息推送中向你显示的广告。这种定位能力解释了 RSS 阅读器等其他基于消息推送的产品失败时，脸书成功利用这种模式赚钱的原因。

这种模式如此强大，以至于推特——其产品基本上是一种长消息推送——仍然是一家重要的互联网公司，尽管近十年来其产品几乎没有变化（推文长度限制从 140 个字符改为 280 个字符不算）。推特是一家借助商业模式创新而非产品或技术创新的力量进行大规模扩张的企业。

商业模式创新原则

经过验证的商业模式创新建立在更大的原则基础上，这些原则有助于改进这些模式，甚至创建新模式。这些原则本身并不是商业模式，但它们通常会推动实现商业模式创新的技术创新。

第一条基本原则：摩尔定律

摩尔定律是将"硅"加入硅谷，推动全球科技行业崛起的基本原则。摩尔定律以其提出者、英特尔联合创始人戈登·摩尔的名字命名，他在 1965 年撰写的一篇论文中提出了这一术语。他观察到，可以置入硅片表面的晶体管数量似乎每年都会翻倍。虽然摩尔在 1975 年将摩尔定律修改为每 24 个月晶体管数量翻一倍，但该行业已经达成了每 18 个月晶体管数量翻一倍的广泛共识。如今，摩尔定律不再具体指晶体管密度，而是预测计算能力每 18 个月翻一倍。近年来，这种计算能力的增长从由晶体管驱动转向由多核、多线程计算驱动。或许在未来，摩尔定律将通过量子计算、光学芯片、DNA（脱氧核糖核酸）的使用或更难以预见的事物来满足。关键在于，摩尔定律的真正限制似乎是人类工程设计的独创性，而不是固态物理条件。

摩尔定律很重要，因为它预测到计算能力将不断提高，而这正是技术创新的不竭源泉，正如我们所见，这有助于实现商业模式创新。多年来，英特尔中央处理器的计算能力是通过其"时钟频率"，即中央处理器每秒能执行多少次操作来衡量的。尽管时钟频率不再是计算能力的良好指标，但它仍然能形象地反映出摩尔定律如何推动计算机技术的进步：时钟每次嘀嗒一响，都能催生新技术，推动创新不断加速。

计算能力提高使笨重的大型计算机变为较小的微型计算机再变为个人计算机，直到今天的智能手机和可穿戴设备。网络带宽等技术呈现出类似增长，使网络内容从文本变为图像，从音频变为视频，在未来还将变为 3D 图像和虚拟现实。然而，今天的智能手机不仅仅是 IBM 大型机的小型版——请记住，技术创新可以实现商业模式创新。

最优秀的企业家不只是遵循摩尔定律，他们能预测出它。以网飞的联合创始人兼首席执行官里德·黑斯廷斯为例。他创办网飞时，长期愿景是通过互联网提供电视节目点播服务。但是在 1997 年，技术还不足以实现他的愿景，因为那时还是拨号上网时代，一小时高清视频需要传输 40 GB 压缩数据（若无压缩将超过 400 GB）。那个时代的标准 28.8 K 调制解调器需要花 4 个月时间来传输一集《怪奇物语》（*Stranger Things*）。然而，有一项技术创新将使网飞部分实现黑斯廷斯的终极愿景——DVD（数字激光视盘）。

黑斯廷斯意识到当时售价约为 20 美元的电影 DVD 既小巧又耐用，这使它们非常适合用于邮递租赁电影业务。黑斯廷斯说，他在计算机学课上冒出了这个想法，那堂课的作业之一就是计算一辆满载备用录像带横穿全国的旅行车的带宽！这确实是技术创新实现商业模式创新的一个案例。百视达公司（Blockbuster Video）曾经成功开展一项业务，即以约 100 美元的价格购买 VHS（家用录像系统）录像带并将其在实体店出租，但是笨重、昂贵、易碎的录像带始终未能支撑起邮递租赁业务。

（尽管一些读者可能难以理解，但是我们上大学时，经常会在周五或周六晚上开车到百视达商店，花几块钱租一盘电影录像带，用固定电话打电话给达美乐比萨店订一个比萨，然后将录像带放进连接到 25 英寸标清显像管电视的录像机里。）

DVD 技术使网飞能创建一种全新的商业模式。以前，人们要逐部租赁电影录像带，如果未能及时还回录像带，还要缴纳高昂的滞纳金，而网飞客户每月只需支付 20 美元就可订购"无限量"电影——只要他们每次只租看一部电影。这使网飞能抛弃百视达广受诟病的滞纳金，并从经过验证的订购服务模式中获取强大且确定的收入流。网飞的业务蒸蒸日上，甚至作为一家邮购DVD服务公司上市。

但黑斯廷斯从未忘记他对网飞的终极愿景——通过互联网提供电视点播服务。随着摩尔定律继续发挥魔力，计算机变得更加强大，互联网带宽也变得更大、更便宜，网飞在等待时机，等待流媒体视频变得切实可行。

"我们在1997年开始筹资时，就认为5年后流媒体将成为我们的主要业务，"黑斯廷斯到访我们在斯坦福大学开设的"闪电式扩张课"时说，"可2002年，我们仍然没有实现流媒体化。于是我们认为到2007年，流媒体将占我们业务的一半。然而到了2007年，我们仍然没有达到目标。于是我们做出相同的预测，而这次我们错在另一个方向——到2012年，流媒体占了我们业务的60%。"这可能比黑斯廷斯预期的时间要久，但他终于等到了摩尔定律到来。

如今，网飞是通过互联网点播电视节目的代名词，它创造出一个全新类别——"追剧"。截至2017年，53%的美国成年人表示其家庭订购了网飞，该服务还在世界上其他国家迅速发展。网飞利用其订购模式的财务实力成为原创视频的主要来源之一，其内容从《怪奇物语》等电视剧到《无境之兽》（*Beasts of No Nation*）等电影，再到喜剧演员戴夫·查普尔复出后推出的单口喜剧特别篇等节目。

传统电视公司会拍摄大量试播剧集——其中大部分从未制作成连续剧，以期制作出被乐观地称为"必看电视"的节目，从而吸引广大观众每周收看。相比之下，点播模式让网飞迎合了各式各样的观众，而不是像有线电视那样为少量专题频道制作节目。广播电视的成功之处在于为所有观众提供相同节目，这种模式由广播内容的技术创新（即无线信号和后来的同轴电缆）驱动。网飞的成功之处在于为每位观众提供精心个性化的体验，这使其与传统电视竞争对手相比具有巨大优势。此外，网飞还根据客户过去的观看习惯精准生成客户想看的内容，消除了试播节目的浪费，并且只有在客户主动决定取消订购时才会失去客户。一个人使用网飞越多，网飞就越能准确提供他想看的内容。于是，人们观看网飞独家原创内容的意愿越来越强。传奇编剧威廉·戈德曼曾写下关于好莱坞的名句："谁都一无所知。"对此，里德·黑斯廷斯的回答是："网飞知道。"这是因为黑斯廷斯具有远见和毅力，所以能等待近 10 年，等到摩尔定律将他的长期愿景从白日梦变为历史上最成功的媒体公司之一。

摩尔定律曾多次发挥神奇作用，使从电脑动画（皮克斯）到在线文件存储（Dropbox），再到智能手机（苹果）的许多新技术成为可能。其中每种技术都如戈登·摩尔 1965 年预见的那样遵循相同的发展道路：从白日梦到征服世界，梦想成真。

第二条基本原则：自动化

闪电式扩张公司会使用自动化技术。如果计算机有能力执行某项任务（这个假设很大胆），那么它们几乎总是比人类更快、更便宜、更可靠。此外，计算机还将变得越来越快、越来越便宜，根据摩尔定律，其计算能力每 18 个月就会翻一倍；而根据达尔文的自然选择原理，人类的进化过程要花费数百万年。

2014 年，记者让·韦尔默朗将最初的 Apple II（于 1977 年推出）与当时最先进的 iPhone 5 S 进行了比较。他发现，在 37 年间，苹果产品的时钟频率快了 2 600 倍（从 1 MHz 单核中央处理器到 1.3 GHz 双核中央处理器），内存增加了 16 384 倍。这相当于在一代人跨度内提高了 3~4 个数量级。这种巨大变化还没有考虑到 Apple II 是带有笨重阴极射线管显示器的台式计算机，而 iPhone 5 S 是一款可以放进口袋的便携式超级计算机。

在 Apple II 推出的同一年，乔·博顿创造了 50 米自由泳的世界纪录——23.74 秒，速度将近 7.6 公里 / 小时（4.7 英里 / 小时）。如果人类的游泳速度与苹果产品的计算速度同步增加，那么 2014 年的世界纪录将达到 19 700 公里 / 小时（12 250 英里 / 小时），虽然尚不足以达到轨道速度，但约为普通商用喷气式客机速度的 25 倍。事实上，2014 年的 50 米自由泳世界纪录为 20.91 秒，增速慢得多，仅为 11%。

这就是自动化利用的强大力量。

自动化的力量不仅适用于 iPhone 等直接面向消费者的产品，也适用于内部流程和产能。比如，自动化可以提高亚马逊仓库的生产率，或者让谷歌的服务器群组更轻松地实现全天候运行，从而产生巨大价值。

第三条基本原则：适应而非优化

在更高的抽象层次上，成功的规模化企业更强调适应而非优化。当前一代硅谷公司不是底特律汽车制造商的巨型装配线（其起源可以追溯到亨利·福特 T 型车），而是不断采取改进，或者是强调速度，或者是不断进行实验并进行增长黑客 A/B 测试。在公司为快速变化的新产品和新市场寻找产品 / 市场匹配性所需的环境中，这种强调是有意义的。不妨想想亚马逊和脸书是怎样做的：亚马逊拓展到了亚马逊网络服务等新市场，而不仅仅是提高零售能力；脸书从用桌面 Web 浏览器访问、内容以文本为主的社交网络，转变为用智能手机访问、内容以图像和视频（或许很快将是虚拟现实）为主的社交网络，并且适应了这种转变。

第四条基本原则：逆势而为

我的朋友彼得·蒂尔在其著作《从 0 到 1》（*Zero to One*）中雄辩地阐述了逆势而为者的力量。

> 每当我面试求职者时，都会问这个问题："你对哪些重要事实的看法与大多数人不同？"

这个问题听起来很简单，因为它很直白，但实际上，它很难回答。这道题很考验智力，因为每个人在学校学到的知识显然都是众所公认的。这道题也很考验心理，因为答题者必须说出其明知不受欢迎的答案。杰出的思想世上罕见，但勇气比天才更罕见。

逆势而为通常对创建高价值科技公司的过程至关重要。正如我们讨论过的，推广和网络效应等关键增长因素往往会为某个领域内首家达到临界规模的公司提供事半功倍的回报。逆势而为且判断正确将为你提供巨大优势，因为你在实现规模方面先拔头筹。

如果你的公司正在寻求某个机会，而几乎每个人都认为这个机会非常有吸引力，那么你可能很难摆脱众多竞争对手。但是，如果你的公司正在寻求的机会被传统观点忽视或鄙弃，你就可能有时间来完善商业模式创新，使其运转顺畅。当亚马逊涉足电子商务时，多数人认为消费者不会适应在网上使用信用卡。当多数人都认为搜索是成熟商品时，谷歌推出了搜索引擎。当大多数人认为社交网络或者毫无用处，或者被 MySpace 牢牢把持，或者两者兼而有之时，脸书建立了自己的社交网络。

正如我们已经看到的，多数好主意最初看上去都很愚蠢。逆势而为并不意味着蠢人不同意你的看法，它意味着聪明人不同意你的看法！还记得布莱恩·切斯基、乔·杰比亚和柏思齐试图为爱彼迎融资时发生的事吗？保罗·格雷厄姆这样的投资者无法想象为什么人们会使用这项服务。发生这种情况不是因为投资者很愚蠢，多数风险资本家和天使投资者都很聪明，而多数聪明又成功的人都可能认为投资于经过验证的想法胜过投资于未经验证的想法。

问题在于，商业模式创新显然是指尝试全新因而未经验证的事物！

在本书中，我们尝试列出一套可用于设计、投资或评估创新商业模式的工具、原则和模式。许多风险资本家喜欢吹嘘他们是"模式匹配"大师，但在这里我们必须提醒读者，并非所有模式匹配都有帮助。糟糕的模式匹配正是 B 级和 C 级投资者喜欢的——好莱坞的高调推销。电影《生死时速》（*Speed*）因其高调宣传语"公共汽车上的《虎胆龙威》（*Die Hard*）"而闻名。如果你是第一个如此比拟的人，那么你可能会获得成功。《生死时速》在商业上实际获得了成功，这主要是因为它确实当得起这句描述。但是，《生死时速》的成功导致了大量衍生电影和劣质电影，比如史蒂文·席格的《魔鬼战将》（*Under Siege*）（"船上的《虎胆龙威》"）和《最高危机》（*Executive Decision*）（"飞机上的《虎胆龙威》"）。当投资者投资于"宠物优步"时，这就是糟糕的模式匹配。

优秀的模式匹配需要理解一个医学术语："行为机制"。《生死时速》之所以成功，是因为它将行动局限在一辆公共汽车上，而这辆车必须保持一定速度或更高速度才能避免引爆炸弹，这产生了内在的戏剧张力，尤其是考虑到洛杉矶以严重堵车闻名。爱彼迎之所以成功，是因为它拥有庞大的市场，因为游客在不同城市之间口口相传产生了病毒式传播，还因为它采用了经过验证的在线市场模式。

为了帮助你了解如何应用我们的商业模式创新原则，让我们来实际运用这些原则，分析当今的一些优秀企业以及它们如何遵循这些原则。

领英、亚马逊、谷歌、脸书的商业模式分析

案例一：领英

当我们在 2002 年创建领英时，刚刚破灭的网络泡沫导致大多数

人认为消费者互联网行业已经灭亡。风险资本家最不愿意做的就是提供数百万美元为快速增长融资。尽管如此，我认为良机仍在，而且能引领领英度过初创增长阶段，直到我们可以筹集资金使其实现真正的闪电式扩张。

以下就是这个故事的来龙去脉。

市场规模

领英背后的关键见解是互联网正在从匿名网络空间转变为现实世界的延伸，因此你的网络身份是真实身份的延伸。我这一代读者可能还记得登在《纽约客》上的著名漫画《在互联网上，没人知道你是一条狗》。我认为这种匿名性在专业环境中无法发挥作用，因此需要专业网络身份。尽管在当时我们的观点是逆势而为，但我和其他联合创始人都坚信"全部白领专业人士"构成的市场足以提供重要机会。

推　广

为了筹集资金以扩张领英的规模，我们必须找到一种方法来证明我们的推广策略。不幸的是，投资者认为我们是"商业关系的Friendster"，这是一种糟糕的模式匹配，而且对他们来说其意义就像"商业关系的Tinder"之于如今的风险投资一样。因此，我们必须找到一种方法，利用我参与创建PayPal时积累的金钱和名声，使领英达到投资者愿意投资的程度。

第一步是组建一支超级有斗志的小型团队。我们的第一间办公室塞居于某个朋友的破产初创企业里。他告诉我："只要你们自己清扫一下，我们就可以拿回租赁押金，而你们可以用三个月。"我利用自己的声誉获得了一笔小额投资，但我知道在下一轮筹资之前，我们需要在推广方面取得重大进展。由于我们没有资金用来进行传统营销，于是实施了某些类似于今天人们称为"增长黑客"的方法以达到 100 万位用户，这使我们从格雷洛克筹到了资金。

我们的核心推广策略是自然产生的病毒式传播，就像 PayPal 一样。我们的用户将通过电子邮件邀请他们的联系人，因为这有助于他们建立自己的人脉网络并关注这些关键联系人的最新动态。但最初的病毒式传播水平还不够。我们无法提供 PayPal 那种金钱奖励，因此我们建立了类似于电子邮件地址簿导入器的工具，这样我们就可以增加邀请人数，并在用户的联系人开始使用该服务时通知用户。

毛利率

毛利率非常重要，因为很明显，我们的用户增长率总会被领先的消费者社交网络超越。此时，MySpace 已经使 Friendster 黯然失色，而脸书正在迅速掠取 MySpace 的地盘，所有这些公司的用户都比领英多。但我们认为，我们的职业用户价值高得多，然而为了证明这一点，我们必须证明自己有能力获得毛利率很高的收入。

我们尝试的第一种商业模式是免费增值订购服务。免费的领英网站服务限制用户可以发送给朋友的朋友的请求数量（InMails），当达到这些限制数量时，用户将有机会升级到高级订购用户。这种订购收入足以让我们获得现金流盈利能力，但它的增长速度不足以真正令人信服。

关键转折点出现在我们发现公司愿意付费浏览领英个人资料以找到最优秀的求职者时。因此我们将它作为企业订购产品提供给公司，一旦我们证明这种新模式是高毛利收入的来源，我们就有信心实现闪电式扩张。

网络效应

领英始终追求从网络效应中获取长期价值。作为职业社交网络，领英既利用直接网络效应，也利用双侧网络效应，并成为展示个人职业身份的标准模板。直接网络效应来自这样一个事实：每个新增的领英用户都略微提高了该网络对其他所有领英用户的价值。双侧网络效应的出现是因为更多用户吸引了更多企业雇主，而更多雇主增加了领英作为被动求职工具的价值。最后，领英已经成为多数人职业网络身份的有机组成部分，从而成为在很大程度上取代了传统简历的标准。这些网络效应中的任何一种都可能足以创造首个规模扩张者优势；三种网络效应共同构筑起一条巨大的战略护城河，保护领英业务免受任何新竞争者的威胁，甚至防止脸书等消费者网络夺走职介市场。

产品／市场匹配性

寻找适合本企业产品的产品／市场匹配性是业务的关键转折点。我们是怎么做的？我们专注于尽快获得市场反馈。我们聘请了一位销售人员，给他某个企业产品的实物模型，并派他去拜访潜在客户。事实证明他们都想买它！

运营可扩张性

除了为拥有数亿用户的全球社交网络提供支持这个明显的挑战之外，对领英进行闪电式扩张还有另两个主要的运营可扩张性挑战。首先，为了对这项业务提供支持，我们实际上必须开发、维护和更新两种不同的产品。没有消费者产品，公司就看不到企业产品的价值。没有企业产品，我们就无法赚到足够的资金来打造一家伟大的企业。我们必须同时做到这两点。很少有工程专家会建议分拆产品团队和工程团队，运营两种基本上独立的产品，但这正是我们所做的，尽管效率低下，头绪纷乱。

其次，我们不得不在开发销售中产品的同时快速扩张销售人员队伍。领英首席执行官丹·奈、杰夫·韦纳及其团队为此付出了许多努力，但我们也尽可能使用技术来缓解规模扩张约束。我们的"Merlin"工具让大量人力工作实现了自动化，从而帮助销售人员提高了工作效率（从而实现可扩张性）。Merlin将分析使用模式并告诉每位销售人员给哪些公司打电话，这些公司如何使用领英，甚至为每位潜在客户设计个性化销售方案。

案例二：亚马逊

市场规模

杰夫·贝佐斯对亚马逊的最初设想是利用无限的数字货架空间来经营一家商店，理论上客户可以在这里购买任何东西。亚马逊是从卖图书开始的，因为这是一个足够大的市场，其产品适合于电子商务（耐用、尺寸相当标准、可以通过批发分销商获得货源）。从那时起，亚马逊从图书稳步扩展到其他许多垂直市场，如今已经十分接近贝佐斯的"百货商店"目标（尽管你仍然无法在亚马逊购买汽车……）。零售业是一个真正庞大的市场，亚马逊已经占据了其中几乎无法想象的部分，甚至通过推出亚马逊网络服务进一步扩大其市场。现在，除了作为"百货商店"之外，亚马逊还提供大量互联网计算能力、带宽和存储空间（客户包括网飞等其他市场主导公司）。

推　广

亚马逊是第一批完全掌握互联网作为推广平台的潜能的公司之一，它创建了首个成功的联盟计划——亚马逊网站联盟，鼓励其他网站的用户和所有者将客户推荐到亚马逊，以换取由此产生的部分收入。这使亚马逊能将其他人的网站和网络通信转变为强大的推广渠道。即使在今天，如果你在互联网、推文或电子邮件签名中看到一个书名并点击了该链接，就可能通过某个联盟链接跳转到亚马逊网站上。

毛利率

亚马逊在这个增长因素上的得分实际上相当低，尽管这基本上是行业特点而不是亚马逊特有的。零售是一种利润相对较低的业务，而亚马逊致力于提供低价格，进一步压低了利润率。即使在今天，亚马逊的零售业务也没有盈利（尽管这可能是该公司健康发展所需的；例如，亚马逊核心的北美业务是有利可图的，只是亚马逊的亚洲业务产生的亏损超过了利润）。

然而，即使在亚马逊的零售业务中，我们也发现有迹象表明，这些低毛利率实际上是能产生高毛利率（即使是零售业务）的长期战略的一部分。亚马逊在电子商务领域的主导地位已经不是什么秘密，2017年，Slice Intelligence 等研究机构的分析师报告称，2016年，亚马逊占美国电子商务销售额的44%，并且预计未来这一数字会更高。但经常被忽视的是亚马逊的零售业务包括两个截然不同的部门。第一个部门是亚马逊的传统零售业务，即亚马逊向供应商购买产品并将其卖给客户。第二个知名度远远逊色的部门是亚马逊的市场部门，它允许第三方卖家在亚马逊上销售其产品。这些第三方卖家在亚马逊仓库中储存货品，并向亚马逊支付将其产品配送给客户的费用。如果你曾经在亚马逊上购物，就可能向第三方卖家购买过产品；杰夫·贝佐斯表示，亚马逊上近50%的购买量来自第三方卖家。因为这个市场业务不需要占用亚马逊的库存资本（而是占用了第三方卖家的库存资本），所以其毛利率可能类似于高利润率的eBay，而不是低利润率的沃尔玛。正如基准资本的马特·科勒所言："我有时怀疑，亚马逊的自营库存业务是否仅仅是营销损失领头羊和资本密集型竞争防护网。"

亚马逊的网络服务业务已经开始实现高毛利率。前面曾经提到，2016年，亚马逊150%的营业利润、122亿美元收入和超过30亿美元营业收入来自亚马逊网络服务。亚马逊网络服务的高毛利率使亚马逊能重金投资以保持其在竞争对手中的领先优势。事实上，据估计，亚马逊网络服务占云计算基础设施市场40%以上的市场份额，超过其三大竞争对手微软、谷歌和IBM加起来的份额！

网络效应

亚马逊在网络效应方面相对较弱。一个客户使用亚马逊并不会使其对另一个客户更有价值，但亚马逊的产品评价可能除外。然而，不管产品评价存在何种直接网络效应，与网络效应对脸书等公司的影响都相形见绌。亚马逊在技术上是一个具有双侧网络效应的市场，这得益于其第三方卖家，但在很大程度上缺失了一侧：亚马逊的大量客户群吸引了亚马逊卖家，但亚马逊的客户群对这些卖家基本上无动于衷。亚马逊确实受益于规模效应，并明确使用了作家和战略大师吉姆·柯林斯的"飞轮"方法。布拉德·斯通在他关于亚马逊的著作《一网打尽》（*The Everything Store*）中总结了这种方法：

更低的价格招徕了更多客户。更多客户增加了销量，并吸引更多支付佣金的第三方卖家来到该网站。这使亚马逊能凭借运营网站所需的订单履行中心和服务器等固定成本获得更多收益。效率提高使其能进一步降低价格。他们推断，推动这个飞轮的任何部分都能加速其转动。

然而，与亚马逊的飞轮一样令人印象深刻的是，与多数网络效应的强大超线性效应相比，它只是线性效应或次线性效应。幸运的是，亚马逊确实受益于其中一个部门的强大网络效应。

亚马逊的大部分网络效应，比如其大部分毛利润，都来自亚马逊网络服务业务。亚马逊网络服务平台既受益于间接网络效应，又受益于兼容性和标准。亚马逊网络服务的成功鼓励开发人员和

Docker 等开发产品依赖其作为首选基础平台，这使亚马逊网络服务更加成功（而作为一项标准，亚马逊网络服务的出现使基于该平台的服务更容易通过应用程序编程接口进行连接）。

产品 / 市场匹配性

亚马逊很少操心其核心业务的产品 / 市场匹配性。这主要是由于亚马逊利用了蓬勃发展的现有零售市场，因此几乎可以立即跃入超高速增长阶段。甚至连亚马逊网络服务也得到了快速推动，这得益于亚马逊的精明决定，即以其最简单的产品 S3（简单存储服务）作为引领，然后再扩展到更复杂的产品。重要的是记住，亚马逊在核心业务之外已经失败过多次。亚马逊强大的核心零售业务不允许其接管来自 eBay 或 PayPal 的拍卖或支付，而 Fire Phone 手机是其针对苹果和安卓采取的一次代价高昂且毫无结果的尝试。

运营可扩张性

亚马逊对运营可扩张性的管理非常成功，甚至可能是世界上最成功的。

在人力资源方面，杰夫·贝佐斯以强大稳健的手腕领导亚马逊，同时允许像亚马逊网络服务首席执行官安迪·雅西或消费者业务全球主管杰夫·威尔克这样的商业领袖来管理亚马逊的大部分业务。截至 2017 年，在他们的领导下，亚马逊的员工已超过 541 900 人，亚马逊成为美国十大雇主之一。

在基础设施方面，亚马逊已经从尽力压缩基础设施支出，比如在创建之初将物流外包给图书分销商 Ingram 的做法，巧妙转变为世界上最优秀的基础设施公司之一。亚马逊非常擅长于基础设施方面，其增长最快、利润最高的业务（亚马逊网络服务）就是允许其他公司利用亚马逊的计算基础设施。对于羡慕其强大物流能力的其他商家，亚马逊向其提供订单履行平台服务并从中赚钱，这让 UPS（美国快递公司）和联邦快递等亦敌亦友的厂商胆战心惊。除了 86 个巨型订单履行中心外，亚马逊还在主要市场拥有至少 58 个当日投递（Prime Now）中心，可以在不到两小时内对购买订单提供当日投递服务，这使其在效率上击败了 UPS 和联邦快递。亚马逊还建立了"分拣"中心，通过美国邮政署运送小包装，使运费降到大约 1 美元，而不是像联邦快递或 UPS 那样高达 4.50 美元左右，从而在价格上击败了联邦快递和 UPS。

案例三：谷歌

市场规模

谷歌的市场规模在一开始就被大大低估了。当谷歌横空出世时，许多人认为它"不过是另一个搜索引擎"，而雅虎和 Lycos 等公司已经占据了搜索市场上的主导地位。即使谷歌侥幸占据了搜索市场的一大部分份额，与雅虎这样的公司相比它仍然是利基市场竞争者，而雅虎是拥有雅虎邮件和雅虎金融等重要服务的门户网站。

观察家们未能意识到两件事。首先，谷歌的商业模式创新——基于相关性和收入最大化的 AdWords 自助广告系统，使其每次搜索产生的收入远远超过之前的搜索引擎。其次，搜索的重要性正以比整个互联网更快的速度增长。随着互联网的增长和内容数量以超线性速度增加，过滤和查找相关信息的难度也越来越大，这使搜索变得越来越重要。将这种效应与互联网本身的快速增长相结合，结果将是一个巨大的市场。

自那时起，谷歌利用其商业模式的力量，收购了安卓、Keyhole和 YouTube 等重要资产并从中获利，从而巧妙地扩大了市场。

推　广

谷歌的技术是该公司取得成功的最重要因素，而且令人印象深刻。但是，这也意味着谷歌对推广这一增长因素的巧妙运用常常被忽视。

为了从"不过是另一个搜索引擎"变为"最后一个搜索引擎"（正如我的老朋友彼得·蒂尔 2014 年在斯坦福大学的演讲"失败者才需要竞争"中所说的），谷歌必须利用一系列现有网络和合作伙伴。例如，谷歌为美国在线搜索结果提供支持的大胆交易帮助该公司的搜索业务增长了好几个数量级。之后，其他推广项目，例如与火狐（Firefox）建立合作伙伴关系，收购安卓以及开发 Chrome 浏览器都得到了回报，并有助于维持谷歌的推广优势。

谷歌还找到了利用小型合作伙伴的方法，即利用其针对网络发布商的 AdSense 计划为 AdWords 这架机器提供更多原始流量。

毛利率

谷歌是一家现象级高利润公司，2016 年的利润率高达 61%。但这种盈利能力并非偶然或幸运，这要归功于谷歌的 AdWords 商业模式。正如我们在商业模式类型一节中讨论的，由广告支持的媒体模式对于互联网领域未曾生效。然而，当谷歌首次出现时，这是雅虎和 Lycos 等主要竞争者采用的主导商业模式。谷歌采用了 Overture 的自助广告拍卖模式，根据相关性和质量以及出价等因素加入了自己的广告选择完善机制，并采用了反映购买意图而不仅仅是吸引眼球的商业模式。事实证明，在以单位流量作为基准的情况下，这种购买意图更有价值，它使谷歌能获得丰厚利润。

自此，谷歌利用高毛利率的财务实力进行了令其他公司却步的大手笔投资，例如投资于安卓和 Chrome，这两种产品正在对市场上占主导地位的竞争对手发起挑战（苹果的手机软件 iOS 系统以及网络浏览器中的微软以及火狐）。谷歌还利用其利润资助 X（以前的谷歌 X）和 Waymo（自动驾驶汽车）等激进实验。这些大胆的投资可能会得到回报，也可能得不到回报，但即使它们失败，谷歌的高利润率也使其有能力迅速恢复并继续发展。

网络效应

谷歌在其主要业务线中广泛利用了网络效应，但具有讽刺意味的是，它对于核心搜索产品并没有这样做。

手机路况应用程序 Waze 是直接网络效应的典型范例。Waze 利用每个用户的位置建立准确的路况模型，同时还使司机可以很方便地报告交通事故、车速监控区和路侧停车等。然后，Waze 使用该应用程序向所有人公开所有这些数据。换言之，道路上使用 Waze 的用户越多，路况信息就越准确。每个新增用户都为之前所有用户创造了价值。

安卓手机操作系统是间接网络效果的典型范例。最终用户广泛采用它，这增加了开发人员开发安卓版应用程序的动力。有用的应用程序越多，就会鼓励越多人使用运行安卓系统的设备。

YouTube 是双侧网络效应的典型范例。YouTube 将视频创作者和消费者汇聚到一起，创作的内容越多，使用它的人就越多。而消费者越多，创作者就越有动力创作内容。

最后，谷歌的 G Suite 是兼容性和标准（非常讽刺的是，它与主要竞争对手 Microsoft Office 很类似）的力量以及本地网络效应的典型范例。当用户与他人共享 Google Docs 或 Google Sheets 时，希望协作编辑文档的人也不得不使用这些程序。这在项目团队或学校等人际网络中尤为常见。一旦学校的某些教师开始使用 Google Docs 布置家庭作业，那么所有教师都将有统一使用 Google Docs 的压力，并且孩子和家长也要使用它。

产品 / 市场匹配性

谷歌为其核心搜索和 AdWords 产品找到了恰如其分的产品 / 市场匹配性。从一开始，谷歌的搜索结果就优于其竞争对手。但是很多人并没有意识到，谷歌花了很长时间才找到针对合适市场的合适产品。谷歌一开始尝试出售企业搜索设备，这是一种装在企业数据中心内部的工具，它对存在公司服务器上的内容建立索引，然后提供谷歌搜索框以便在这些内容中查找项目。接下来，谷歌通过经营

DoubleClick 广告尝试了广告支持模式；非常讽刺的是，谷歌后来买下了 DoubleClick。幸运的是，谷歌通过完善 Overture 的广告拍卖模式，找到了产品 / 市场匹配性。谷歌的 AdWords 产品通过强调相关性的自助拍卖系统实现了搜索业务盈利，在这方面远远胜过竞争对手，当它们设法迎头赶上时，谷歌已经积累了大量财务资源，使其能随心所欲地进行投资以保持产品优势。

谷歌并非总能实现合适的产品 / 市场匹配性（如果它在 AdWords 成功之前花光了钱，那么搜索业务就可能在实现产品 / 市场匹配性之前失败）。这反映了其目的性很强的产品管理理念，这一理念依赖于自下而上的创新和对失败的高度容忍。当这一理念行之有效时，就像保罗·布赫海特推出的自下而上项目 Gmail 一样，它可以产生杀手级产品。但是当这一理念失败时，它会杀死产品，比如 Buzz、Wave 和 Glass 等项目。谷歌依赖其财务实力（来自高毛利率等优势）和果断止损的决心来应对这种失败风险。例如，当谷歌收购 YouTube（后者显然已实现产品 / 市场匹配性）时，谷歌愿意放弃自己的谷歌视频服务，即使谷歌已经在该产品上投入了大量资金。

另一些大获成功的公司采取了截然不同的方法。在谷歌，新创意可以来自公司的任何地方，并且同一时间总有许多项目齐头并进；而苹果与之不同，采取的是自上而下的方法，在少数项目上投入更多资源。苹果将产品线控制在较小规模，并且往往每次只开发一个主要产品。一种理念不一定优于另一种理念，重要的是比竞争对手更快找到产品 / 市场匹配性。

运营可扩张性

作为一家工程驱动型企业，谷歌在运营可扩张性方面表现出色并不足为奇。它重金投资于自己的工具和基础设施，使其工程组织能随着公司的发展微调其基础设施，从而表现卓越。

谷歌也在员工可扩张性方面进行了创新。虽然谷歌的多数员工管理实务都富有智慧但相对简单，例如，谷歌使用小型团队开发新产品，使用大型团队维护和发展现有产品，但谷歌在人才分析和数据方面投入了大量资金，以确定每位求职者的最优面试次数（不超过 5 次）等问题并改进招聘、绩效评估等方面的实务。

案例四：脸书

市场规模

市场规模是许多人未能在脸书成立之初意识到其潜在价值的主要原因之一。当时，脸书在电梯游说中将其称为"大学生社交网络"。这种描述将一种未经验证的新产品与特定（狭窄）受众相结合，使脸书听起来像一种利基产品。但是当我投资脸书时，马克·扎克伯格的愿景要广泛和有价值得多。马克希望脸书成为人们与朋友保持联系的默认方式，这是一个巨大的市场。当然，即使马克如此介绍他的广阔愿景，许多投资者也不相信他，这让他们日后悔恨不已。

推 广

脸书在推广方面表现优异。如前所述，脸书早期专注于大学生市场，这导致有些人认为它是利基产品而对其不屑一顾，但实际上这属于非常成功的推广策略。为了实现惊人的病毒式传播，脸书会故意推迟在大学校园的发布会，直到超过50%的学生提出要求，这样将几乎立即达到当地的临界规模。

通过利用现有好友网络从最初的大学用户群向外扩展，脸书进一步从中受益。随着用户体验到通过脸书保持联系的好处，他们自然希望将离线好友添加到脸书联系人中。

毛利率

和谷歌一样，脸书还没有建立有效的收入模式就开始运营。但是，一旦脸书发现消息推送中的广告软文蕴含的价值，就能变得非常有利可图。现在，脸书约90%的收入来自广告销售，该公司的毛利率达到惊人的87%。

该毛利率使脸书能重金投资于人才和技术。它还让马克·扎克伯格能进行精明（且昂贵）的收购（比如收购 Instagram 和 WhatsApp），从而成为移动端和桌面端社交网络的主导者，并进行像投资 Oculus 这样的长期未来投资。

网络效应

我们已经讨论过脸书如何利用经典的直接网络效应（加入该平台的用户越多，脸书对其他每位脸书用户的价值就越大）和本地网络效应（一旦它成为大学中占主导地位的社交网络，任何其他竞争者就极难挖走脸书用户）。

由于其平台服务，例如 Graph API（允许开发人员利用脸书用户及其关系的社交图谱）和 Facebook Connect（允许用户使用脸书登录某个网络服务而非为使用该服务创建新账户），脸书也体验到一些有用的间接网络效应。

产品 / 市场匹配性

脸书的核心消费者体验几乎立即实现了产品 / 市场匹配性，因此实现了快速增长。然而，让脸书成为伟大公司并让马克·扎克伯格成为优秀首席执行官的部分原因是，脸书曾经在其他不那么明显的领域实现产品 / 市场匹配性。

很多人都忘记了脸书从桌面端到移动端的转变有多艰难。脸书最初的移动端产品体验缓慢又差劲，因此该产品的采用速度较慢。对于脸书而言，幸运的是，马克·扎克伯格看到市场正在向移动端转变，于是暂停新功能开发，以便整个团队专注于开发更优越的新型移动端产品。与此同时，他还迅速而果断地收购了 Instagram 和 WhatsApp；宣布消息时，这两笔收购都被认为很昂贵，但事后看来它们显然是合算的。如今，脸书每月的活跃移动端用户超过 17 亿人，而移动端广告占该公司广告收入的 81%。超过 56% 的脸书用户仅通过移动设备访问该服务。

同样重要的是脸书为广告商实现产品 / 市场匹配性的能力。脸书刚创建时，传统观点认为，像脸书这样由用户创造内容的网站永远无法吸引广告商，因为它们不希望自己的品牌与质量低劣甚至不适当的内容一同出现。谷歌采用的是在网络广告上行之有效的搜索模式。脸书推翻了这种传统观点，它通过开发算法阻截了不当内容，并学习推特的广告信息模式，将广告融入脸书消息推送。消息推送模式对于移动端业务创收尤为有效。反观印刷媒体中行之有效的模式，广告与内容混杂在一起，当你翻阅杂志或滚动消息源时，会在正常浏览过程中看到广告，而不是被弹出窗口或页面跳转广告打断，或是略过传统横幅广告中的静态展示位。然而脸书的消息推送对于广告商来说效果甚至胜过杂志，因为脸书的核心社交行为（点击、点赞、分享）训练用户参与消息推送中出现的任何内容，包括广告！

运营可扩张性

脸书如何成功克服运营可扩张性的增长限制？在技术方面，帮助脸书成功的一个理念是其著名的座右铭"快速行动并打破常规"。这种直接来自马克·扎克伯格的对速度的强调，使脸书能实现快速的产品开发和持续的产品改进。即使在今天，每个新入职脸书的软件工程师也会被要求在上班第一天对脸书代码库进行修正（这可能影响数百万甚至数十亿用户）。然而，随着脸书用户群和工程团队日益壮大，马克不得不将该理念改为"凭借稳定的基础设施快速行动并打破常规"。

尽管这句新座右铭似乎是自相矛盾的，但马克解释道，它专注于更高层次的目标。"目标是快速行动，"马克告诉我，"当我们规模较小时，愿意打破常规让我们行动更迅速。但是随着我们的成长，打破常规的意愿实际上开始拖慢速度，因为复杂性提高使我们越来越难以修补打破常规带来的问题。通过花更多时间专注于稳定的基础设施，我们减少了破坏常规的影响和从中恢复的时间，以便真正做到更快行动。"

采用经过验证的强大商业模式之后该做什么

如果你认为自己设计的商业模式可以支持大规模增长和价值创造，那么下一步就是决定你的战略。这就是战略创新的用武之地。

第三章

战略创新

尽管闪电式扩张是本书的主题，也是世界上成百上千家最有价值公司的惊人增长和市场主导地位背后的秘密武器，但它也是一项战略创新。事实上，面临风险和不确定性时，支持公司自身生态系统快速增长的正是战略创新。是否进行闪电式扩张是一个困难的战略选择，因此我们希望了解创始人和首席执行官何时以及如何做出该决策，以及这种决策如何改变他们的公司甚至他们自己在公司中的角色。

何时开始闪电式扩张

当我们谈论闪电式扩张时，初创企业创始人最常问我们的问题是：我应该什么时候开始对公司进行闪电式扩张？

你可能发现掌握并应用闪电式扩张的原则很困难，尤其当你是经验丰富的高管时，原因之一就是这样做需要你抛弃许多正常的商业规则。基本上，你要将多年来了解的一切抛诸脑后：来之不易的经验，在商学院学到的知识，或者在早期初创阶段保持精益的信条……精心规划、谨慎投资、礼貌服务以及严格控制的"资金消耗率"（公司每月支付工资、租金等所消耗的现金金额）最终可能会被抛到一旁，代之以快速的粗略估计、忽视愤怒的客户以及低效的资本支出。你为什么要采取这种高风险且违反直觉的行动？一言以蔽之，为了速度。

请记住，尽管风险和成本有所增加，但闪电式扩张的目标是实现"闪电式"增长。只有当你认定进入市场的速度是实现大规模目标的关键策略时，才需要进行闪电式扩张（无论是出于进攻性原因还是防御性原因）。

在决定进行闪电式扩张之前，你不一定需要解决收入模式问题。事实上，闪电式扩张的一个关键因素往往是在收入模式得到验证之前投资者为企业增长提供资金的意愿——毕竟，当收入模式得到验证后，企业就很容易获得增长所需的资金了。

2014 年 2 月企业软件公司 Slack 公开发布产品之前，花了近 5 年时间和 1 700 万美元用于开发。仅仅两个月后的 4 月底前，它又筹集了 4 300 万美元。这两笔投资都是在 Slack 证实其收入模式并开始产生大量销售收入之前进行的。Slack 的免费增值商业模式（提供免费服务并鼓励用户以后升级为付费客户），意味着即使经过两个月的用户快速增长，该公司也没有证明其盈利能力。幸运的是，对于 Slack 及其投资者来说，这种进取战略得到了回报。随着最初一波免费用户开始转换为付费用户，Slack 在 6 个月后又筹集到 1.2 亿美元，用于进一步加速其增长。

每家价值 1 000 亿美元的规模化企业都是通过闪电式扩张达到这种规模的，但这并不意味着每家初创企业都能够或应该进行闪电式扩张。如果你的产品／市场匹配性不合适，或者你的商业模式尚未发挥作用，或者市场条件不适合超高增长，那么过早进行闪电式扩张可能会令人痛心地（且迅速地）导致"闪电式失败"。

可悲的是，过早进行闪电式扩张有时是"一粒老鼠屎坏了一锅粥"，以至于投资者和企业家对这个领域避之不及，新生市场就这样被扼杀在摇篮中。例如，Webvan 臭名昭著的失败让大多数厂商远离日用杂货快递领域长达十多年。

如果你想知道自己的公司进行闪电式扩张的时机是否合适，请考虑以下几个因素。

巨大的新机会

要取得巨大成功，你需要有一个巨大的新机会。在这个机会中，市场规模和毛利率碰撞出巨大的潜在价值，并且没有占主导地位的市场领导者或寡头垄断。巨大的新机会通常是因为技术创新创造出新市场或者扰乱了现有市场而产生的。YouTube 前总经理希希尔·梅赫罗特拉造访了我们在斯坦福大学开设的闪电式扩张课，并解释了技术变革如何为 YouTube 带来巨大的新机会：

> 为什么 YouTube 恰逢其时？因为网络带宽终于扩展到足以传输流媒体视频，因为手机摄像头让每个人都能录制视频，还因为投资环境允许进行高度资本密集型投资。

如果这个新机会的毛利率很低，那么市场规模必须更大才能使其成为巨大的机会。你必须知道最终的回报是否值得投资。

即使取得成功，闪电式扩张的成本通常也很高。如果机会不大，就不值得冒风险和痛苦地进行闪电式扩张。好消息是，在网络时代，我们能将产品和服务迅速扩展到真正的全球市场，这意味着巨大机会比以往任何时候都更多。

以阿里巴巴的崛起为例。马云意识到，与美国市场相比，中国和其他亚洲市场的电子商务从长期看是更大的机会。当马云于1999年创建阿里巴巴时，中国的电子商务市场可以忽略不计，而且缺少与联邦快递、UPS、VISA和万事达卡（以及PayPal）相当的关键互补资源。但他知道一旦最终获得回报，这种回报将非常可观。经济合作与发展组织（OECD）预测，到2030年，中国的中产阶级（定义为家庭年收入为2万~16万美元的人口）将达到中国人口的73%，使其市场规模几乎达到整个美国人口的3倍。这样的回报证明进行极高水平的投资是值得的。马云从软银（SoftBank）、高盛（Goldman Sachs）和富达（Fidelity）筹集了2 500万美元用于发展业务，2009年，又从泛大西洋投资集团（General Atlantic）筹集了7 500万美元增长型股权投资。如今，阿里巴巴控制着中国约80%的电子商务市场（亚马逊在美国的电子商务市场占有率为44%），其2014年在纽约证券交易所的首次公开募股成为史上最大的首次公开募股，为该公司筹集了250亿美元。2017年7月，阿里巴巴成为首家市值超过4 000亿美元的亚洲公司。

一些巨大的机会如此巨大，以至于它们蔓生出闪电式扩张的次级机会。例如，阿里巴巴的淘宝市场支持了无数商家，脸书的崛起为 Zynga 的初期增长创造了平台，苹果的 iOS 设备为 Rovio 和 Supercell 等游戏开发商创造了巨大机会。

首个规模扩张者优势

闪电式扩张最常见的出击原因是为了达到具有持久竞争优势的临界规模。有时这只是为了实现规模经济，比如亚马逊或沃尔玛，但很多时候临界规模都会触发网络效应，比如优步或爱彼迎。

如果另一家公司已经取得了首个规模扩张者优势，那么闪电式扩张就很难成功。在 .com 时代，亚马逊和雅虎都曾正面挑战 eBay 的拍卖业务，但 eBay 买卖双方市场的网络效应意味着其首个规模扩张者优势太强大而无法被战胜。相比之下，当亚马逊开展音乐 CD 销售业务时——是的，音乐也曾经刻在物理磁盘上出售，这项业务缺乏网络效应，因此它很快击败了当时的市场领导者 CDNow。

首个规模扩张者优势也可能体现在特定市场或特定客户群上。南美洲电子商务巨头 MercadoLibre 成立于 1999 年，当时亚马逊已经创造了数十亿美元的收入，而 eBay 已经向海外积极扩张。尽管不是全球电子商务市场的首个规模扩张者，但 MercadoLibre 仍然能通过成为南美洲的首个规模扩张者来建设关键业务。在里德的"规模化大师"播客采访中，MercadoLibre 的创始人兼首席执行官马科斯·加尔佩林解释了为何他能获得首个规模扩张者优势：

在我创建 MercadoLibre 之前，我和斯坦福大学商学院的 20 名南美洲同学一起做过调查，他们都说这（南美洲的 eBay）在南美洲永远做不起来。那时，eBay 主要在美国、德国和日本经营并取得了成功。

通过进入一个连其他南美企业家都不敢涉足的市场，Mercado-Libre 在竞争中占据了先机并获得了首个规模扩张者优势。

重要的是不要将临界规模与先发优势混为一谈。首先抢滩某个市场可能会让你被誉为有产品远见，但如果你没能成为首个规模扩张者，而竞争对手做到了，那么你最终不过是维基百科竞争对手词条中的脚注。

此外，有时根本不存在首个规模扩张者优势。如果你发现不了任何网络效应或客户锁定效应，规模扩张就可能无法提供足够优势来保证闪电式扩张。例如，我们怀疑现有餐馆的食品配送市场（一种纯商品业务）不太可能提供任何持久的竞争优势，因此不值得进行昂贵的闪电式扩张。

学习曲线

使用闪电式扩张创造持久竞争优势的另一种方法是成为第一个登上陡峭的学习曲线的人。某些机会，例如自动驾驶汽车，需要你解决困难、复杂的问题。规模扩张速度越快，你必须学习（或培训机器学习）的数据就越多，这将改善你的产品，使你在市场上更容易进一步扩张，将刚开始学习的竞争对手远远甩在身后。

网飞是流媒体视频娱乐领域的领导者，但它之所以能达到这个地位，不过是凭借攀登一系列陡峭的学习曲线的意志。前面曾经提到里德·黑斯廷斯在 1997 年创建网飞时面临的情况：将大多数消费者连接到互联网的拨号调制解调器速度太慢，无法用流媒体传输高质量的视频内容。因此，网飞决定与百视达等视频商店竞争，提供订购服务（没有讨厌的滞纳金），将电影 DVD 邮寄到消费者家中。这意味着网飞必须在两项 DVD 业务上攀登陡峭的学习曲线，例如与制片厂协商获取电影 DVD 并协调向消费者寄送和收回 DVD 所需的物流，以及开发根据过往选择推荐电影等新功能。攀登这些业务的学习曲线痛苦而昂贵，但它赋予了网飞竞争优势。

后来，随着宽带连接的普及，网飞建设庞大的流媒体基础设施时不得不攀登学习曲线，同时继续改进其消费者推荐引擎。那时网飞开始遇到一个重大的战略问题。网飞依赖于制片厂创作内容（电影和电视节目），但如今制片厂发现 YouTube 和网飞这种在线视频公司是一种威胁。作为应对措施，它们开始提高对网飞的内容授权要价，并且和 Hulu（一家行业合资企业）将某些"王牌节目"据为己有，例如《周六夜现场》（*Saturday Night Live*）这种广受欢迎的节目。

这个合乎逻辑的结论明确但令人气馁。网飞需要开发自己的原创内容。现在，该公司不得不攀登可能是其最陡峭的学习曲线，因为它将与在该领域打拼了近一个世纪的好莱坞电影公司竞争。网飞聘请特德·萨兰多斯作为其内容总监，并成功登上这条学习曲线，正如过去它曾经登上的许多条学习曲线一样。如今，网飞很可能成为原创视频内容的领导者，连传统的好莱坞大鳄也从传统制片厂转投网飞，比如《实习医生格蕾》（Grey's Anatomy）、《丑闻》（Scandal）、《逍遥法外》（How to Get Away with Murder）的编剧、超级制作人珊达·莱姆斯，以及《高尔夫球也疯狂》（Happy Gilmore）、《长大后》（Groun ups）的主演、喜剧演员亚当·桑德勒。更重要的是，网飞一路攀登的其他学习曲线实际上帮助它在其他制片厂的主场击败了它们。消费者推荐引擎为网飞提供了空前能力来预测用户想观看的内容，这使其能够与创作者合作制作这些内容（例如热门电视剧《怪奇物语》）。而且因为网飞对自己的预测比竞争对手对它们自己的预测更有信心，所以当与竞争对手正面交锋时，网飞可以对节目内容开出更高价格。

竞 争

然而，尽管有这些进攻性的扩张原因，闪电式扩张最常见的驱动因素仍是竞争威胁。即使没有竞争，你仍然希望获得首个规模扩张者优势并登上学习曲线，但你可能更喜欢用风险较小的快速扩张方法来实现增长。你不妨自问："其他人能否在我之前意识到这个机会？"如果答案是肯定的，那么提高增长速度可能会降低竞争风险，而不是增加失败风险。竞争越激烈，你越应该快速行动。

还记得2011年春天布莱恩·切斯基和爱彼迎面临的情况吗？爱彼迎的业务刚开始起步，就面临着德国扎姆韦尔兄弟及其快速增长的欧洲山寨版爱彼迎Wimdu的可怕竞争。切斯基和他的共同创始人被迫做出一个艰难决定：冒着被 Wimdu 打败的风险，坚持照常进行旧金山的业务……还是进行闪电式扩张并取胜？几年后回过头看，切斯基承认，竞争迫使他做得更好。

爱彼迎和 Wimdu 的故事在网络时代变得更加普遍。过去，世界上有许多企业凭借地理分割来避免竞争，比如地区性报纸和实体书店，就像达尔文在加拉帕戈斯群岛上发现的雀鸟一样。互联网和网络时代的崛起将这些"孤岛"连成一个高度竞争的市场，使它们激烈竞逐屈指可数的宝贵领导地位。由于今天的人际信息交流是如此迅速和无缝，因此我们的通信网络加速了个人市场偏好筛选出主导供应商的过程。如今，我们从亚马逊购买图书，而其创始人杰夫·贝佐斯拥有《华盛顿邮报》。

企业倾向于依赖闪电式扩张的原因之一在于，速度是它们相对于大公司的主要优势之一。初创企业可以迅速采取行动，利用技术进步创造的新机遇。如果它们磨磨蹭蹭，以与大公司相同的步伐发展，那么它们就得在公平的竞争环境中竞争，这意味着大公司的资源可能带来巨大优势。

好年景，坏年景

尽管闪电式扩张似乎是一种仅适用于"热门"市场的战略，但它可以在任何市场条件下取得成功。关键的细微差别是公司的增长率需要以相对尺度而非绝对尺度来衡量。在快速增长的市场中，年增长率为 100% 的公司可能会失去市场份额；在市场动荡时期，年增长率为 50% 的公司就可能获得足够市场份额以达到市场主导地位。你可能在经济繁荣时期成功进行闪电式扩张，也可能在经济不景气时成功进行闪电式扩张，尽管市场条件可能且理应影响你的战略。

热门市场更容易吸引资本和人才（尤其是资本）投入闪电式扩张。优步是一个明显的例子，它说明了获取资本如何为积极、低效但可能带来长期战略收益的增长提供资金。优步能筹集到数十亿美元，因此能为其服务提供补贴以吸引更多的司机和乘客，从而加强其双侧市场的网络效应。充足的资本也使其能在竞争中脱颖而出，积极扩展到其他市场，从而达到关键规模。即使在遭受丑闻困扰的 2017 年之后，优步仍然让其美国竞争对手 Lyft 相形见绌。2017 年 7 月，Lyft 宣布其每天行程订单达到 100 万份，而优步在 2014 年年底就达到了这一规模。

在网络泡沫破灭的市场惨淡时期，谷歌与美国在线达成分销协议，大幅扩展其 AdWords 业务，从而进行了闪电式扩张。这笔交易于 2002 年 5 月首次公布，内容是向美国在线提供由谷歌支持的美国在线搜索所产生收入的 85%，每年的保底支付金额为 1.5 亿美元。当时，谷歌的银行存款还不到该金额的十分之一。考虑到纳斯达克指数已经从两年前的高点下跌了近 80%，这种做法似乎有风险，但或许正是因为感觉到这种风险，才让谷歌的出价超过既有供应商、上市公司 Overture 和 Inktomi。然而，虽然收入分成和保底都颇为激进，但谷歌改进的 AdWords 算法使这笔交易对双方来说都利润丰厚，此举使得谷歌的收入从 2001 年与美国在线交易前的约 1 900 万美元增加到 2003 年与美国在线交易后的 3.47 亿美元，跃升了近 20 倍。

没有人真正知道市场是否会在特定年份上涨或下跌。但无论市场朝哪个方向变化，闪电式扩张都可以成为利用最大机遇的关键策略。

更快行动

一旦你决定进行闪电式扩张，需要提出和回答的关键问题就是"怎样才能更快行动"。这不是在同等资源条件下更加勤奋工作、更会开动脑筋的问题，而是做其他公司通常不会做的事，或选择不做它们会做的事，因为你愿意容忍更大的不确定性或更低的效率。

例如，2015 年，ClassPass（一家健身课程按月订购服务机构）的创始人帕耶尔·卡达奇亚认为她需要在短短三个月内将员工人数增加一倍，这样 ClassPass 才能扩张到更多城市。为了达到这种速度，卡达奇亚和她的团队放弃了传统的招聘流程，采用了两条简单规则。首先，他们通过个人人脉聘用人才，重点强调"品牌"人才。例如，如果一名员工有个朋友曾在贝恩咨询公司工作，那么这个朋友就被聘用了，因为 ClassPass 认为这个人很聪明并且善于和人相处。其次，不进行技能面试节省的部分时间让团队可以面试他们与公司目标的契合度。这种做法疯狂吗？也许。但 ClassPass 处于竞争者众多的新兴市场中，能以比竞争对手更快的速度聘用人才帮助它保持并提升了领导地位。

闪电式扩张还需要重点关注风险管理。虽然闪电式扩张需要冒风险，但不需要冒不必要的风险。事实上，闪电式扩张更高的风险使风险管理更有价值、更重要。正如雅虎联合创始人杨致远在接受里德的"规模化大师"播客采访时告诉我们的:"所有大胆的策略都有风险。如果你没有意识到它,就等于盲目蛮干。"

最后还有一点需要注意,能进行闪电式扩张并不意味着你应该进行闪电式扩张。抛弃商业规则并不比遵守商业规则更能保证成功。

在领英创建之初,我们知道实现临界用户规模是一项挑战。我们不得不苦口婆心地让专业人士理解我们的价值主张。多数人都没有意识到他们的人脉力量,以及技术能如何帮助他们更好地增强、扩展和利用人脉。很多人建议我们采取的一种方法是筹集大量风险投资,并开展积极的广告推销以加速用户增长。这将是一个典型的闪电式扩张例子,即在不确定背景下为了增长而牺牲效率。但我们决定不采取这种策略,我们认为竞争并不像许多人想的那么紧迫,保持较低的资金消耗率将使我们能等到市场理解我们的观点。当我们追求"缓慢而稳定"的初创企业增长战略时,建议投资于低效增长的人警告我们,竞争对手会将我们甩在身后。但我们并不担心,因为我们从市场中看到的是,像 Plaxo 这样的竞争对手并没有真正理解职业社交网络的力量(相反,他们认为其产品类似于地址簿),因此没有在相同市场上展开竞争。这个假设最终被后来发生的事证实。

如果承担额外成本和不确定性实际上没有带来优势,那么最好遵循传统的商业规则(至少暂时如此),以便在适于进行闪电式扩张时,你的公司能高效运营、维持良好状态,并且做好更充分的扩张准备。当领英最终找到向招聘者出售企业产品这个主要业务增长机会时,我们已是一家更成熟的公司,对自己做出主观判断的能力充满信心,从而能进行闪电式扩张。

何时停止闪电式扩张

虽然闪电式扩张是一种强有力的策略，但它并不是永久性的。没有企业可以永远增长，因为没有哪个市场是无限的。当你所在的市场很大或者快速增长时——最好是两者兼而有之，你就应该进行闪电式扩张。如果市场停止增长或达到上限，你就应该停止闪电式扩张。

因为根据定义，闪电式扩张是低效的资本使用方式，只有当速度和冲力很重要时才有意义。闪电式扩张就像是战斗机上的加力燃烧室，它让你能以正常速度的两倍或三倍飞行，但是消耗燃料的速度惊人。你不能只是打开加力燃烧室而永远不关上它。

闪电式扩张的主要挑战之一是了解你的业务增长何时超出当前战略的允许程度，何时需要转变方向。等到停止增长再转变方向是不明智的。相反，你应该注意某些领先指标，它们可以作为增长已经超出战略允许程度的预警信号：

- 增长率下降（相对于市场和竞争而言）。
- 单位经济效益恶化。
- 员工人均生产率下降。
- 管理开销增加。

当这些领先指标开始出现时，可能表明你当前的策略无法实现进一步扩张，现在是时候重新开始一个周期了。例如，雅虎能在长达 10 年的时间里依靠其作为领先在线媒体公司的核心战略，2005 年其收入增长迅速（虽然在网络泡沫破灭期间有所下降）。然而，雅虎的收入从此停止增长（实际上在 2007 年开始下滑，那时全球经济衰退甚至尚未来袭）。谷歌 2005 年的年收入刚刚超过雅虎（谷歌为 61 亿美元，雅虎为 53 亿美元），之后这两家公司的命运产生了巨大差异。雅虎的收入在 2006 年基本持平，而谷歌的收入几乎翻了一番。

当你的公司达到市场上限时，进行闪电式扩张实际上是很危险的。如果你的市场净空不足，那么当你冲向市场上限时，所有速度和冲力将会瞬间崩溃。

除了经济增长突然放缓之外，净空不足的征兆通常是内部冲突。已经习惯了持续增长的管理者和投资者开始提出诸如"出了什么问题"和"谁负责"这种问题。如果公司没有意识到根本原因，那么最常见（也是最无益）的反应就是要求撤换首席执行官或高管团队——销售副总裁尤其危险，因为他（她）通常要承担增速放缓的责任，或同时撤换两者。撤换首席执行官有多少次真的使大规模增长重现生机？我们能想到的唯一一好例子是史蒂夫·乔布斯在苹果公司的作为。因此，如果你有史蒂夫·乔布斯等在一旁，请尽管撤换首席执行官。否则，这可能无济于事。

让我们来看两家耗尽净空的闪电式扩张公司——高朋和推特。由于在迅速崛起的团购市场中占据了领导地位，高朋是有史以来增长最快的公司之一。不幸的是，团购市场突然停止增长。这个问题实际上讽刺地反映了糟糕的闪电式扩张——高朋的商户将高朋团购用作快速产生收入增长的低效方式，但发现促销不会带来回头客或任何其他长期竞争优势及价值。

高朋内部开始动荡，果然，首席执行官安德鲁·梅森被撤换。但这无济于事。

高朋应该做的是停止闪电式扩张。追求低效增长使市场过热并变得不可持续。如果高朋降低向商家要求的折扣，增长率就会下降，但折扣减少产生的业务将更有可持续性。

推特遇到了类似问题。2014 年底，其用户增速放缓。这是推特应该放掉燃料并专注于效率的信号。2011 年至 2014 年期间，推特的员工人数增加了 10 倍以上，预计还将继续增加。推特在 2015 年继续招聘，尽管用户增长乏力，但仍新招了近 300 名员工。推特可能是被"假动作"迷惑了，因为收入继续随着广告市场成熟而增长。2015 年，推特的收入增长了一倍多，然后停止增长。

如今，推特开始缩减其员工数量，但它或许应该在闪电式扩张期明显结束时就更积极地这样做。

当然，也是在这一时期，推特决定再次更换首席执行官，迪克·科斯特洛（他取代了创始人埃文·威廉姆斯）离职，杰克·多尔西担任临时首席执行官。科斯特洛和多尔西都是颇具才华的高管，但即使是优秀人才也无法在已达到上限的市场中进行闪电式扩张。

闪电式扩张并非适合所有人

首先，正如我们上面讨论的，闪电式扩张并非适合所有人。例如，1994 年，也就是杰夫·贝佐斯创建亚马逊的同一年，餐厅老板托马斯·凯勒购买了位于加利福尼亚州扬特维尔的法国洗衣店餐厅（The French Laundry），并将其变成世界上最优秀的餐厅之一，赢得了令人艳羡的米其林三星评级。如今，亚马逊拥有超过 541 900 名员工，是在线零售、电子书、云计算等领域的市场领导者，而法国洗衣店餐厅只有不到 50 名员工，仅有一处店面，每天只为 60 名客户提供服务，但仍是世界上最著名的餐厅之一。

亚马逊和法国洗衣店餐厅都是伟大的企业，但它们存在于根本不同的环境。亚马逊的业务依赖于大规模和数十亿美元的基础设施；法国洗衣店餐厅则依赖于世界上部分厨艺最熟练的厨师烹饪的最高品质的当地食材。规模对电子商务和云计算至关重要，但与世界级精致美食相对立。将亚马逊想象成一家小型独立书店是不可能的，就像不可能将法国洗衣店餐厅想象成一家与麦当劳争夺特许经营权霸主地位的全球连锁餐厅一样。

但如果闪电式扩张的条件成熟，竞争对手可能会选择承担你不愿承担的风险，以换取获得潜在回报的机会。这就是爱彼迎在 Wimdu 进入其市场时学到的。

闪电式扩张需要资本——无论是来自投资者还是来自现金流，为相对低效的增长提供资金。如果投资者愿意迅速行动并提供大量资本，那么竞争对手决定进行闪电式扩张的风险就会更高。当某种商业模式用大量高利润收入为增长提供资金时，情况也是如此。因此，如果选择不进行闪电式扩张，最稳妥的时机就是采用利润相对较低的商业模式时，因为投资者根本不愿意（比如向一家高档餐厅）

提供资金，不愿意提供大量资金，或者不愿意快速提供资金。

许多小型企业或"生活方式"企业都属于此类，这使它们避免闪电式扩张的决定完全是理性的。但是，市场可能会迅速变化。让我们回到1994年亚马逊成立时。多年以来，独立书店的自身定位使其相对远离与巴诺书店（Barnes & Noble）和Borders等连锁书店的竞争，从而开辟出一个利基市场。亚马逊的崛起及其采用的闪电式扩张战略极大地改变了这些书店的竞争格局，迫使它们做出反应。1994年，美国书商协会有超过8 000名成员；2009年，这一数字下降至1 651名，降幅近80%。

令人震惊的是，这个数字自2009年以来每年都在增长，2017年反弹至2 321名。当我们分析如何保护你的企业免受闪电式扩张竞争对手的影响时，我们将深入探究独立书店如何在亚马逊时代生存下来。

即使你没有面对这样的竞争对手，闪电式扩张仍会对你的企业形成重大冲击。在硅谷，闪电式扩张推高了房地产价值、生活成本并使劳动力市场更加紧张，这几乎影响了各个行业内的每家企业。即使你不与闪电式扩张公司竞争客户，也可能与它们竞争办公空间和员工。

迭代过程

成功的闪电式扩张是连续解决问题的过程。五个阶段中的每个阶段都需要针对人员、产品、财务等相同的基本问题提出不同解决方案。每次你设法解决问题，都不是一劳永逸的，而只是目前得到解决。随着公司不断发展，你必须在可能完全不同的环境下再次解决同样的问题。

2013 年，YC 的联合创始人保罗·格雷厄姆写了一篇著名文章，题为《做不可规模化的工作》，他认为初创企业就像带发动机曲柄的老式汽车。为了启动它们，创始人需要投身于一个独立而艰苦的过程，这个过程不可能实现规模化，比如亲自招募产品的第一批用户。这篇文章很经典，但它可能会让一些读者误以为一旦"引擎"启动，就只需继续做可规模化的工作。

换言之，传统（和错误）经验认为：

第 1 步：做无法规模化的工作。

第 2 步：实现规模化。

第 3 步：做可规模化的工作。

但是，当你进行闪电式扩张时，帮你实现规模扩张从而达到下一阶段的工作可能无法让你继续规模扩张直至再下一个阶段。为了建立真正的规模化企业，几乎每个阶段的每项工作都要随之改变。闪电式扩张将"做不可规模化的工作"的简单三步过程扩展为：

第 1 步：做无法规模化的工作。

第 2 步：达到下一个闪电式扩张阶段。

第 3 步：了解如何开展一组可规模化工作，同时找到一种方法来开展完全不同的另一组不可规模化工作。

第 4 步：达到下一个闪电式扩张阶段。

第 5 步：不断重复这个过程，直到完全掌握市场主导地位。

这并不意味着你不需要提前做计划。虽然你经常需要做无法规模化的工作，但同时必须做出可能（但不是确定）实现大规模扩张的选择。例如，如果你的核心商业模式缺乏规模优势和网络效应，并且唯一可能走向市场的策略是挨家挨户推销，那么不管你是否试图进行闪电式扩张，都不可能打造出极为重要的业务。

战略在每个阶段的变化

正如我们对不同经济环境中的闪电式扩张的讨论所示，速度总是相对的，一个阶段中的超高增长速度可能只是另一个阶段的平均值。例如，几乎每家初创企业都试图快速行动。这意味着在"家庭"阶段和"部落"阶段（最多 100 名员工）的闪电式扩张中，行动速度可能很难明显快于初创企业的平均值。只有三种方法能实现这一目标。

第一，你可能是市场中唯一有能力的公司。这种情况非常罕见，因为任何有吸引力的市场通常都会吸引聪明、进取的企业家。

第二，你可能是市场上第一家想出绝妙增长战略的公司（如果你能成功运用这种战略当然很棒，但这种情况也很罕见）。例如，PayPal 不是唯一试图抢占市场的支付类初创企业，但它是第一家利用病毒式营销极其快速且经济高效地获取用户的公司。

第三，你可以通过更坚定地追求规模将自己与同行区分开来。只要市场按预期发挥作用，志在必得、全力以赴和投资到位的初创企业能战胜竞争对手。这种信心体现在筹资、招聘和基础设施投资更具进取性——这将产生当期费用，并有望大大提升未来公司的行动速度。在亚马逊的历史上，它一直比竞争对手更具进取性，这种进取性带来了巨大回报。当然，这也得益于杰夫·贝佐斯及其团队是执行这种战略的世界级大师。

当然，缺点是失败的成本远远高于谨慎求证再付诸实施的成本。但是，与在宝贵的赢家多拿市场或赢家通吃市场中获得首个规模扩张者优势的潜在好处相比，这种额外成本可能不值一提。

在"村庄"阶段（有数百名员工）和"城市"阶段（有数千名员工），竞争企业的速度差异变得更加明显。有些企业满足于专心优化效率（规模化增长），还有些企业专注于提高速度（快速扩张）或在不确定性下追求速度（闪电式扩张）。在这个阶段，闪电式扩张没有那么强烈的进取性，更多的是追求差异化（但仍然是进取性）战略。

例如，闪电式扩张的典型战略之一是快速并进的市场开发。当爱彼迎决定进行闪电式扩张时，它选择的战略是从美国的一家经营机构迅速扩张到全世界的 20 家经营机构，尤其是在欧洲。这种增长效率非常低——想想看一家公司必须获得多少新的知识、基础设施和员工才能在世界各地成功开设经营机构，但它可以让一家公司从竞争对手中脱颖而出。爱彼迎更有效率的做法是每次打入一国市场并增设一家经营机构，然后根据每次扩张的经验教训改进其方法，但这将使其竞争对手 Wimdu 成为行动更快的一方。换言之，当爱彼迎需要在一年内从一家 40 人的公司发展成为一家全球性公司时，它付不起谨慎投资并专注于效率的代价。我们将在后面的例子和多个行业中看到这种同时开发市场的模式。

在"国家"阶段（数万名员工），战略再次发生变化。通过取得行业主导地位直至其成熟并成为主流，公司达到了巨大规模。正如杰弗里·摩尔在《跨越鸿沟》一书中所描述的，国家阶段的公司已经成功跨越了早期采用者和"主流大众"的客户群鸿沟。市场主导地位使得增长速度难以大幅超越整体市场，而市场成熟降低了自发增长的机会数量。因此，这一阶段的规模扩张任务是孵化并发展重要的新业务。

2007 年，苹果拥有超过 2 万名员工，是在线音乐领域的主导公司，也是个人计算机领域的成功公司。与此同时，谷歌拥有超过 1 万名员工，并且是搜索领域的主导公司。诺基亚是占据主导地位的手机制造商，拥有超过 7 万名员工。这些"国家"阶段的公司最初都在新兴的"智能手机"市场中占据大致相同的份额。

2007 年，苹果公司推出了 iPhone，谷歌推出了安卓操作系统。三年后，他们主导了手机市场，而诺基亚陷入乱局，最终在 2013 年将手机业务出售给微软。在新市场中对新业务进行闪电式扩张的能力将苹果和谷歌与诺基亚区分开来，推动它们跃升为世界排名前两位的最有价值公司（截至 2017 年）。

创始人的角色变化

创始人在闪电式扩张过程中扮演的角色在每个阶段都会发生变

化（员工相对于创始人的角色也可能发生变化）。随着企业的发展壮大，领导公司所需的具体技能也在不断变化。

第一阶段（"家庭"）：创始人亲自拉动高增长杠杆

在公司的初期阶段，创始人必须对每件事亲力亲为，包括实施闪电式扩张方法。例如，如果你的企业依赖病毒式营销进行推广，那么你可能要亲自做每一件事，从撰写电子邮件邀请函到拆分打开率和转换率数据。

第二阶段（"部落"）：创始人管理杠杆拉动者

随着企业的发展壮大，创始人可能会开始管理一支员工团队。即使你仍负责一些具体工作，你创造的大部分价值也来自与团队成员合作并帮助他们提高工作效率。例如，如果你现在管理工程团队，可能仍然要做一些工作来维护你之前编写的代码，但工作重心应该是管理其他工程师并让他们开发新功能。

第三阶段（"村庄"）：创始人设计拉动杠杆的企业

作为创始人，转变到"村庄"阶段的过程可能很艰难，因为在这个阶段，你更难看到自己工作的直接影响。尽管你可能了解一线员工并与他们互动，但不太可能再作为他们的直接管理者。现在，你需要有大局观并专注于企业规划设计。对此不感兴趣或认为其没有吸引力的创始人可能会选择仍然做个人贡献者或团队经理。这也是公司从外部聘用高管的阶段，我们将在下一部分深入讨论这个问题。

第四阶段（"城市"）：创始人做出关于目标和战略的高层决策

当公司进入"城市"阶段时，创始人的任务就是做出重大战略决策。这些决策很可能具有战术意义，但现在由其他人负责解决这些问题。在脸书，马克·扎克伯格做出的关键高级决策之一就是停止新功能开发近两年，而专注于脸书的移动端产品。当他在 2012 年初做出这个勇敢的决定时，脸书已经深入"城市"阶段，拥有超过 4 000 名员工。他并没有亲自聘用加入移动端团队的开发人员，或设计新的移动端应用程序，但是他做出了艰难决定，然后对杠杆的直接拉动者负责。

第五阶段（"国家"）：创始人设法让企业从闪电式扩张中抽身，并开始新产品线和新业务部门的闪电式扩张

尽管管理"国家"阶段的公司与管理传统业务有一些共同之处，但即使你采用了某些传统管理方法，保持闪电式扩张也至关重要。例如，当史蒂夫·乔布斯回到苹果公司时，他既关注传统运营效率指标，又投资开发超酷的新产品。在传统管理方面，他削减了库存

并改善了苹果的财务管理，但他也推出了重要的新产品，比如 iPod、
iTunes、iPhone 和 iPad。

从战略到管理

当一家公司进行闪电式扩张时，其规模不断增至两倍甚至三倍，
因而很难使用传统管理方法，后者是为年增长率达到 15% 就算很高
的环境设计的。因此，成功的闪电式扩张公司必须进行管理创新，
以引导迅速壮大的公司度过成长中的阵痛。接下来我们将讨论具体
做法。

第四章

管理创新

有别于在达到市场主导地位之前刹车或垮掉的公司，全球巨头的关键特征之一是，前者能在每个增长阶段发展并优化其管理实务。我们将本章介绍的经过验证的方法分为两大类：第一类是八个关键转变，它们有助于指导公司完成闪电式扩张阶段；第二类是九条违反直觉的规则，它们颠覆了传统管理思维以应对闪电式扩张的疯狂增长步伐。

无论你是掌管一家公司，负责某个具体部门，还是领导一支小型团队，以下每种方法都可以为你提供指导，帮助你的组织从初创阶段进展到规模扩张阶段。

八个关键转变：从海盗到海军

第一个转变：从小型团队到大型团队

闪电式扩张组织要经历的第一个也是最明显的管理挑战是从小型团队变为大型团队。即使一家快速增长的公司试图采用由一群小团队构成的组织结构，也仍然需要一种截然不同的方法来实现其公司目标和计划。增长也不仅仅是开足马力的问题。从招聘、培训到沟通，员工管理的方方面面都必须适应闪电式扩张的不同阶段。

由于团队成员之间的私人关系和频繁联系，小型团队——在闪电式扩张的"家庭"阶段和"部落"阶段尤为常见——可以自发地非正式运作。这种灵活性使这些团队极具适应性，可以在公司获知新信息，必须调整战略和策略时迅速改变方向。

PayPal 处于家庭阶段和部落阶段时拥有一支灵活的小型团队，使我们能在公司成立的第一年内进行 4 次艰难的关键调整。当彼得·蒂尔、马克斯·列夫琴和卢克·诺塞克于 1998 年 12 月创建 PayPal（当时称为 Confinity）时，Confinity 打算成为一家使用马克斯的高效加密技术的手机加密公司。从此开始，该公司首先转向手机现金（第一次关键调整），然后转向通过红外线发射进行 PalmPilot 支付（第二次关键调整）。遗憾的是，希望以这种方式向彼此付款的 PalmPilot 用户网络并没有那么强大，所以我们再次调整方向并增加了电子邮件支付（第三次关键调整）。当年年底，我们发现了结算 eBay 交易的新兴市场，并将我们的产品开发工作转向服务于该市场（第四次关键调整）。

在短短 12 个月内，我们成立了一家公司，开发出一款产品，并进行了 4 次关键调整！我们之所以能做到这点，不过是因为每次进行关键调整时，公司员工只有 8~40 人，这使我们能轻松随着每次关键调整快速转变整体业务重点和策略。

企业进入"村庄"阶段之后，其组织结构必然包括更大的团队，例如通常分散在不同办公室和地点、有数十名员工的部门。这些大型团队不能自发地非正式运作；一个员工每年或许只能见某些团队成员几面，如果他们能见面的话。协调数十人乃至数百人的工作，并确保整个组织机构的整体目标一致，需要规划和正规流程，这常常让理想主义的创始人失望，因为他们对长期愿景而非日常管理琐事更感兴趣。

"为美国而教"（Teach for America）的创始人温迪·科普在这方面有过惨痛教训。在接受里德的"规模化大师"播客采访时，她告诉我们："我 28 年前开始创业时对组织事务不屑一顾。我只是认为到这里来的每个人都应该有使命感，我们不会有任何等级制度，并将向每个人支付相同的酬劳。大约 5 年后，我意识到如果我不埋头研究如何有效管理这种琐事，我们就永远不会实现目标！"

然而，除了简单的组织后勤之外，闪电式扩张组织的领导者需要战胜的主要挑战之一是这种转变对早期员工乃至创始人的心理影响。

在"家庭"阶段，通常情况是团队中每个成员都参与每项重大决策。从"村庄"阶段开始，这几乎是不可能的。员工忙于应付所在团队或地区的业务，其他部门的运作在很大程度上是一个谜。对于新员工来说，这种状况似乎是正常的，但对于早期员工来说，这种转变可能令人不安，他们感到自己曾经是内部人士，但现在却被视为局外人。答案是不要让这些员工参与每项决策，因为让员工参与每项决策是不合适的，而且在操作上也不可能。相反，你应该建立其他系统以帮助他们感受到与公司使命的联系。例如，《联盟》一书中概述了任期之旅如何让员工获得参与感。（请访问 alliedtalent. com 获取更多信息和资源。）

你还要在团队中加入不同特质的人才。我用军事史上的另一个案例作为类比来解释这种转变：海军陆战队攻下海滩，军队占领国家，警察治理国家。海军陆战队员好比初创企业的员工，他们习惯于在现场处理混乱情况和临时应变。陆军士兵好比规模化企业的员工，他们知道部队离开海滩后该如何快速占领并守护领土。警察好比稳定企业的员工，他们的工作是维持秩序而不是破坏秩序。海军陆战队和军队通常可以合作，军队和警察通常也可以合作，但海军陆战队和警察很少有默契合作。当你进行闪电式扩张时，可能需要为海军陆战队寻找需要攻占的新海滩，而不是让他们帮助巡逻现有海滩。

组织的扩张也可能产生关于职业预期的问题。我们后面将讨论的一个主题是随着公司发展壮大更换关键高管的需要。多数人拥有的技能和经验都能让他们在特定阶段达到最佳状态，而且并非每个人都能真正与公司同步成长。西蒙·罗思曼帮助 eBay 进行闪电式扩张时亲身体验到这一点。"人们有弹性极限，"他告诉我们，"在最初的 100 人中，只有少数人能随着企业进行规模扩张直到万人公司的阶段。很难预测谁会实现规模扩张。比我聪明的人并不一定能实现规模扩张。"

在硅谷，常能见到这样的事：一位高管专门负责将公司从零扩张到 100 万美元，而另一位高管专门负责将公司从 100 万美元扩张到 1 000 万美元。这可能会使早期员工感到沮丧，尤其是当他们原先领导某个具体部门，而现在公司聘请外部高管成为他们的上司时。这就是为什么预先树立正确预期很重要。显然，员工有机会实现事业发展和进步，但这不一定意味着，如果他们现在负责工程部门，那么当公司拥有 10 000 名员工并计划进行首次公开募股时，他们将成为工程部副总裁。他们的关注点应该放在职责而非具体头衔上。在"家庭"阶段负责工程"部门"的员工可能认为在"城市"阶段或"国家"阶段身为多名工程总监之一是降职，但你可以指出，在"家庭"阶段，她管理的是 3 人工程师小组，但现在她管理着 100 人的团队。鼓励员工少关注职位头衔，多关注每个任期的业务和经验，将使他们准备好在未来担任更重要的职责。

在向大型团队过渡的过程中，这个方面可能是最难管理的，但对于成功实施闪电式扩张至关重要。没人喜欢解雇创业元老，但是不妨这样想：如果你的高管不能实现规模扩张，你的企业也无法实现规模扩张。理想的解决方案是将早期员工派到既有助于其事业进步也有助于公司的新岗位上，但如果你必须在失去珍视的员工和让他在不适合的岗位上纠结之中选择一种，那么最好与他恳谈一番并友好告别，而不是听任这位员工乃至整个公司走向失败。

第二个转变：从通才到专才

另一个重要的组织转变是从通才到专才。在闪电式扩张的早期阶段，公司需要速度和适应性，这时聘用聪颖的通才非常超值，因为他们可以在不确定且快速变化的环境中完成许多不同的工作。但随着公司的发展壮大，需要转向招聘专才，他们的可替代性较低，但在对组织规模扩张至关重要的领域拥有专业知识。

这并不是说在闪电式扩张组织中没有通才的位置。事实上，引入专才的主要好处之一是，它让你重新安排有能力的通才来攻克最紧迫的挑战。

例如，当领英仍处于"部落"阶段时，我聘用的早期员工之一是马特·科勒。马特当时刚刚离开麦肯锡，他是个聪明的年轻人，希望进入初创企业。我明确将他作为通才招入，并且他刚一入职，就把他当作消防员来解决最迫切的问题。当时，我们需求最大的领域是招聘，所以马特的第一份工作就是领导招聘部门。他以前的教育背景或工作经验与这方面工作无关，但我知道他聪明而且斗志旺盛，我指望他担起重任。他在这个岗位上的表现令人钦佩，后来转而为我和脸书的马克·扎克伯格解决其他紧急问题。（现在，马特是风险投资公司基准资本的普通合伙人。）

谷歌甚至将通才的价值写入了其助理产品经理计划，这是玛丽莎·梅耶尔创立的一项计划，因为她认为，直接从大学招聘技术人员作为产品通才将招揽到灵活、适应性强的员工，他们可以满足组织的大量需求。如今，曾通过助理产品经理计划脱颖而出的杰出人才包括 Quip 的创始人、首席执行官（也是脸书的前首席技术官）布雷特·泰勒，Asana 的联合创始人贾斯廷·罗森斯坦，以及 Optimizely 的联合创始人丹·西罗克和皮特·库门。

专才也发挥着关键作用。以领英的前首席人力资源官帕特·瓦多思为例。帕特于 2013 年（领英增长过程中的"城市"阶段）加入领英，并帮助领英进入"国家"阶段（她最近离开领英，加入了我的朋友、eBay 前首席执行官约翰·多纳霍创立的 ServiceNow，重返"城市"阶段）。和马特一样，帕特很聪明，也很有才华，同时也是在 Viacom、默克（Merck）、雅虎和 Plantronics 等领先公司负责人力资源的专家。为"城市"阶段或"国家"阶段的公司管理重要部门需要深入的专业领域知识，这不是聪颖的通才能在几周内"搞定"的事。

虽然招聘专才是帮助你进行规模扩张的强大工具，但过早这样做很危险。专才只是在某方面具有专长而已。虽然他们的天赋足以使其完成专业以外的事，但重新给他们安排岗位所创造的价值很难比得上他们在专业范围内能创造的价值。例如，我毫不怀疑帕特非常聪明，可以学会 JavaScript 编程，但若让她放弃自己的工作，参加编程训练营并作为初级软件工程师加入 ServiceNow 的工程团队，我怀疑这并非明智之举。这是对帕特才华的平白浪费，而且对公司来说也可能是糟糕的财务举措。

此外，引进专才来管理或代替通才时发生的转变还可能打压组织的士气。哈佛大学商学院的兰杰·古拉蒂和艾丽西亚·德桑图拉在发表于 2016 年 3 月号《哈佛商业评论》的《存续下来的初创企业：如何对企业进行规模化扩张》中写道："对某方面专才的需求往往超过了早期员工通过自发学习跟上步伐的能力。因此，部门领导职位越来越多地由外部人担任，而元老们可能会心生不满。早期员工也可能对其职权范围不断变化和缩小感到气愤。并非每个通才都能够或者希望成为专才。通常，员工会感到沮丧并离职，带走他们建立的宝贵关系以及他们对公司使命和文化的默契理解。"

在许多情况下，你应该努力留住通才，无论是为了他们的文化和经验知识，还是为了他们解决新问题的能力。但是如果你做不到，而早期的通才决定离开公司，那么你应该努力与其保持积极关系，将他们当作公司人脉成员。你可以在我们的前一本书《联盟》中读到关于这个问题的更多信息。

在"家庭"阶段，你应该只聘用通才。你当然可以采用传统方法，从名牌大学招聘或聘用前麦肯锡分析师，但你也应该尝试关注曾就职于早期阶段的初创企业、负责过许多不同工作、取得过许多不同成就的人。他们可能出身平凡，但他们很擅长学习新事物和埋头实干。而且，早期业务变数太多，无法有效利用真正的专才的精细调整能力。即使在"部落"阶段，聘用专才也应被视为一个主要例外，例如，假设你需要一位专精于某个领域（例如数据科学或机器学习）的工程师。在"村庄"阶段，明智的做法是聘用专才作为高管和关键贡献者。在"部落"阶段，你希望员工的技能组合足够灵活，因而能与公司一起调整方向，但如果你拥有数百名员工，那么你最好具备关于公司及其发展方向的完善理论！几乎任何"城市"阶段或"国家"阶段的公司高管都是专才。但即使在这些最大、最新的阶段，你仍然应该聘用一些通才。

不妨将通才视为组织的"干细胞"。你的身体中有少量干细胞，它们可以根据需要变为各种其他类型的细胞。在大型组织中，你可能需要少数能根据需要执行各种任务的人才无论是探索新产品和技术，还是解决缺少明确解决方案的问题。

第三个转变：从贡献者到经理，再到高管

"经理"和"高管"这两个词经常可以互换使用。我们认为经理和高管扮演着截然不同的角色。这种混淆可能主要来自在早期初创企业中常常由同一个人担任经理和高管的倾向。但它们是不同的角色，即使由同一个人担任也是如此。

经理是为日常策略操心的一线领导者，他们制订、贯彻和执行详细计划，使组织能开展新工作或更有效地完成现有工作。

相比之下，高管的任务是领导经理。在多数情况下，高管不管理个人贡献者。相反，他们专注于愿景和战略。然而，他们仍然与一线员工保持联系，因为他们也负责组织的"奋斗精神"；他们需要成为榜样，帮助员工在不可避免的逆境中坚持下去。

高管和经理都是成功进行闪电式扩张所必需的，但他们在不同阶段扮演着不同角色。当一家公司处于"家庭"阶段时，可能不需要正式的经理。即使它确实需要正式的经理，这个职务通常也由创始人或首席执行官担任。随着公司发展到"部落"阶段，将需要经理来管理各种职能部门，例如工程部门和销售部门。这些经理可能是创始人，也可能是外部雇员。他们的主要目标是让一个小团队高效完成日常工作。

当公司到达"村庄"阶段时，将需要高管。如果没有高管来管理和领导多个经理，就无法协调有数百名员工的公司。假设某家公司拥有6个部门：工程部门、销售部门、营销部门、产品部门、支持部门和行政部门。如果每位部门主管管理10名直接下属，并且每

位经理直接向首席执行官汇报，那么在这种无高管安排下，最大员工人数将为 67 人（6 个部门各有 11 人，加上一位创始人或首席执行官）。这个数字仍然较小，因而管理得过来，但如果公司想要增长到更大规模，那么建立一个高管层级以保持平稳运营将变得非常重要。

"村庄"阶段的公司可能有数百名员工。仅工程部门就需要多个团队和团队领导，他们将向负责协调团队和设计工程部门整体组织结构的工程副总裁汇报。

我们在从小型团队向大型团队转变的部分中讨论的典型挑战之一是需要从组织外部招聘高管。这说明公司采用的方法发生了重大变化，在此之前，公司内部可能有晋升机会，以奖励成为自然领导者的早期员工。然而，在这些组织中，从经理到高管的转变通常比从贡献者到经理的转变难得多。每位员工都可能向不同风格和特质的经理汇报；首次晋升为经理时，他们可以利用这些经验来建立自己的管理风格。但是，当组织首次需要高管时，从内部晋升的经理无法利用与该公司高管合作的经验，因为公司没有聘用过高管。他们没有可供参照的榜样。

我们称这种情况为"标准的创业企业领导真空"，结果是缺乏经验的创始人发现自己不得不从外部聘用经验丰富的高管并使其融入企业。当这些创始人等到组织压力变得无法忍受再聘用新员工时，情况将变得更糟，因为这意味着所有领导者初来乍到时恰逢紧张情况和不确定性达到高峰。顺利完成这种转变的关键是思想开放：内部人员需要对新高管的外部想法持开放态度，而外部人员需要耐心了解他们到来前发生的事。

　　没有人生来就是高管，很少有人能从经理一帆风顺地转为高管。聘用外部高管可以将往往麻烦而昂贵的培训工作交给这些高管的前雇主代劳。然而，闪电式扩张公司不能只是聘用在类似规模或稍大规模的公司做过高管的人才。一家大公司的高管可能没有任何关于闪电式扩张甚至初创企业的经验。在一家有百年历史、年增长率为5％的公司管理百人部门，几乎无助于为你在一家每年规模扩大三倍的公司管理百人部门提供实际经验！与此同时，你也不希望聘用曾在规模大太多的公司进行过闪电式扩张的人才。正如我们稍后将讨论的，你聘用的人才应该具备现在需要的技能，而非你认为将来可能需要的技能。

　　当然，理想的做法是聘用过去曾就职于闪电式扩张初创企业，处理过贵公司目前面临的挑战的高管。这就是投资者对连续创业者更有信心的原因。硅谷公司享有的主要优势之一是历代规模迅速扩张的公司已经产生了大量拥有闪电式扩张经验的高管。然而，即使你找不到理想的人选，次优选择也是聘用曾经在一家迅速增长的公司中与成功高管合作过的经理，或者曾在更大、更传统的企业担任过高管，但在职业生涯中的其他时间也曾就职于闪电式扩张初创企业的高管。

　　以脸书为例。马克·扎克伯格聘用谢丽尔·桑德伯格，部分原因是她身为高管有过闪电式扩张经验，曾帮助她在谷歌的团队从几人增长到超过4 000名员工。在帮助脸书扩张到"村庄"阶段、"城市"阶段和"国家"阶段的过程中，谢丽尔所做的关键工作之一就是让其他具备规模扩张经验的高管担任重要领导职位，比如让迈克·施洛普夫担任工程副总裁，让戴维·埃伯斯曼担任首席财务官。施雷普在Mozilla 已经了解到如何扩张工程组织，他曾在那家公司负责大规模增长，此前还创建过自己的初创企业 CenterRun。戴维之前曾担任生物技术领导者 Genentech 的首席财务官，并且在赫赛汀（Herceptin）和阿瓦斯汀（Avastin）等热销药物的快速增长方面拥有第一手经验。

刘炽平为马化腾和腾讯创始团队的其他成员扮演了类似角色。马化腾及其联合创始人都是聪明的技术专家，但缺乏商业经验，尤其是在中国以外的地区。刘炽平曾在高盛工作，拥有国际商业经验，但至关重要的是，他还拥有强大的工程背景，因此可以与团队建立联系。刘炽平能为腾讯带来急需的组织最优实务，例如收入目标和长期计划。风险投资公司纪源资本（GGV Capital）的合伙人、与腾讯共同投资滴滴出行的童士豪称："这是极速增长的年轻公司急需的经验。"

另一个招聘外部高管的有用策略是战略性地结合外部招聘与内部晋升。在线艺术与平面设计市场 Minted 的玛丽亚姆·纳菲西意识到，她可以结合两个团队的优势来创建一支效率更高的管理团队。"从内部培养人选需要经年累月的时间，"她在斯坦福大学的闪电式扩张课上说，"对于我们不够强大的领域，比如财务和人力资源，我们会招聘人才并聘请外部专家。至于我们的独门强项，比如众包，则从内部培养人才。我们的艺术与文具副总裁就是在内部成长起来的，而我们的财务副总裁兼首席人事官则是从外部招聘的。"

即使外部高管具备必要的闪电式扩张经验，他（她）仍然可能因为不适应企业文化而失败，这被称为"移植排斥"现象。从其他公司聘用高管时，你可以而且应该考虑某些问题，以帮助确保移植人才"适应"宿主文化。

擅长这些方法的大师之一是格雷洛克合伙公司的风险资本家、Mozilla 公司的前首席执行官约翰·利利。约翰在 Mozilla 担任首席执行官时，领导实现了惊人的快速增长；他在该公司的前 6 个月里，员工人数增至原来的 3 倍。考虑到 Mozilla 的初始规模较小，这种增长需要从外部招聘高管（"移植人才"），这尤其具有挑战性，因为该公司强大的工程驱动文化（"宿主"）对外人向来持怀疑态度。约翰能成功做到这一点，是因为他采用了公司聘用他时采用的三步流程。

首先，聘用至少被一名团队成员所熟悉的人才。约翰被他的前任米切尔·贝克聘为 Mozilla 的首席执行官。两人曾在某个董事会共事而相互结识，米切尔对约翰的个人背书对 Mozilla 团队来说很有分量。同样，约翰在斯坦福大学认识了施雷普，并曾在自己的初创企业 Reactivity 与他共事，之后他在 Mozilla 聘用了施雷普。

其次，让新高管从较低层级干起，让其证明自己。约翰给自己的头衔是"业务发展与运营总监"，当他向现有团队证明自己的能力和价值之后，才担任更高职位。当他雇用施雷普时，采用了相同方法，起初任命施雷普为"工程总监。"约翰指出，一旦施雷普有机会证明自己，"所有人就会很快清楚施雷普极为自信，他经手的一切都有起色"。这种有目共睹的成功使他理所当然且无可争议地晋升为工程副总裁。

最后，一旦高管赢得团队信任和声誉，就可以考虑提升他（她）了。约翰聘用的另一位高管丹·波蒂略最初负责进行招聘，但事实证明他非常有价值，因此他被提升为人力资源副总裁，并受邀出任人力资源部门负责人。如今，丹在格雷洛克担任类似职务。

随着你的公司从"村庄"发展为"城市"甚至"国家"，你仍然需要聘用高管，这既是因为规模增长要求你在一线经理之上增加层级，也是因为你的高管并不总是具备扩张到下一阶段所需的能力。但是，一旦你的公司拥有可以担任榜样和导师的成功高管，你就可以开始提拔与这些来自内部的成功高管合作过的优秀经理。当脸书发展壮大时，引入像谢丽尔·桑德伯格这样经验丰富的高管至关重要，但今天脸书的所有主要产品领导几乎都是从内部培养的。

2016 年，兰杰·古拉蒂和艾丽西亚·德桑图拉在《哈佛商业评论》中写道，尽管企业家通常不愿建立将员工分为高管、经理和贡献者的等级制度，但这种正式结构对于增长是至关重要的。

创建初创企业时，许多创始人因其平等主义理想而回避等级制度。但随着公司规模扩大，越来越多的员工向少数领导汇报。创始人可能认为这能让他们保持指挥权，因为所有决定都要通过他们。但具有讽刺意味的是，随着权力集中成为阻碍信息流动、决策制定和执行的瓶颈，他们的组织开始失控。少数几个顶层领导无法有效监督每个人日益专业化的日常工作，在这种系统中，实现组织目标的责任将无从落实。

古拉蒂和德桑图拉引用了 Cloudflare 公司的例子，Cloudflare 的创始人曾公开承诺建立一个没有等级或职位头衔的完全扁平化的组织。虽然创始人做出这一决定是出于值得称道的原因——首席执行官马修·普林斯认为，取消职位头衔可以防止早期员工在公司日后聘请经验更丰富的员工时感到"被降职"，但是结果很糟糕，正如汤姆·艾森曼和亚历克斯·戈登在一篇哈佛商学院案例研究中记录的："在截至 2012 年 7 月的 3 个月中，该公司的 35 名员工中有 5 人辞职，一些人指出该公司缺少清晰的中层报告结构，而且人力资源部门无所作为。他们称，如果他们认为某些工作（例如与软件或编程标准相关的业务）需要改变，没有人可以求助（除了骚扰创始人）。"

闪电式扩张公司需要有组织，不只是为了协调众多资源和业务，还为了最大限度地提高速度。公司的集体学习速度，尤其是领导团队的集体学习速度，决定了其预测未来趋势的能力，而其内部结构的优势，尤其是一线团队的优势，决定了其根据这些关键预测迅速采取行动并抓住竞争优势的能力。

第四个转变：从对话到广播

在闪电式扩张期间，变化最大的一个领域是内部沟通流程。随着公司的发展壮大，你必须从非正式、面对面的个人对话，转变为正式的电子"推送"广播和在线"拉动"资源。你还必须从默认共享所有信息，转变为决定哪些是保密信息，哪些是可共享信息。如果你无法制定有效的内部沟通策略，你的公司就将脱节并开始崩溃。

在"家庭"阶段，整个公司通常在同一屋檐下，甚至可能在同一个房间工作。因此，信息可以自然而然地传播而无须任何额外干预，可能传播速度比你想要的还快。当你有疑问或需要反馈时，只需从椅子（或者平衡球、跑步机办公桌）上探出身来说："嘿！有人知道……吗？"

这种"草原犬鼠"式沟通自然、快速而有效。所有人仍然在做同一项工作，因此这种打断可能是切实相关且（或）有效率的（如果有必要，戴上耳机就可以轻易忽略）。你在这个阶段可能面临的最大挑战是让少数远程办公的员工跟上进度。因为其他团队成员很容易彼此沟通，所以你必须努力不断与远程办公的员工保持沟通，以使他们跟上其他团队成员的步调。Slack 这种沟通工具不仅提供了让所有团队成员在相同条件下参与的媒介，还可以进行异步通信，这有助于克服时区差异。一些公司采取的另一种方法是使用 Skype 或 Google Hangouts 等工具发起全天候视频会议，以模拟置身于同一个房间的环境。

即使你的公司发展成为一家全球巨头，这些非正式联系仍然是沟通过程的关键部分。人类是社会动物，同事和队友之间保持联系需要经常对话。

然而，早在"部落"阶段，你就需要开始实施补充一对一对话的流程。例如，几乎每家"部落"规模的初创企业都会每周举行公司例会，尽管效果差异很大。每周例会是将整个公司召集到一起的最有效机制，也是公司领导向其在工作中不直接接触的员工传达重要信息的最有效机制。

"部落"会议应该组织周密，提前提供议程和其他材料，以便与会者可以进行互动讨论，而不是干坐着听高级主管讲话，或者更糟糟的是，耐着性子看文字密密麻麻的 PowerPoint 幻灯片。目标不应该是在这些会议上做出决策（除非会议主题是每个人都能够且应该参与的，比如在哪里举行节日派对）；相反，它是为了尽量提高聪明人的参与程度，并确保每个人都感觉自己的声音被听到。作为领导，你应该征求整个公司对重要问题的意见，但不能放弃自己的责任，只依靠群体共识做出艰难决策。

最好的"部落"会议应该包括这样一种仪式：它不只是围绕着枯燥老套的公司业务，而是能帮助员工更好地了解彼此作为普通人而不仅仅是同事的一面。例如，叶参与的一家快速增长初创企业在每次公司会议中都留出一部分时间，让一名员工做名为"了解我"的自我介绍。这让每个人都可以深入了解"街区新生儿"，比典型的欢迎电子邮件有用得多。显然，这种活动只适用于"部落"阶段，"家庭"阶段的公司没有必要这样做，而更大的公司永远没有时间以这种方式介绍每位员工。

当一家公司发展到"村庄"阶段时，光是后勤工作就会使召开公司会议（通常称为"全体"大会）变得困难。即使公司尚未发展到有多个办公地点，也可能很难找到能容纳数百名员工集会的空间。为公司周会租用外部礼堂既昂贵又不切实际。正确做法通常是将这种会议的节奏降到较低频率，例如改为月度例会或季度例会，并利用视频会议等技术将不同办公地点的员工召集到一起。

一种有趣的方法是让所有员工都使用电话会议服务，而不是让总部员工独享更优的面对面交流体验。例如，在资产管理公司黑石（BlackRock），即使部分员工可以聚在一间会议室里，某些会议也是通过电话会议进行的，以使所有员工都处于平等地位。

借助消除后勤挑战的技术，公司全体大会很容易扩大规模；即使公司扩展到"城市"阶段和"国家"阶段，这些广播技术也可以为其效力。在领英，你可以观察其全体大会来跟踪公司的发展。随着企业的发展壮大，这些会议从公司自助餐厅转移到礼堂，如今还包括全球实时视频转播。全体大会需要安排正式的提问时段，以便员工可以询问所需信息并感到自己参与了决策过程。在领英，我们的每个办公地点都有会议主持人收集向管理层提出的问题。

此时，创始人或首席执行官还需要有意识地建立广播频道，以覆盖可能感觉不到和公司领导者的个人联系的偏远地区员工。当然，在"村庄"阶段，公司人数可能超过邓巴数字（任何一个人可以保持稳定关系的人数），而创始人根本没有时间逐个面见每位员工。例如，如果公司规模为 500 人，那么即使你在日程表中安排每天进行两次一对一员工会议，并花时间造访公司的每间办公室，你仍然要花 8 个月才能接触到每位员工，这不足以建立牢固关系。

创始人和首席执行官并非总能适应向"一对多"沟通的转变。快速增长的支付公司 Stripe 的联合创始人兼首席执行官帕特里克·科利森造访我们在斯坦福大学开设的闪电式扩张课时，描述了他如何适应这种感受：

> 最大的变化是需要正式、明确的广播沟通。这感觉很不自然，出于某些原因，对我而言尤其如此。合理解释这种变化的部分方法是认识到初创企业不是一种自然环境。最优做法感

受起来并不一定自然。你所属的社交群体通常不会每年增长100%。新人没有经历过以前所有折磨人的讨论。这可能是好事，但他们也少了这种共有体验，所以这是一种微妙的平衡。

在爱彼迎，布莱恩·切斯基每周日晚上向每位员工发送一封长电子邮件，以满足这种需求。切斯基的电子邮件不只是罗列关键绩效指标，这些指标可以在某个面板上轻松查看；相反，切斯基分享了他对心目中重要的公司问题的想法。这种广播沟通篇幅详尽、重点突出，有真情实感，可以让每位爱彼迎员工了解切斯基本人以及他关注的事。

经常向所有员工发送电子邮件是一种常见的最佳做法。闪电式扩张大师帕特里克·科利森和 YouTube 的希希尔·梅赫罗特拉也采用这种方法管理他们快速增长的公司。"我坚信每周写一封电子邮件是有用的，"希希尔在斯坦福大学的闪电式扩张课上介绍道，"写信的领导者倾向于处理较少的沟通问题。你必须以截然不同的方式阐明你的思考过程。如果你只是开个会并说'好吧，我们都决定了'，人们就会私下乱猜。"

如果你无法克服写作的不适，那么可以定期录制并群发语音邮件或短视频。这些广播可以由小型一对多活动作为补充，例如首席执行官访问某地分支机构时的问答环节，或者与当月新入职员工共进早餐。Zynga 的马克·平卡斯周一早上就与所有当周新入职员工一起边喝咖啡边聊天。电子通信非常适合建立定期联系，但面对面互动对于建立更深层次、更有情感共鸣的关系仍然很重要。里德·黑斯廷斯完全不在办公室里满足这种需求，而是在网飞的大厅和会议室里闲逛。

随着你的公司不断发展壮大并在行业中发挥越来越重要的作用，你可能需要对公司的更多敏感信息保密。你可能不会将银行余额告诉所有员工，或让员工随时了解最新筹资活动的曲折。更多秘密文化可能会在"部落"阶段或"村庄"阶段起步，但随着公司临近上市，即使是最开放的企业文化也必须朝这个方向迈进。

第五个转变：从灵感到数据

"数据在公司规模扩张方面的作用是什么？"接受里德的采访时，亚马逊的杰夫·贝佐斯讨论了他如何让数据成为其管理流程的关键组成部分。"如果这是根据观点做出的决策，那么我的观点会赢，"杰夫说，"然而，数据优于观点，所以让我们用数据说话。"杰夫忠实地遵循这条政策。有一次，他认为亚马逊的客户永远不会回答潜在客户关于产品的问题。他认为摩擦太大了。产品团队没有试图通过华丽的辞藻和论证来改变杰夫的观点，而是用电子邮件将产品问题发送给最近购买过某种产品的 1 000 名亚马逊客户并跟踪回复情况。这个简单实验得到的数据改变了杰夫的想法，而由此产生的"客户问答"板块通过提高转换率增加了数十亿美元的销售额。

数据是任何公司决策的生命线，但当数据被用来为产品设计提供信息，或者获客营销是主要推广策略时，数据就尤为重要。例如，我在格雷洛克的同事乔希·埃尔曼在推特工作时，需要设法让推特用户积极使用该服务。通过分析数据，他得以确定，月活跃概率为90%的"核心用户"每月至少有 7 天使用推特。进一步分析表明，这些用户与较不活跃用户的区别在于他们关注了 30 个以上其他推特用户。一旦埃尔曼理解了这些数据，推特就能鼓励新用户关注更多账户，并且在 60 天内，推特就得以将日活跃用户与月活跃用户之比提高到 50% 的目标以上。

多数公司从"家庭"阶段和"部落"阶段开始，进行的分析相对较少（它们可能为估计市场规模做过分析，但很少从实际客户那里获得大量数据）。在这个阶段，你将推出新产品，而不是微调现有流程。你不需要分析面板来了解人们是否在使用你的产品。如果客户不使用你的产品，面板就不会告诉你如何改变方向。换言之，如果你没有顾客意见可听取，你的最好选择就是听从自己的直觉。

但正如哈佛商学院的兰杰·古拉蒂和艾丽西亚·德桑图拉在《存续下来的初创企业：如何对企业进行规模化扩张》中指出的，这种方法无法进行规模化扩张，二人认为："即兴发挥是年轻企业不可或缺的一部分，它们就是这样发现新事物的。然而，随着公司的发展壮大，它们需要计划和目标框架作为指导。通过这种方式，它们可以继续尝试新事物并对市场动态做出反应，同时着眼于更大的目标并维持业务。否则，即兴发挥基本上就等于漫无目的的重复。"

当你的公司以惊人速度增长时，你已经处理了许多未知事务，所以尽可能追求确定性是合乎情理的。为了更轻松地从灵感（或即兴发挥）转变到数据，从基础开始是有帮助的。你可以跟踪一些关键统计数据，例如用户数量（注册用户数量、应用程序下载量、零售顾客数量，等等）、流失率和原始参与度。当塞利娜·托巴科瓦拉于 2009 年加入 SurveyMonkey 时，她不得不迅速建立该公司的数据基础设施。"2009 年之前没有数据分析，"塞利娜向我们在斯坦福大学开设的闪电式扩张课介绍道，"仅有的只是一份每日现金报告。我坚信，公司整体上落后于人的指标不能多于 3~5 个。我们选取的关键指标包括免费用户数量、成为付费用户的免费用户数量，以及用户参与率指标——调查次数和答卷返回率。"

有时，即使一个指标也能告诉你很多信息。在 YouTube，希希尔·梅赫罗特拉决定用观看时间作为唯一的明确指标。"我们的目标是日观看时间为 10 亿小时，"他说，"那时，我们的日观看时间是 1 亿小时。脸书的数字大约是我们的两倍。电视整体的日观看时间为 55 亿小时……选择单一的明确指标非常困难，但它使决策和成功要素变得明确。"

无论你选择哪种指标，其信息都必须易于获取，并提供清晰的背景。尤其是当公司仍然是人力有限的小而精组织时，非常值得投资于支持数据驱动的快速决策所需的基础设施。从技术上讲，基于文本的日志文件有可能提供你需要的所有数据，但是如果每次必须有人手动将这些处理为用户易懂的图形，那么处理者将迅速停止使用该数据来推动决策。重要的不是收集的信息，而是向决策者传达的信息。

随着公司的发展壮大，关键统计数据也将随之发展。对于数据，你不能简单地"设置完就抛诸脑后"。随着规模的扩大，预测业务长期可行性的关键指标可能会大相径庭，尤其是在环境变化迅速的情况下。鉴于此，你对"长期"的定义将发生很大变化。在"家庭"阶段，下个月通常就被视为"长期"，而"国家"阶段公司的计划可能长达数年。在领英，我们开始时重点关注用户注册数量，将其作为我们的关键统计数据，但是用户长期参与度以及其他一些统计数据在今天更为重要。

这并不意味着你应该抛弃所有旧指标，保持连续性也很有价值。例如，Minted 的玛丽亚姆·纳菲西告诉我："关键是从开始就提出一贯性问题，不要随着时间推移改变它们，因为这是比较指标随时间变化的唯一方法。我们从开始就一直使用净推广者分数（一种客户忠诚度指标，用来衡量客户向他人推荐某种产品或服务的可能性）。

请注意埃里克·里斯称为"虚荣指标"的数字，这些数字呈现出一片欣欣向荣之象，但并未真实反映关键的增长驱动因素。请注意，一家公司的虚荣指标可能是另一家公司的关键驱动因素。例如，页面浏览量是大多数初创企业的虚荣指标，但也是媒体公司的关键驱动因素。在里德的"规模化大师"播客采访中，Blogger、推特和 Medium 的创始人埃文·威廉姆斯称，在推特创建之初，他的团队被一个非常有害的虚荣指标所蒙蔽。推特因鼓励开发人员利用其应用程序编程接口开发程序而备受媒体赞誉，而埃文的团队为推特每天处理的应用程序编程接口调用量迅速增加而欢欣鼓舞。不幸的是，他们发现应用程序编程接口调用量实际上与业务成功无关。事实上，情况恰恰相反；大量应用程序编程接口调用使推特的基础架构难以承受，导致了可扩张性和效能问题。"我们发现，许多基于我们的应用程序编程接口进行开发的开发人员效率非常低，"他回忆道，"一家墨西哥广播电台的网页上有个糟糕透顶的 JavaScript，仅仅那一个网页就让我们崩溃了！"推特不得不收紧其应用程序编程接口访问规则以减少调用量。

无论你选择哪些指标，当组织规模仍然很小时，数据通常通过个体员工之间的渗透来传播，并在公司周会上定期复核作为补充。你不需要花哨的商业智能工具或专门团队。

然而，一旦公司到达"村庄"阶段，渗透将不再有效。现在，员工做的是多线程工作，而组织（已超过邓巴数字）太过庞大，以至于做不到所有人都相互了解。使用通用面板不仅能让你查看线程如何相互连接，还能协调不同团队的工作。通过面板，每个团队都可以告诉其他人："这就是我们现在的工作，这就是我们的工作方式，这就是我们与你们其他人合作的方式。"

几乎所有高质量的"村庄"规模企业都将使用面板评估公司的日常健康状况。公司面板将显示你希望跟踪的内容，并确保你敏锐地意识到突然发生的变化，以便快速调查任何意外情况并指派负责人或团队采取行动。

在"城市"阶段和"国家"阶段，你几乎肯定需要一支专门的商业智能团队，以确保向需要支持和执行关键决策的人员提供必要数据。风险是如此之高，错误决策的成本也如此之高，相比之下，专门团队的费用是微不足道的。

马克·平卡斯对他在 Zynga 的商业智能团队投入了大量资金，这使该公司能跟踪其游戏中的每次点击，而不是像大多数竞争对手那样依赖 Google Analytics。"人们会说，Zynga 有 50 人从事分析工作，而另一家公司只有 10 人从事分析工作，"马克接受里德的"规模化大师"播客采访时回忆道，"Zynga 一定很笨。实际上，收集这些数据可以让我们更快地进行和评估我们的投资。"

除了向现有业务部门提供数据和见解之外，许多业绩最好的公司还建立了专门的增长团队，将营销、产品和工程结合起来，以推动和协调对这些见解的回应。多数公司，即使是竞争激烈的消费者互联网行业中的公司，仍然认为进行大量 A/B 测试并相应更新换代就足够了。这是一种有效的策略，却也是一种糟糕的战略，因为局部优化不一定能导致全局最优结果。专门的增长团队可以放眼全局，并了解产品和营销决策如何相互作用以产生（或不产生）预期结果。按照格雷洛克的乔希·埃尔曼的说法："最好的增长团队将确定核心理念，让用户从'好奇'用户转为'活跃习惯'用户，并通过设计让产品中的每个功能和程序，包括作为整个产品一部分的非软件功能，都能帮助用户更快越过这个障碍。"

增长团队还有助于将增长放在第一位，而不是第二位或第三位。埃尔曼喜欢将典型的营销团队比作狄更斯式孤儿，它向产品团队和工程团队乞求资源："先生，能请你给我另做一个登录页面吗？"任何推动增长所需的产品变化或工程基础设施，无论具有多高的潜在价值，通常最终都会退居产品团队或工程团队自身路线图的次要地位。相比之下，增长团队的工程师行动速度要快得多，因为构建可扩张和可扩展的测试基础架构是他们的核心工作内容。

建立数据能力时，你面临的挑战之一是，战略可能消失在数字背后。数字可能无法衡量企业的真实健康状况或揭示你面临的真正主要威胁。例如，如果领英每周都要向所有员工发送电子邮件来提醒他们更新领英个人资料，那么这种做法将在短期内提升个人资料的编辑次数。但这也是一个可怕的策略，因为它会惹恼用户并降低用户体验。

谷歌的乔纳森·罗森伯格讲述了盲目管理这些数字如何导致Excite@Home误入歧途。Excite@Home统计了其主页上每个元素的点击量。如果某个元素看上去没有达到点击量目标，Excite@Home就会使该元素在视觉上更加突出。换言之，为了试图达到点击量目标，主页团队强调了最不引人注目的元素，同时弱化了最引人注目的元素！

这就是为什么你可能需要结合定量分析和定性分析。我们的朋友约翰·利利喜欢区分"天才驱动设计"（例如苹果）和"数据驱动设计"（例如谷歌）。这两种方法各有优缺点。数据驱动设计非常适合通过增量改变优化产品，它可以引领你成为本地市场的领导者，但不是业内最优秀的企业。天才驱动设计可能是打造革命性产品的唯一方式，但通常需要以数据驱动改良作为补充。

第六个转变：单一重点到多线程

随着公司的发展壮大，产品重点也将发生重大变化，从单线程方法变为多线程方法。这句话的意思是，处于闪电式扩张早期阶段的初创公司通常是单一产品公司，专注于把一件事做得极好。但为了使公司在后期阶段保持增长，规模化企业需要管理多个产品线甚至业务部门。

我们没听说哪家成功的初创企业开始时不是采用单线程方法。在公司成立初期，这种专注力是击败更大竞争对手的关键。多年来，人们一直告诉 Dropbox 的德鲁·休斯敦，谷歌的秘密"鸭嘴兽项目"（最终作为 Google Drive 推出）将搞垮他的公司。休斯敦发现这些宣言比恫吓更令人讨厌，因为他知道专注于一件事的力量。在接受里德的"规模化大师"播客采访时，他解释道：

> 对于像谷歌这种百务缠身的公司来说，得到下一位优秀工程师需要苦苦等待很久。如果你负责第 35 号项目——这大概是 Google Drive 在任务列表中所处的位置，那么你的团队需要等待很久才能获得优秀人才。当你考虑将 11 名球员放到场上与一家大公司较量时，你实际上可能拥有巨大的人才优势。不是因为谷歌没有优秀的工程师，而是他们可能拥有比你更好的工程师。但该项目的领导者是一名中层产品经理，对他来说，这只是梯子的下一级。而作为创始人，你会更加尽心尽力，你的团队因此也会更加尽心尽力。

如今，Google Drive 推出几年后，Dropbox 的用户和付费用户仍继续增长——"Dropbox 杀手"也不过如此。

即使是多次转变方向的公司，就像 PayPal 在创立首年所做的那样，也需要保持专注，尤其是当它们将注意力和精力从一个项目转移到另一个项目时。我在格雷洛克的同事、客户服务软件初创企业 Gladly 的联合创始人兼首席执行官约瑟夫·安萨内利告诉企业家："在你的主飞轮开始工作之前，不要尝试第二个渠道。多数成功的公司都主导着一个渠道。"

向多线程的转变通常发生在闪电式扩张的"城市"阶段。一旦公司拥有超过 1 000 名员工，组织规模就足以支持建立多个分部或业务部门。虽然转为分散化组织使协调不同的分部或业务部门变得更加困难，但促进这种转变的关键原因是它允许每个团队专注于特定线程。你的团队需要不懈追求某个特定目标的能力和人力，要求一个团队分出时间兼顾两个不同业务线可能导致两者都失败。

当主线程是已经成熟的业务线时尤为如此。查尔斯·A.奥莱利三世和迈克尔·L.图什曼在他们发表于《哈佛商业评论》的文章《双元组织》中，将"利用"和"开发"区分开来。成熟的业务线专注于有助于利用已知市场的增量创新，而新线程专注于更激进的创新和探索新市场机会。他们分析了 35 次在 9 个不同行业中开发新线程的尝试，发现这些尝试最可能在"双元"组织中取得成功，在这些组织中，新线程被作为结构独立的部门，但被整合到现有管理结构中。换言之，新线程的领导不仅有创新自由，还能与高层领导协调以利用来自更成熟线程的现有资源和专业知识。

在组织中实行多线程方法可以解决单线程方法不易解决的问题。例如，在领英，我们知道我们需要解决用户参与度问题。领英作为简历数据库极具价值，但作为领先的专业人士社区将更有价值。挑战在于弄清如何建立日常使用案例，使其有助于领英用户的职业生涯，并鼓励他们持续使用该服务，而不只是在希望换工作或聘用新员工时才使用。

我们尝试了许多单线程工作来应对这个挑战。我们一个接一个地推出新功能，例如面试人才推荐引擎和专业问答服务，但它们都没有理想地解决问题。我们的结论是，这个问题可能需要瑞士军刀式方法，针对多组用户设计多个使用案例。毕竟，有些人可能想要消息推送，有些人可能想跟踪其职业进展，有些人可能热衷于继续教育。幸运的是，领英已经发展到可以支持多线程的规模。我们重组了产品团队，以便每位产品总监都能专注于用某种不同方法来解决参与度问题。尽管没有哪种方法被证明是万能良方，但综合使用这些方法显著改善了用户参与度。

多线程方法会产生明确的成本。有人渴望尽快跳到多线程阶段，因为他们认为这会增加其竞争带宽。实际上，做出这个决定时你应该深思熟虑。谷歌这种公司为各部门提供了很大自由，因此不同的产品和服务无法无缝契合。谷歌的许多服务都很强大，足以凭自身取得成功，这意味着它们的成功没有受到多线程的影响，并非因为多线程而取得成功。

相比之下，苹果高度集中的方法使其能生产高度整合、精益求精的产品，但结果是使自身的产品线范围局限得多。当然，这是有意为之，史蒂夫·乔布斯一直希望尽可能接近单线程运营，以保持苹果的目标统一性。乔布斯在 1997 年重返苹果担任首席执行官时着手做事之一就是将该公司的产品线从数十个减少到一个简单的 2 × 2 矩阵：家用台式机、专业台式机、家用笔记本电脑和专业笔记本电脑。"决定不做什么与决定做什么同等重要。"他告诉他的传记作者沃尔特·艾萨克森。乔布斯的另一件著名逸事涉及苹果公司的一次外部战略会议，苹果公司最优秀的 100 名员工奋战了一天，将苹果公司的战略减少到 10 个关键优先级，此时乔布斯划掉最后 7 个并说："我们只能做 3 个。"

通常，你应该在战略上有必要时开始添加线程，并对多线程对公司重点战略、资源效率等的负面影响进行实际评估。

在领英，我们做出了建立多线程收入模式的明确战略决策，尽管硅谷的传统观点是坚持单一收入模式。我们的收入流被批评为是"大杂烩"，比如专业订购费、职位列表费和招聘官产品的企业许可费。确实，这种战略存在重点不清的成本，但我认为我们没有足够信息来选择单一收入来源并使其足以达到预期业务规模。支持多种收入的多线程方法既可以降低战略风险，又可以帮助我们扩大规模。

做出这个决策的一种重要方法是既要考虑机会大小，也要考虑其获利潜力。如果你有一个 10 亿美元的机会，那么投入更多资源并勉强获得 5% 的收益（5 000 万美元），比培养一个收益率为 1000% 的百万美元新机会（1 000 万美元）更有意义。这就是为什么让 10 个最优秀的员工从事一个重要项目而不是让他们分开跟进两个不同机会通常更好。例如，AdWords 对谷歌而言是一个巨大的收入驱动因素，即使微小的百分比增长也会对利润产生巨大影响。

相反，当与核心机会相关的收益潜力下降时，多线程通常适于争取更好的增长机会。eBay 可以被视为不同市场的集合。虽然 eBay 最初的业务领域是收藏品，但通过多线程方法扩展到汽车和服装等不同市场，对于其达到目前的规模至关重要。腾讯创建微信也是积极采用多线程方法的例子。

假如你决定对你的公司采用多线程方法，那么最优管理方法是将每个线程视为一家不同的公司。对于每个线程，你需要确定一支领导团队（"联合创始人"）并建立激励结构，使其能以极大独立性运作并从成功中受益，而不会让现在的经理嫉妒不已，以至于使公司四分五裂。这总是充满挑战！

在更复杂的情况下，成功采用多线程方法需要具备创业动力，而有这种动力的人通常希望创办自己的公司，或将他们的技能应用到公司的主线程上。要让这些员工保持积极性，一种方法就是让不同线程分别处理不同项目，这相当于在主线程"平台"上运行各种"应用程序"。通过指出在平台上开发程序的好处，就很容易回答"为什么我不该创办自己的公司"这个问题。这种结构还使管理多线程变得更容易，因为它减少了各线程发生冲突的可能性。

多线程的激励措施必须反映出每个线程的成功，同时让每个线程的领导者始终为其他所有线程取得成功做出贡献。如果没有这种平衡，不同线程就可能对资源展开自相残杀式的争夺，而领导团队可能会优先考虑次要线程的成功而非整个公司的健康状况。你希望给领导者一个理由让每个线程都运转起来，但不是牺牲其他线程的利益；换言之，你希望每个线程的"所有者"都像整个公司的所有者一样思考。设计糟糕的激励措施会使关闭一个线程几乎不可能，即使该线程的表现很差，因为其领导者可能会竭尽全力地保持它运行。

你可能只想将每个线程视为一家控股公司中的独立子公司。毕竟，对于伯克希尔－哈撒韦公司首席执行官沃伦·巴菲特来说，这种方法不就奏效了吗？区别在于，伯克希尔－哈撒韦旗下的公司是彼此独立、互不竞争、产生现金的企业，具有独立运营历史和完整的管理团队。相比之下，当闪电式扩张公司开始建立多线程时，这些多线程仍然是附属部门，可能彼此竞争，可能消耗相同的现金池，并且没有独立运营历史。

我亲眼见过一位以超凡技巧处理这些问题的人，他就是领英前产品总监，现在任职于软银的迪普·尼沙尔。迪普建立了领英的不同产品线程，并对产品领导实行专业管理，通过任务网络建立更广泛的主人翁意识。每个产品领导都是主线程的所有者，但也有部分责任和收入来自支持其他产品领导的工作。这产生了另一个任务层级，使领英"控股公司"的所有成员都更加齐心协力。

第七个转变：从海盗到海军

这个关键转变是从单纯进攻到同时进攻和防守的转变。更诗意的说法是，这是从海盗到海军的转变。它需要战略演进以及公司文化演进。

几十年来，科技企业家一直很喜欢成为海盗。与关于初创企业的许多经典比喻一样，已故的史蒂夫·乔布斯让初创公司和海盗的联系深入人心。安迪·赫茨菲尔德是一位传奇连续创业者，他曾在苹果公司工作并帮助设计了最初的 Macintosh，并在他的网站 Folklore. org 上讲述了这个故事。Lisa（丽萨电脑）发布后不久，乔布斯将

Macintosh 团队召集到公司外举行会议,在那篇著名的开场词中,他将三条"乔布斯语录"作为该项目的指导原则。

1. 造一艘真正的艺术家之船。

2. 当海盗比加入海军好。

3. 最晚于 1986 年做出"书本型 Mac"(Mac in a book)。

受乔布斯的话启发,Macintosh 团队做了一面自制海盗旗,配有经典的骷髅头和交叉骨,用彩虹色的苹果标志贴纸作为眼罩。海盗形象继续与初创企业广泛联系在一起,以至于有线电视网 TNT 用《硅谷海盗》(*Pirates of Silicon Valley*)来命名它于 1999 年发行的一部电影,这部电影讲述了史蒂夫·乔布斯(苹果)与比尔·盖茨(微软)之间的激烈竞争。

现实是,许多初创企业都像海盗一样:它们缺少正式流程,愿意质疑甚至破坏规则。这种灵活性在建立一家优秀公司的早期阶段至关重要。海盗不会召开委员会会议来决定敌舰逼近时该怎么做,他们只会迅速果断地采取行动,并且愿意冒险,因为他们知道不这样做就会死。

早期阶段的初创企业也处在全面攻势,对更大的成熟竞争对手展开游击战。它们习惯于出其不意快速打击,并承担成熟公司不能或不愿承担的风险。在闪电式扩张的早期阶段——"家庭"阶段和"部落"阶段,更容易冒险,因为你没有太多可以损失的东西。正如克里斯·克里斯托弗森作曲、贾尼斯·乔普林等人演唱的那首歌中所说："自由只是一无所有的代名词。"

但如果你的海盗生涯大获全胜，你最终将赢得大笔财富和领地来实现闪电式扩张，达到"村庄"阶段、"城市"阶段和"国家"阶段。此时，即使是最顽固的海盗，也必须将海盗旗换成合法、纪律严明的海军旗帜。如果他们不这样做，组织就将陷入混乱。

最终，杰克·斯帕罗船长必须成长，开始表现得更像清醒而负责任的皮卡德船长（Captain Picard）。

这种转变可能颇具挑战性。创始人和早期员工经常抗拒改变他们的方法；毕竟，难道不是这些方法带来最初的成功吗？此外，企业家往往有叛逆倾向；天生的规则遵守者不一定总能在混乱、"快速变化和打破常规"的初创环境中表现良好。但无法实现从海盗到海军的转变则可能导致灾难。

道德海盗小注

在继续讨论之前，我们需要花费一点时间来揭开"海盗"一词的部分内涵。在书本和屏幕上，描述海盗的方式无非两种，一种是可爱的流氓，另一种是反社会罪犯。除了在电影海报上形象更突出以外，可爱的流氓有一个关键特征，那就是尽管他（她）可能质疑和打破文明社会法则，但仍坚守个人道德准则，尽量不伤害他人。可爱的流氓愿意打破规则，但仍然遵守道德。他（她）是道德的海盗或"好"海盗。相比之下，顾名思义，反社会罪犯的行为方式纯粹是自私的，他（她）打破规则，不加思索地伤害他人以牟取物质利益。

　　虽然初创企业及其创始人可能从道德海盗这种行为中受益，但他们绝不应像反社会罪犯一样行事。除了这种方法是违反道德的，从实际角度看，你也无法以歹徒身份建立一家改变世界的公司，而且从歧途重返主流社会非常困难。当社交媒体会迅速聚焦不道德行为，而这种行为可能会永久损害公司声誉时，情况尤为如此。一旦触犯法律，你的客户既不会原谅，也不会忘记。

　　评估你是道德海盗还是反社会罪犯的关键方法之一就是自问："我是为了每个人改变规则，还是为了让自己逍遥法外？"在PayPal，我们打破了规则，但我们这样做是因为我们努力为每个人制定一套更好的规则。我们认为我们的行为是道德的，因为尽管我们在技术上可能违犯了某些银行法规的条文（我们始终认为我们不是银行，但并非每个人都同意这一点），但我们相信从长远来看，一旦我们说服世界改变规则，这些做法将是合规的，并且世界会因此变得更好。历史证明我们是对的。对我们所谓的海盗心态感到不安的各方——eBay、银行、监管机构，如今都看到了PayPal的价值。通过为每个人改变规则，我们为Square和Stripe等其他支付公司铺平了道路，而这些公司进一步完善了移动支付领域。

　　规则不是圣经，它们的存在是为了让世界变得更美好，因此如果你能改进规则，就应该这样做。另一方面，规则之所以存在，通常是有原因的。违反规则时你需要有谦逊之心，并认识到你可能无法了解所有后果。打破规则并不总是作弊，但它始终是高风险活动，因此需要谨慎和同情心。

　　如今，有一个既存在道德海盗，又存在不道德海盗的领域。

这个领域就是比特币等加密货币和作为融资工具的首次代币发行（ICO）的快速发展。创造加密货币以及持有 ICO 的初创企业正在合法的灰色地带经营，可能会违反规则。其中一些初创企业是道德海盗，他们正在努力为每个人改变规则。还有一些初创企业则是反社会罪犯，他们只不过想在机会之窗关闭之前尽可能多捞钱，以免落于人后而遭殃。如果市场热度足够，这两种类型的初创企业都可能在短期内赚钱，但只有道德海盗才能把生意做得经久不衰，而且只有道德海盗才会对世界产生积极影响。

加入海军

当你的公司到达"村庄"阶段时，就是时候开始考虑更像海军而不是像海盗那样思考问题了。

这是什么意思？也就是说，你需要开始遵守规则，还可能希望考虑进行防守。到目前为止，你的唯一重点是进攻。毕竟，如果你没有客户，还需要担心怎么留住客户吗？但现在你应该问："我们怎样才能把竞争挡在门外？"进行更多闪电式扩张通常就是答案。成为首个规模扩张者可以帮你获得客户、锁定投资者并吸引最优秀的人才。

我希望想出新鲜有创意的防守方式时，喜欢问我的团队："如果我们试图与自己竞争，会怎样做？如果我们是初创企业会怎样做？如果我们是谷歌、脸书、微软呢？"你也可以征求外部人士的意见，比如咨询独立董事或利用人脉情报。

在"城市"阶段，防守常常成为重点。建立新的竞争优势往往非常困难。你应该专注于加强现有的市场地位。最佳做法包括以下几种。

　　首先，尝试建立标准。硅谷的一种经典做法是从应用程序转为平台，以便吸引用户利用和巩固你的平台（从而利用兼容性的网络效应）。Salesforce.com 的 Force.com 生态系统就是一个很好的例子。在 Salesforce 平台上可以开发第三方应用程序，Salesforce 因此受益于"力量倍增器"。Salesforce AppExchange 上有超过 2 800 款应用程序，国际数据公司（IDC）的研究显示，Salesforce 生态系统产生的收入是 Salesforce.com 本身收入的 2.8 倍。这意味着尽管 Salesforce.com 的收入"仅为"84 亿美元，但其平台给它带来了一家价值 320 亿美元公司的经济影响。

　　其次，提供更完整的解决方案，并尝试占据竞争上风。我喜欢说："两个竞争者都拿着一杯水，试图打翻对方的杯子。"换言之，如果你的竞争对手突然开始免费提供其核心产品，你的核心产品还能赚钱吗？

　　有意思的是，中国和硅谷在闪电式扩张的"城市"阶段对防守的这种关注不尽相同。在中国，公司将派团队去做任何有吸引力的业务；但在硅谷，人才非常宝贵，而且还有其他许多进攻任务，因此公司往往无力采用快速跟随者战略。这意味着，非常实际地讲，中国比硅谷更具竞争力，尽管我预计随着时间的推移，中国在这方面将变得更像硅谷。

　　在"国家"阶段，从海盗到海军的转变已经完成。（如果没有，要么是你没有到达"国家"阶段，要么是你没有完成转变，而你的"国家"处于混乱之中——正如 2017 年的优步。）

在这个阶段，收购通常对于防守战略变得重要，即使不是至关重要。你可以收购创新技术和团队，然后在它们进行扩张时为其提供大量资源。这就是谷歌对安卓进行闪电式扩张的方式。谷歌在2005年收购了安卓，当时它只是一家22个月大的小型初创企业，正在研发一种新型手机操作系统。谷歌让安卓创始人安迪·鲁宾聘请更多工程师来完成该产品，同时利用其市场实力和声誉建立了开放手机联盟（Open Handset Alliance），这是一个推广安卓系统的联盟，其中包括硬件制造商三星、HTC和摩托罗拉，电信运营商Sprint和T-Mobile，以及芯片制造商高通（Gualcomm）和德州仪器（Texas Instruments）。凭借这一支持，安卓系统在2008年秋季推出后迅速增长。2010年，安卓系统的手机出货量超过iPhone，每年达到10亿多部，现在占全球智能手机单位出货量的近80%。

收购是你在"国家"阶段中规模最大的攻防战。不妨想想某些关键收购如何为收购者赢得主要市场。YouTube、Instagram和WhatsApp的收购都是攻守兼备。收购YouTube，让谷歌从失败的谷歌视频项目中恢复元气，但它也避免了YouTube落入微软等竞争者手中。收购Instagram和WhatsApp帮助脸书防住了移动领域竞争者的入侵，但它们也使脸书成为移动领域的领导者。

财务战略也可以成为竞争战略。例如，苹果的现金储备使其能快速行动并为任何收购支付现金，这是竞争性招标程序中的两个关键优势。

最后，你可以命令海军特遣队发动声东击西的攻击，这种攻击几乎无法获得战术优势，但有助于整体战略形势。例如，微软需要推出搜索引擎与谷歌竞争，尽管它不太可能占据太多市场份额，因为谷歌正在针对微软开发生产力应用程序。在这个阶段，你应该试图让对手防守其每一寸领土，因为如果你成功，它们的战线将被抻得太薄而难以抵御你真正认为重要的攻击。

只需记得，留下一些船来抵御那些烦人海盗的袭击！

从船长到海军司令

撰写本书时，共享乘车公司优步是硅谷最有价值的初创企业（在全球排名第二，仅次于中国的滴滴出行），尽管在 2017 年大部分时间，它频频出现在一些严重问题和丑闻的报道中。

其中一些问题是由于明显不道德的行为，包括内部问题，比如前优步工程师苏珊·福勒爆出的性骚扰事件；以及企图破坏自由竞争、监管和媒体的各种外部手段，比如建立虚假账户挖走竞争对手 Lyft 的司机（由 The Verge 报道）、开发软件（Greyball）以阻止执法部门和监管机构访问该服务，以及当时的首席运营官埃米尔·迈克尔建议该公司花钱聘请专门研究竞争对手的研究人员来恐吓记者。

无论公司这样做时处于何种规模或阶段，这种行动都是不可接受的，并且理所当然受到了广泛谴责。

然而，即使优步从未参与上述不道德行为，该公司仍然会面临真正的问题，因为它不愿放弃海盗式战略（其中许多在早期属于良性战略），尽管它的规模和范围要大得多。

2017 年 9 月优步董事会选择达拉·霍斯劳沙希担任该公司新首席执行官时，对优步肯定是有帮助的，因为达拉在开展稳健经营方面享有当之无愧的声誉（换言之，他是典型的海军军官）。但同样重要的是，他曾经成功帮助Expedia成长为一家价值200亿美元、拥有2万名员工且实现盈利的企业巨头，这家公司既被誉为业内管理最佳的公司之一，也被誉为平衡工作与生活的绝佳场所。

虽然达拉将在优步处理许多宣传得天花乱坠、广为人知的事务，但他最大的挑战，也是最大的机会，是引导优步度过从"海盗"到"海军"这段困难但关键的转变。为了建立更友好的企业文化并停止一流人才的大规模跳槽，赢回司机和乘客的忠诚度，结束困扰公司的官司，优步的新首席执行官需要表现得更像海军司令而不是海盗船长。所有初创企业都认识到保持小规模的价值：有创新力、敏捷、专注、易于权衡结果与过程。所有成功企业家都希望这样保持小规模。但最成功的规模化企业既能设法保持小规模的优点，又能获得大规模的优点。

当达拉在2017年11月重新规定优步的文化规范时，他试图取得这种平衡。他在领英网站的一篇帖子中宣布了这一变化。

随着我们从不惜一切代价追求增长的时代走向负责任的增长时代，我们的文化需要不断发展。我不是抛弃一切，而是专注于保留行之有效的做法，同时快速改变无效的做法。

我们在此向员工宣布，这就是我们秉持新文化价值观所采用的方法。我们的价值观定义了我们是谁以及我们如何工作，但我从许多员工那里听说，一些员工根本不代表我们想要的那种公司。

达拉坚信企业文化必须是自下而上形成的，他没有在会议室关起门来提出一套新的价值观。相反，他要求员工提出如何改善优步企业文化的想法。超过 1 200 人提出了他们的想法，针对这些想法进行了超过 22 次投票。

达拉公布的新文化规范反映出他的不同方法，即使其用语很简单。这种新文化没有强调"独狼"信条，比如"永远一往直前"，而是强调团队，用"我们"一词作为每条规范的开头：

我们欢迎不同。

我们笃行正道。

我们当家做主。

我们敢拼敢闯。

达拉煞费苦心地在优步大胆进取的"道德海盗"价值观中加入"海军"价值观，比如责任感和笃行正道，在这一点上他功不可没。

但是，文化变革虽然是必要的，但还不足以将海盗团伙变成真正的海军。当优步这种大型组织的首席执行官从一艘海盗船的船长转变为纪律严明的海军舰队的司令时，一些完善的技术和方法有助于使这种转变更加顺畅和有效。例如，如果你正在打造一家全球性企业，那么你需要落实三个关键要素。

第一，一批负责各自全球市场并对其有强大行政控制力的经理。

第二，了解这些市场的差异，从而制订出在每个市场实现增长的各种计划。

第三，一支统一的高管团队，负责协调全球运营，包括管理各国业务的每位经理的活动。

前两个要素涉及分权式指挥结构，它让各舰"舰长"可以在经营中保持创业活力。第三个要素涉及集权式员工队伍，它可以帮助"海军司令"协调舰队行动，以获得最大影响。

对于前两个要素，优步实际上做得很好。优步的总经理就像各舰舰长，他们独立行动的能力帮助优步开发出峰时定价（这是在波士顿市场上进行的一项独立实验）等创新。优步的失败之处是它没能落实第三个要素：一支统一的高管团队。当你有一群强大的舰长，但海军司令不能或不愿组建员工队伍帮助自己实际管理舰队时，你最终仍将沦为海盗团伙。

令人遗憾的是，没能建立统一的高管团队是常见情况。一些企业家发现，他们很难接受组织结构增加和正式员工自由度减少；他们中许多人创办公司正是因为他们不喜欢在大型组织中工作的感觉。记者亚当·拉辛斯基在他关于优步的书《狂野之旅》（*Wild Ride*）中，描述了优步的特拉维斯·卡兰尼克如何看待他在这家大公司的舵手角色：

> "我运营公司的方式使我感觉它并不大。"（卡兰尼克）说着，沿用了他最喜欢的比喻：他把一天当作一系列需要解决的问题……"我想说，人们总是想让自己的公司感觉起来很小，"他说，"你需要建立机制和文化价值观，使你感觉公司尽可能小。这就是保持创新和快速的方式。但是在不同规模上做到这一点则要采用不同方法。当公司规模超小时，你只需掌握'部

落'知识就能快速行动。但是，当公司规模超大时仍采用'部落'知识就将产生混乱，实际上这会使公司发展非常缓慢，所以你必须不断发现秩序与混乱之间的界限。"

卡兰尼克的话揭示出海盗对经营大型组织的不适。拉辛斯基写道："他显然认为，自己作为首席麻烦解决官与作为首席执行官的重要性旗鼓相当。"但是，尽管作为首席麻烦解决官或许很适合他的个性，但在"城市"阶段或"国家"阶段，过多参与具体问题可能是对首席执行官时间的浪费。

换言之，卡兰尼克做的是自己喜欢的事，而不是公司需要的事。

聘用管理团队的目的是以更具可扩张性的方式解决公司问题。首席执行官应该是轮毂，高管团队应该是将首席执行官与一线经理和员工联系起来的辐条，而一线经理和员工则在轮胎与道路的接触面上工作。卡兰尼克试图成为轮毂和辐条，而不是帮助公司建立在没有他个人监督的情况下完成任务的能力。这种功能障碍的另一个症状是卡兰尼克取消高管会议的习惯。如果不花时间聚在一起，管理团队很难建立团队文化或协调众多公司议案。强大的高管团队会定期召开会议，重点关注最重要的议案和问题，包括积极的未来规划。根据《福布斯》（Forbes）2018 年的一篇文章《优步内部通过哈佛式"大学"修复企业文化的努力》，优步的领导力与战略高级副总裁弗朗西丝·弗赖将管理团队缺乏凝聚力称为该公司面临的最大问题之一。这篇文章称，"优步的高管不是作为一个团队工作，他们只与监督所有人的卡兰尼克有一对一关系"。

卡兰尼克认为保持小规模可以帮助公司保持创新和快速，这绝对没错，但公司并非总能保持小规模。最好建立可以多次更新换代的组织结构，而不是尽可能推迟扩大公司规模的时间，并在"某天"来个巨大飞跃，实现转变。

换言之，你必须制定可规模扩张的管理策略。即使像拉里·佩奇这样的聪明人也在谷歌早期受过这种教训；他试图在没有管理层的情况下运营谷歌的工程部门，让全部400名员工直接向当时的工程副总裁韦恩·罗辛汇报工作。这项实验的失败说服他让当时的首席执行官埃里克·施密特在谷歌建立真正的组织结构。

任何特定管理结构都可能是暂时的。你不能像管理"部落"一样管理"村庄"，也不能像管理"村庄"一样管理"城市"。但如果没有管理结构，你就无法进入下一个增长阶段。

卡兰尼克对"大规模"优步的不适，导致他因循守旧地采用功能失调的组织结构。由于缺少团结的管理团队，优步的运营模式似乎使经理们为晋升而争斗，苏珊·福勒在其个人博客中将其描述为"夺取王座的政治斗争"：

> 这些政治博弈产生了严重后果：项目被随处抛弃，OKR（目标与关键成果）每季度多次变更，没人知道公司每天的优先任务是什么，而且几乎没有任务能完成。我们都过得胆战心惊，生怕团队被解散，重组另一个团队，而我们不得不开始又一个无法在截止日期前完成的新项目。公司陷入了彻头彻尾、无休无止的混乱。

优步试图聘请经验丰富的高管，比如塔吉特（Target）公司的杰夫·琼斯，来扩大管理层规模，但结果他们纷纷辞职而去，而不是为公司带来改变。仅在 2017 年上半年，优步就失去了 8 位副总裁或部门总监。

相比之下，像脸书和亚马逊这样的公司，以及像马克·扎克伯格和杰夫·贝佐斯这样的领导者，找到了成功从外部招募领导者并将他们与现有团队成员结合以改变和巩固组织的方法。脸书提拔了内部员工，比如首席产品官克里斯·考克斯（他 2005 年从斯坦福大学退学后加入脸书担任软件工程师），但同时也招入了谢丽尔·桑德伯格和迈克·施科洛普夫这种与公司发展理念相容的外部人才。杰夫·贝佐斯的高级副手，比如杰夫·布莱克本和安迪·雅西等人都是亚马逊的元老，但他也招入了来自 AlliedSignal 的杰夫·威尔克和来自沃尔玛的前首席信息官里克·达尔泽尔等重要的外部人才。即使在公司规模很大时，这些外部人才也有所助益；微软收购领英的好处之一就是将杰夫·韦纳和首席技术官凯文·斯科特纳入微软的高管团队。

随着你的海盗船和追随者队伍的增加，你需要有意识地将它们打造成一支训练有素的海军。舰队需要强大的舰长和强大的集权式员工队伍，以协调和利用其创业活力。

每个成功的创始人和每个成功的组织都必须经历这些变化。但正如优步发现的，闪电式扩张使这些变化同时变得更加困难（因为它们必须快速发生）且更为重要（因为投资速度的内在风险超过投资效率的内在风险）。

第八个转变：自身规模化：从创始人到领导者

所有创始人都需要一些通用技能来取得成功。他们需要有能力冒险追求在别人眼中并非顺理成章的愿景。他们需要有能力学习（因为他们试图做全新的事），并且在初创企业变为规模化企业的过程中发挥长期作用，他们作为创始人需要有能力习惯并解决不可避免的矛盾。当我请 Dropbox 创始人德鲁·休斯敦回顾他的经历时，他告诉我："我认为很多企业家开始时对他们不了解的事很缺乏安全感。但不应该被它吓怕，而是要利用它，利用这种紧张的能量去学习并完善自身。你必须将个人学习曲线保持在公司的增长曲线之前。"

保持一定谦逊心和全局感可以帮你在公司进行闪电式扩张时转变角色。如果你真的希望进行闪电式扩张，那么速度必须优先于一切，包括你的自尊。

只有三种方法可以让自身规模化：放权、扩大影响力以及完善自身。

放 权

你能找到、聘用和管理优秀人才，然后将工作交给他们，以便腾出精力应对只有你能应对的挑战吗？许多创始人都非常有才华，他们一旦开始执行任务就很难放下。他们经常会想："其他人能否像我做得一样好？"答案几乎肯定是："不会，尤其是一开始，但他们可能会逐渐摸出门道，就像你一样。"

由于马克·扎克伯格和布莱恩·切斯基等创始人的个人才华和辛勤工作，初创企业顺利起步，但它们通过闪电式扩张成为脸书和爱彼迎等公司巨头，是因为这些创始人学会了如何放权。

放权最重要的方面之一，通常也是创始人面临的最大挑战之一，就是聘用高管并交出部门领导权。例如，许多伟大的创始人都是产品方面的人才，由于其在产品上的天分，实现了最初的产品/市场匹配性和成功。但随着公司的发展壮大，这些创始人几乎总是需要聘请一位高管来接管产品部门——这份工作太重要了，以至于创始人无法兼顾。

我用来克服这个挑战的一种重要方法是将员工看作一个个活生生的人，而不是写在纸上的职位。例如，当你想到"产品总监"这个抽象的词时，可能很难想象这个不露真容者比你做得更好。但是当你想象某个具体的人（比如爱彼迎的乔·扎德）时，就会茅塞顿开："哇，想想让这样的人负责我们的产品团队该多棒。"聘用这种杰出人才可能很难，因为在当前公司干得好好的优秀高管很难被挖走，但试一试总没坏处，至少，你可以将他们作为很好的参考，与你实际考虑招聘的人才进行比较。

扩大影响力

除了将你的工作交给别人做，你能否聘用能够扩大你的工作影响力的人才？这里的目标不是让你从自己的工作中解脱出来去做其他事，而是为了让你做的事更有影响力。这实际上是我在自己的生活中努力发展和完善的领域之一。

与许多创始人和高管一样，我有一位出色的行政助理赛义达·萨皮瓦帮我安排日程和后勤工作。但我发现我可以进一步采用扩大影响力的理念。例如，我是硅谷首批从政治和成熟公司领域借用"参谋长"概念的初创企业领导者之一。与传统助理甚至专业助理不同，你的参谋长应该扩大你的业务影响：他（她）应该是商人，不仅可以为你做出某些决策，还可以筛选出你必须自己做出的重要决策。参谋长还可以确保提前"简要介绍"所有想与你见面或互动的人，以便你们在一起的时间尽可能高效。在我们开始合作之前，我的首任参谋长本·卡斯诺查是成功的作家和企业家。我的第二任参谋长戴维·桑福德曾在领英与我共事，也是一名企业家（还是餐馆老板！）。事实证明，本和戴维比我更善于安排我的生活，自从他们开始扩大我的工作影响力以来，我的工作效率明显提高了。为了更多地了解参谋长的角色和价值，我建议你阅读本的文章《里德·霍夫曼的 10 000 小时》（10 000 Hours with Reid Hoffman），这篇文章登在他的个人网站 Casnocha.com 上。

一旦你开始懂得扩大影响力的力量，就可以找到很多方法来实现自身的规模化。例如，你需要做的一件事就是处理关于你的公司、你的行业和整个世界的信息。我的团队中有一名兼职研究员名叫布雷特·博尔考伊，他的工作是寻找关于特定主题的最优信息，从而帮我学习新事物并回答关键问题。另一个重要的团队成员伊恩·阿拉斯帮我完成了著述的视像摘要等创意项目。他为我的书《至关重要的关系》（The Start-up of You）做的幻灯片已经被观看了近 1 500 万次。这就是扩大影响力！

我不是唯一这样做的人。马克·扎克伯格有一个庞大的团队帮他管理社交媒体沟通事务，这样当他在旅行中与人见面时，就能充分地发挥人际互动的影响。

可信赖的员工、自由职业者，甚至外部顾问团队都可以成为你的放大器。与这种关系的官方性质比起来，获得你信任的协助更为重要。

完善自身

因为你的公司在进行闪电式扩张的同时迅速增长和变化，所以你必须明白如何以相同速度完善自身，这样才不会成为阻碍公司发展的瓶颈。正如我们的朋友杰丽·陈所说，"创始人没有职位描述。如果他的角色没有改变，那就有问题了"。

由于你在闪电式扩张的每个阶段都要面对新挑战，因此你必须把自己变成学习机器。我的朋友埃隆·马斯克就是一个很好的例子。他攻读斯坦福大学应用物理学博士时中途退学，因为他认为凭自学可以学到更多东西！他通过学习火箭学和汽车制造创办了 SpaceX 和特斯拉。那么，你如何加速学习曲线以提高学习速度？正如艾萨克·牛顿所说，关键在于站在"巨人的肩膀上"。

这意味着要经常与其他聪明人交谈，这样你就可以从他们的成功和失败中吸取教训。从别人的错误而非自己的错误中学习通常更容易，也没那么痛苦。当我需要了解一个新问题时，我肯定会如饥似渴地读关于这个问题的书，但我几乎总是争取与该领域的顶尖专家对话，作为阅读的补充。爱彼迎的布莱恩·切斯基——另一架神奇的学习机器——做的事与之类似，他向谢丽尔·桑德伯格和沃伦·巴菲特等导师征求建议。布莱恩在斯坦福大学的课上说："如果你找到了正确的信息来源，就不必阅读每份资料。我必须学会寻找专家。我想学习安全方面的知识，于是我找到了中央情报局的前任局长乔治·特尼特。即使你见不到最优秀的人，也可以阅读最优秀的书。"布莱恩将这个建议谨记于心，他通过刻苦钻研沃尔特·迪斯尼等伟大企业家的传记得到了许多想法。

另一个寻求指导的有用方法是获取专家的帮助，这些专家可能不如谢丽尔·桑德伯格等世界级专家出名，但近期曾面临（并解决）类似问题。在接受里德的"规模化大师"播客采访时，Dropbox 的德鲁·休斯敦介绍了他如何尝试向经历相同的企业家同行学习：

> 你要与其他企业家交流。不仅是著名企业家，还有领先 1 年、2 年、5 年的企业家。你将从这些人身上学到非常不同而重要的事。因为竞争将悄无声息地从一个阶段变化到下一个阶段，所以培养长期战略感很有帮助。

除了寻求临时帮助之外，我认为系统地向他人学习也是个好主意。我建议企业家建立个人顾问委员会或"董事会"，他们可以提供建议并帮你填补知识空白。例如，我有一群非正式顾问帮我了解对我来说很重要的领域，包括非常具体的问题，比如病毒式传播或人才管理。如果你真想有朝一日对一家公司进行闪电式扩张，就应该将你的导师想象成董事会。你应该定期向他们汇报进度，并询问他们如何才能做得更好。每个人都需要反馈。比如，布莱恩·切斯基喜欢说："为了得到反馈，我不在乎脸面。"他和我每个月都定下一天共进晚餐，分享我们学到的东西并提供反馈，等等。利用这种董事会，可以帮助你管理风险并增加行动的潜在优势。

这听起来可能很麻烦，但重要的是给自己留出时间和空间进行反思和听取反馈。你很容易被无休无止的待办事项缠身而忽视重要的事。这是我从马克·扎克伯格和谢丽尔·桑德伯格那里学到的经验之一。马克和谢丽尔每周一刚上班和每周五快下班时都会见面，无论他们多忙或者出现其他任何事。周五的会面尤为重要，因为这让他们有时间回顾这一周并反思学到的东西。

你可能觉得自己无法从繁忙的日程中抽出时间完善自身。毕竟，你可能认为，每个人都指望着我呢。这种感觉虽然很自然，但会适得其反。网飞的首席执行官里德·黑斯廷斯在斯坦福大学的闪电式扩张课上警告说："（当我经营 Pure Software 时）我感觉自我投资是自私的。我想：'我应该工作。'我受邀加入 YPO（青年总裁组织），但我想，'我一天也抽不出来'。我太忙了，只顾砍柴却忘了磨刀。我应该花更多时间和其他企业家在一起。我应该做瑜伽或冥想。我不懂完善自己就是帮助公司，即使我没在工作。"另外，当你效仿花时间完善自身的行为时，也会鼓励公司其他人建立学习文化。

九条反直觉规则：让火焰燃烧

对一家公司进行闪电式扩张并不容易；如果很容易，那么每人都会这样做。和世界上大多数有价值的事物一样，闪电式扩张是逆势而为。要取得成功，你必须违反许多旨在提高效率和降低风险的管理"规则"。事实上，为了在面临不确定性和变化时实现积极的增长目标，你需要遵循一套新规则，这些规则公然违反商学院教授的内容，并且完全与早期阶段初创企业或经典企业管理的公认"最佳实务"背道而驰。

第一条规则：欣然接受混乱

通过年度计划、收入预期等，传统企业努力维护管理、运营和财务业绩的秩序和规律。这种对秩序和规律的渴望是有道理的，因为它让公司可以对方法进行微调，使其尽可能高效，并让股东感到安稳放心。但是，当你进行闪电式扩张时，需要明确选择牺牲效率来提高速度，这意味着传统上对秩序和规律的关注需代之以欣然接受某种程度的混乱，这种混乱甚至能吓退哈佛的 MBA 学生和教授，因而愿意这样做的人很罕见。

当你创办一家公司时，从产品 / 市场匹配性到竞争格局，再到未来团队的构成，几乎所有事都是未知的。精心规划也无法消除所有这些不确定因素，它们多数只有通过实践才能解决。因此，即使你知道仍有问题需要解决，也必须采取行动（有时你甚至不知道这些问题究竟是什么）。例如，许多企业家在确定市场进入战略之前就开始打造产品。

然而，成功并非唾手可得；被动屈服于混乱不是取胜策略。另一方面，欣然接受混乱意味着接受不确定性的存在，从而采取措施来管理它。如果你知道自己会犯错，答案就是不要坐等答案来找你，也不要在没有准备或事先谋划的情况下莽撞行动。即使并无确定性，你仍然可以根据概率估计做出明智决策。而且，最重要的或许是，你可以确保自己有能力纠正错误。

我之前的一本书《至关重要的关系》介绍了"ABZ计划"这一有用的概念。企业家应该始终有A计划、B计划和Z计划。A计划是你当前最好的计划；B计划是基于"相邻可能"的替代计划，如果A计划不起作用或你了解到更好的机会，就可以变更为该计划；Z计划是让你在最坏情况下存续下去的兜底计划。ABZ计划为你提供了多个从错误或挫折中恢复的机会。

在我的第一家初创企业SocialNet中，我们很高兴能聘请到一位出色的服务器工程师（A计划）。当他要求将入职日期推迟一年时，这种喜悦变成了恐惧！毋庸置疑，一家初创企业不能搁置一年，即使你有钱等待，失去动力也可能让大多数团队退出。我们不断寻找其他优秀的服务器工程师（B计划），但是当我们找不到时，我们仍然要求其他团队成员尽力而为，继续开发这项服务，因为我们知道以后必须重建这项服务（Z计划）。

即使你设法聘到了想要的人才，当组织根据市场反馈而变化时，你也经常不得不让他们分身于不同角色和职位。我们认为PayPal是移动加密产品，因此聘请了相关人员，然后Paypal迅速转型为手机钱包，再然后是PalmPilots钱包，之后是PalmPilots之间的支付工具，最后是电子邮件支付工具。如果我们的员工只做"移动加密工程师"

这种职责清晰的工作，我们就不可能实现这些转变。

以 PayPal 的主要早期员工之一杰米·坦普尔顿为例。我们聘请杰米来开发产品，但在短短三年时间里，他的工作重点根据公司需要从产品转到工程、系统，再转到政策。杰米正是你在早期需要的那种愿意欣然接受初创企业混乱状况的员工，这也是我确保他在领英创办初期加入我们的原因。

第二条规则：聘用合时的人才，而不是合适的人才

在硅谷历史上的大部分时间，初创公司聘用高管的传统做法是迅速引进一位可以进行规模扩张的高管。这意味着聘用有大型公司经验的人才，这种想法认为他们的经验会在后期派上用场。

在今天的初创企业中，这条规则不再适用。优胜劣汰的竞争如此激烈，以至于你的公司需要在目前的规模扩张阶段"全力以赴"。你需要"恰好适合"当前增长阶段的经理和高管，毕竟，这样你就不必担心团队无法帮助公司走到下一阶段。聘用曾管理 1 000 人的人才来管理一家 10 人公司实际上会适得其反，因为在这两个阶段取得成功所需的技能截然不同。

当然，理想情况是聘请不但能在当前阶段出色完成工作，而且这种出色表现能延续到下一阶段的高管。但这种"可扩张性"应该是次要考虑。主要考虑是当前价值。你可以等公司临近下一阶段时，再考虑是沿用某个高管还是换人。

例如，企业家有时被建议不要聘用销售人员，直到他们招揽到

一名证明自己能将公司销售额扩大到 1 亿美元的销售副总裁。这是废话。促成超高增长的销售人员与实现规模扩张后需要的销售人员完全不同。当你的公司第一次尝试销售产品时，需要积极进取、适应性强、不会死守规则的销售人员。当你的公司达到一定规模时，将需要考虑周全、注重过程、可以使公司顺利运转的销售人员。你找不到两者兼长的人才。

评估潜在员工时要注意的一件事是，他（她）能否意识到自己擅长和喜欢这个过程中的哪个阶段。例如，有些人容易被早期阶段的公司吸引，在那里他们将有更多机会承担多种多样的责任。还有些人喜欢早期阶段的公司，可能是因为他们乐见作为关键个人贡献者或重要团队领导者产生的直接切实影响，而不是作为全职经理或高管处理截然不同且更抽象的工作。我认识一些才华横溢的人，他们更喜欢加入早期阶段的公司，因为尽管他们不想接受身为创始人的挑战，但用音乐剧《汉密尔顿》（Hamilton）里阿伦·伯尔的话说，他们确实希望"亲身见证历史发生的一刻"。

很少有人同时擅长作为个人贡献者、经理和高管，即使是稀世人才也往往有偏好的角色。经验丰富的硅谷专业人士通常清楚自己偏好的阶段和角色，因为闪电式扩张公司异军突起使人们有机会体验更多不同阶段。这些不同阶段的重复经验让员工将注意力集中于最适合自身的技能和理想岗位。

聘用合时人才，也意味着知道何时让不再合时的人离开。例如，一位出色的设计师可能在"家庭"阶段或"部落"阶段有精彩的个人表现，但作为大型设计团队一分子的工作效率较低。

在领英，符合合时人才描述的重要员工之一是明娜·金。明娜是一位非常有成就的专业人士，她能在初创公司的特定阶段开辟出有价值的利基市场。明娜的专长是推出成功的软件产品并帮助它走向全球。她拥有一套非常特殊的技能，这些技能是她在可以追溯到 .com 时代的漫长职业生涯中积累起来的。她准确知道软件开发和产品团队需要做什么才能使互联网软件——从数据库模式到用户界面的种种领域——适应不同的语言和市场。然后，她会与一个跨部门团队合作，在向全球推出产品之前做出这些改动。要找到如此完美满足需求的人才并不容易，你不能只是打开领英网站并输入"偏好的闪电式扩张阶段"进行过滤。（虽然仔细想想，这种做法可能不是一个坏主意……）你可能不得不依靠你的人脉提出建议，这正是投资者和董事会的用武之地。但是当你找到合时人才时，她可以为公司增加巨大价值。

这正是明娜在领英为我所做的，正如她在加入领英之前为 Overture 和 eBay 所做的，这也是她离开领英后为另两家非常成功的软件公司 SurveyMonkey 和 Nextdoor 所做的。在每个案例中，她都是在"村庄"阶段早期来到公司，因为要让她的工作增加最大价值，公司既需要够大够成功以至于能实现全球化，但又要够小以至于内部没有具备相关技能的人才。

第三条规则：容忍"糟糕"的管理

进行闪电式扩张时，速度比拥有"运行顺利"的组织更重要。

在正常情况下，你应该努力实现组织的凝聚力和稳定性。混乱动荡的组织会使员工感到紧张，挫伤士气。但是当你以闪电般的速度扩张时，可能需要在一年内重组公司三次，或者不断调整管理团队成员。当你的组织每年以 300% 的速度增长时，你可能必须在员工做好准备前提拔他们，并在他们游不动开始下沉时将其换掉。你没有时间耐心等待事情"找到解决办法"，你必须迅速果断地采取行动。公司总会发生很多变化，其中大部分都不是自愿的。你得同时建设团队和公司。为了速度，你甚至可能会对员工采取出其不意、攻其不备的手段，以减少制定和实施重要决策所需的时间。

与头衔有关的问题是这种混乱的常见征兆之一。在"家庭"阶段和"部落"阶段，你没有时间仔细推敲晋升流程，也没有时间坐下来讨论某人名片上的头衔应该是"工程总监"还是"产品高级副总裁"（而且，你也没有时间设计和订购名片）。你可能只是保持员工的头衔不变，即使它们未能反映组织进展和职责层级。或者，你也可能做理性公司不会做的事，比如故意夸大头衔好让员工高兴，并指望"以后"能纠正这种情况。无论采用哪种方式，你都要承担组织风险，换来的是能将精力全部集中于增长。

以 PayPal 为例。虽然 PayPal 取得了巨大成功，但公司管理不善——我在这里声明，我是其高管之一。我们有些地方做得不错，例如确保每位员工都有明确的主要职责，并在做某些重要项目时保持专注，但在多数情况下，PayPal 的管理层缺乏管理。公司与员工之间没有一对一的职业发展对话。除了简单地选择团队成员之外，公司在团队建设方面没有做任何工作。我们为数不多的几条规则更注重个人激励而非团队管理。例如，当员工开会迟到时，最后到场的人将被罚款 100 美元以严明纪律。然而，尽管我们知道会议很重要，但我们并没有指派一名会议记录员来记下要点和行动事项，而这是硅谷的常见和基本做法。

但当我们进行闪电式扩张时，PayPal 的"糟糕"管理提供了许多违反直觉的优势。在 PayPal 进行商业模式创新和规模扩张的关键时刻，我们发现自己需要应对一系列背水一战的挑战，我也喜欢称其为"哦，糟了"时刻。

哦，糟了！我们有欺诈问题，我们损失了还没拿到手的数百万美元。哦，糟了！VISA 说我们必须更改产品，否则就会将我们拒之门外。哦，糟了！eBay，我们最重要的商业伙伴，刚刚创办了一家直接与我们竞争的公司。

由于我们的"糟糕"管理，我们对公司的未来完全没有任何具体预想，比如"公司 3 年后一定会成为这样"。管理层的混乱实际上让我们在面对这些严重而意外的地雷阵时保持灵活。当组织中每个人的角色都不明确且不断变化时，更容易说："我知道过去 4 天你一直为之努力，但现在我们要做点别的了。"内部混乱对员工的影响是使他们对激烈的变化习以为常，这意味着他们能更好地适应外部世界抛来的剧烈变化。我们知道，我们要冒着枪林弹雨穿越雷区。套用电影《复仇者联盟》中布鲁斯·班纳变身的无敌浩克的台词，我们的超级能力背后的秘密就是我们总在变化。

我们在时机方面也很幸运。没有管理层时，让团队齐心协力的因素之一就是取胜机会。网络泡沫破裂后，许多科技公司倒闭了，但 PayPal 仍有机会取得成功。你要做的就是查看每日交易量持续上升的图表！因此，我们的员工之所以比通常情况下吃苦耐劳，是因为他们希望胜出并愿意跻身于实力强、智商高的竞争者队伍之中。

经典的"优秀"管理和规划以一定程度的稳定性为前提，但当你进行闪电式扩张时，并不一定总有这种稳定环境。对企业家精神的误解之一就是制订计划然后执行。不妨想想"建设"企业内含的隐喻，这种语言表述说明你按照一份建筑规划图动工。但是，当你建立和扩张某种创新商业模式时，通常没有详细蓝图。相反，它更像是"我认为在那里盖栋房子是个好主意，让我们开挖吧！"然后，一旦浇筑水泥，垒起墙壁，你就会意识到"它应该是一座酒店，因此我们需要按照这种建筑平面图来盖"。

这是"糟糕"的管理吗？也许是。但是，如果糟糕的管理避免你在错误的城镇地区建立仓库，并让你快速将该栋建筑改造为一家成功的酒店（或者避免你的手机钱包业务亏损，并让你快速占领全球支付市场），那么这可能是你能采取的最佳方法。

第四条规则：推出让你尴尬的产品

这并不是说你应该努力生产劣品。而是说，如果你需要在用不完美产品快速进入市场和用"完美"产品缓慢进入市场之间做出选择，请几乎每次都选择不完美产品。快速进入市场使你可以开始获得改良产品所需的反馈。你根据自己的直觉而非真实的用户反应和数据精心改良的产品很可能达不到目标，必须进行重大的更新换代。理想情况是环环紧扣的 OODA 循环——观察（observe）、定位（orient）、决策（decide）、行动（act）——不断重复。速度的确很重要，而且尽早推出产品可以让你更快攀上优秀产品的学习曲线。

马克·扎克伯格将脸书的成功归功于速度。接受里德的"规模化大师"播客采访时，马克告诉我们："尽可能快地学习和行动。即使并非发布的每个产品都完美无缺，但我仍认为与干等一年关于你所有想法的反馈相比，你只要实际去做一两年就会变得更好。专注于快速学习是公司的重点。"

当我经营自己的首家初创企业 SocialNet 时，得到了这个沉痛教训。我不想为我们发布的第一版产品感到尴尬，于是决定在用户看到产品并注册之前完成整个产品。这种做法让 SocialNet 的推出推迟了一年，当我们最终推出它时，我们很快意识到我们煞费苦心设计的一半功能并不重要，而会让我们的服务失去用处的一半重要功能被遗漏了，因为我们根本没想到。尽管 SocialNet 的失败还有其他原因，但不能尽早推出产品并根据市场反馈更新换代可能是导致它失败的主要原因。

根据我在 PayPal 的经验以及我们通过快速发布和产品更新换代取得的成功，我决定尽快推出领英。我们的团队定义了一系列功能，我们认为它们进入市场至少需要这些功能。多年后，史蒂夫·布兰克和埃里克·里斯将其称为"最简可行产品"（MVP）。领英的最简可行产品包括用户的职业简历、联系其他用户的功能、用于查找其他用户的搜索功能，以及向好友发送消息的机制。

发布前不久，我们开始担心领英能否在没有大量个人资料的情况下发挥作用。如果用户登录到领英，但他的朋友们还没有注册，我们怎么能使它变得有用呢？我们认为它缺少一个联系人搜索器，即可以让领英用户找到潜在供方的搜索功能。例如，如果你需要一名顾问帮你厘清如何对服务实行全球化，那么你可以使用联系人搜索器找到明娜·金。我们的工程团队估计，我们需要一个月时间来开发该功能。我们遇到了一个艰难选择：推迟一个月发布产品，还是发布不带这项可能对成功至关重要的功能的产品。根据尴尬原则，我们在没有联系人搜索器的情况下推出了领英。很快我们发现了一个更大的问题：Friendster 这种个人社交网络随着新用户邀请朋友加入，其用户将呈爆炸性增长，但与之不同，领英用户没有发送任何邀请。我们的用户增长停滞不前。我们的基线产品令人尴尬，因为没人使用它！如果我们推迟一个月开发联系人搜索器，仍然不会有足够人使用它，这意味着我们将白白浪费一个月开发一个无法解决核心问题的功能。我们估计，在搜索（和联系人搜索器）产生用处之前我们至少需要 100 万用户，解决这个问题是首要任务。

根据发布数据，我们专注于努力增加病毒式传播，于是我们成为第一个允许用户上传地址簿的社交网络。这个功能帮助领英达到了超过 100 万份用户资料的临界规模，其余就是历史了。

请记住，你应该对初始版本产品感到尴尬，而不是感到羞耻或目无法纪！对速度的渴望不是抄危险捷径的借口。如果你没有经过学习就惹上官司或烧光了钱，这意味着你确实过早发布产品了。尽早发布产品的目的是尽快学习。但是如果你没有更新换代的能力，学习就没有用了。如果你的产品导致危险，害人性命，你就可能不再有机会了。领英的首次发布远远低于我们的预期，但我们没有造成任何伤害。在你发布产品之前，请确保你知道自己要学习什么，以及在不危及客户或声誉的情况下能承担多大风险。企业家必须小心拿捏可修复缺陷和致命缺陷之间的细微界线！

可修复缺陷和致命缺陷之间的界线通常取决于产品性质。如果我们只考虑产品的两个维度：免费（或免费增值）与付费、消费者与企业，那么每个组合都可以被置于一个连续统一体中：

- 免费消费产品可以摆脱多数缺陷的影响，因为对于不需要花钱的东西，消费者往往会非常宽容。
- 免费企业产品需要更加完善，即使它是免费的，在专业环境中的风险也较高。
- 付费企业产品需要更加完善，但仍然可能存在重大缺陷，因为这类产品的用户往往是别无选择而只能使用该产品的专家。
- 付费消费产品的错误空间最小。尽管消费者对免费产品的缺陷非常宽容，但期望花钱购买的产品近乎完美，并且会大声抱怨他们发现的任何重大缺陷："我花钱买了什么鬼东西？"

有时，你可以通过获取用户反馈来降低风险和不确定性，而无须实际发布产品。设计思维通常需要通过纸质原型或 InVision 等可视化工具以及 UserTesting 等测试工具，快速设计原型并进行用户测试。然而，即使是这些方法也遵守这条规则，目标是尽早进行测试，而不是在向用户发布产品之前将其做到尽善尽美。

一旦推出产品，就必须确保从市场反馈中学到正确的经验教训。正如领英首次发布的例子所示，关键的经验教训可能不在于客户说什么，而在于他们做什么。领英的首批用户主要是我们的朋友和家人，他们并没告诉我们"如果没有更多用户，这个废物就没用了！"相反，他们告诉我们"看起来它会非常有用"之类，但实际上甚至连他们都没有发出大量邀请。是的，你需要仔细聆听用户的意见，但你还需要知道何时有选择地忽略它们。当坊间的用户反馈和数据相互矛盾时，请以数据为准。人们往往不善于预测自己对变化的反应。用科学术语来形容，就是预测行为与观察到的行为之间存在不一致性。例如，当脸书考虑添加一项功能，使用面部识别技术给会员照片面部自动打上标签时，焦点小组参与者对这个概念非常反感，称其"令人毛骨悚然"并侵犯隐私。然而，当脸书测试该功能时，自动标签提升了参与度，用户喜欢它！

当我提出这项建议时，有时会听到反对意见："史蒂夫·乔布斯可不是这么做的。"好吧，稍等一下。首先，与流行的说法相反，并非史蒂夫的所有产品从一开始就都是完美的。初版 Mac 没有配备硬盘驱动器，初版 iPhone 不带 App Store。确实，我们可以列举出一些刚开始就推出了伟大产品的企业家。例如，当埃隆·马斯克推出特斯拉 Model S 时，它立即成为道路上评级最高的汽车，首年即被《汽车趋势》（*Motor Trend*）杂志评为年度最佳汽车，并获得《消费者报告》（*Consumer Reports*）测试过的车型中有史以来最高的评级。但要做到这一点，你必须相信自己可以在推出产品之前确定新市场的产品／市场匹配性，并且只凭这种信心投入大量资金。埃隆·马斯克以自己的财富以及数亿美元的投资者资金和政府资金为赌注，因此特斯拉可以制造出比具有百年历史的竞争对手更好的汽车。能够并且愿意如此大胆下注的企业家很少，能做得如此成功的企业家更少，能多次成功的企业家少之更少。

所以，是的，如果你是稀世天才并且能准确一致地预测市场需求，那么与通过反复试错更新换代相比，相信直觉将更快得到更好的产品。祝使用这种方法的人交好运！作为一介凡人，我更喜欢市场反馈。

第五条规则：让火焰燃烧

我经常告诉企业家，创办公司就像从悬崖上跳下来，在跌落途中组装飞机。任何初创企业的默认结果都是失败，这意味着你必须迅速果断地采取行动，不惜一切代价避免这种默认结果。你没有太多时间来标出每个时间点。

在闪电式扩张的每个阶段，总有很多问题和事项亟待你关注，但你缺少解决它们所需的资源。你可能觉得自己像一名消防员，除了试图扑灭一处大火，还能看到周围散布的火苗——你没有时间把它们全部扑灭。闪电式扩张企业家存续下来的方法之一是决定让某些火苗燃烧，以便他们可以专心扑灭如果听任其肆虐就会毁掉公司的大火。我在格雷洛克的同事约瑟夫·安萨内利说："你拒绝什么比你同意什么更重要。"

你永远不能忽略这些火苗，它们实际上很危险，而且最终需要引起关注，但在闪电式扩张的多数时候都不重要，因为扑灭它们并不会对预期结果造成重要影响。不妨想象急诊室外科医生试图挽救受伤患者生命的情景：当她进行急诊手术时，可能会注意到一个看起来很可疑的肿块，但她会专心先修补患者的动脉，以后有时间再进行活检和检查。毕竟，如果患者死在手术台上，即使发现了潜在的肿瘤也无济于事。

当然，技巧在于知道让哪些火苗燃烧。扑灭火苗的优先顺序往往是不同因素综合作用的结果。首先是紧迫性：哪个火苗会最快破坏或毁掉你的企业？这不一定仅限于危及企业生存的火苗；对于一家初创企业而言，从长远来看，扼杀成长能力的火苗几乎和威胁明天就让企业倒闭的火苗一样致命。通常，第一步是决定是否可以搁置问题留待以后解决。当塞利娜·托巴科瓦拉加入 SurveyMonkey 时，她认为需要奋力扑灭的首批火苗之一是产品设计。它丑陋、过时，坦率地说有点让人尴尬。但它也极为有效和成功，用户参与度很高，客户很高兴。塞利娜决定推迟重新设计产品，以集中精力扑灭更危急的火苗。这个决定使她更难招聘到有美感的工程师，但这并没有毁掉公司。

在某些情况下，如果初创企业的火苗正在烧钱但没有伤及客户，那么只要你能浪费得起，就可能真会拿金钱换时间并忽略它们。通常，筹集更多资金是控制不太危急的火苗的一种简单方式（虽然通常很昂贵）。

你希望考察的第二个因素是功效：现在你有能力扑灭哪些火苗？哪些火苗以后再扑灭更容易（反之亦然）？如果某个火苗迫在眉

睫，但你现在无法有效扑灭它，可能不得不忽略它，寄希望于外部环境将其扑灭。同样，如果它现在不一定迫在眉睫，但任其蔓延会造成更大破坏，那么你可以考虑将它扼杀在萌芽状态，以免将来受其所害。

要考虑的最后一个因素是依赖性：扑灭 A 火苗会使扑灭 B 火苗和 C 火苗更容易吗？这些连锁反应可能非常重要，因为任何时候燃烧的火苗总是比你有时间扑灭的火苗更多。

我认为，马斯洛式火灾等级适用于多数快速增长的初创企业，其中排在首位的是需要首先扑灭的最重要的火苗：

- *推广*
- *产品*
- *收入模式*
- *运营*
- *竞争*
- *下一步工作?*

这意味着对于大多数消费者互联网初创企业来说，最重要的火苗是推广；如果推广着了火，你的公司就注定完蛋了。但是，如果你能够遏制这个火苗，它将使其他火苗更容易扑灭。获取用户可以为你提供关于如何改进产品的反馈。获取数百万用户或数千客户就能更轻松地创造收入。创造了收入就更容易支付基础设施和人工费用以扩大运营规模，无论是通过现金流还是通过吸引投资。如果你有一家成功且不断发展壮大的企业，就有理由担心竞争。

就领英而言，在我们通过病毒式传播产生大量用户群来解决推广问题之后，就有人对收入模式火苗喋喋不休。那些日子，我每收到一分钱都有人问我"领英是怎么赚钱的"，而我可能并不需要其他收入模式！但我知道我们应该忽略这种火苗，因为首先，缺少收入不会成为失败的直接原因，除非它妨碍我们筹集资金；其次，产品火苗急迫得多，需要我们集中关注。如果我们找不到推广方法来获得至少 100 万名用户的临界规模并设计出足够动人心魄并吸引到固定用户（或至少响应领英请求）的产品，那么收入模式将无关紧要。

当时，潜在 A 轮投资者希望看到展示领英盈利方式的商业模式。我告诉潜在投资者，在完成下一轮融资之前我们不会产生收入，因此这对他们来说无关紧要。但无论如何，他们仍然坚持己见，于是团队和我编出一个包含收入来源的财务模型。我甚至不记得我们放了什么进去！我们没有浪费数周时间，而是只用了一个晚上，喝几杯葡萄酒，然后凑出了模型（我可能有点生气，哪怕只是花了一个晚上，但葡萄酒相当不错，所以还不算完全浪费时间）。

这个故事还强调了为什么你需要团队成员容忍混乱、风险和不确定性。我们多数人都愿意扑灭火灾，但只有一小部分人能注意到可能很快切断所有逃生路线的熊熊烈火，集中全部精力扑灭更迫在眉睫的火苗而不会分心。领英团队成员很适应这种不确定性，即使我们没有明确的收入模式，仍然可以充分发挥工作效率。而且，如果你的员工做不到让火苗燃烧，就会把所有时间花在扑灭火苗上，这样就没有时间来利用突破性机会推动企业发展了。

第六条规则：做无法规模扩张的工作（一次性工作）

　　YC 的联合创始人保罗·格雷厄姆写过一篇著名的文章，建议企业家做无法规模扩张的工作。这个建议针对的是年轻的初创企业，但对于进行闪电式扩张的初创企业而言更为重要。

　　工程师讨厌做一次性工作。这不仅是浪费，还影响了他们的效率感。他们坚信传统观点，即最好第一次就把产品做好，这样只需要做一次。但是当你进行闪电式扩张时，低效就是规则，没有例外。要优先考虑速度，你可能就得减少在安全方面的投资，编写无法规模扩张的代码，并等待事情在建立质量保证工具和流程之前开始取得突破。确实，所有这些决定都会在以后导致问题，但如果你花费太长时间来打造产品，可能就不会有以后了。只用花十分之一时间的平庸产品可能比设计精妙的产品更有用，即使它以后必须被抛弃。

　　基本相同的逻辑也适用于企业的几乎每个方面。在销售（例如，创始人马克·贝尼奥夫借助 Blue Martini Software 首席执行官蒙特·兹韦本的支持，使该公司成为 Salesforce.com 的第一个客户）、运营（例如，保罗·英格利希公开自己的手机号码作为 Kayak 最初的客户服务热线）等方面，你经常必须做无法规模扩张的事。

　　世界上的事也不会被简单地分为"无法规模扩张的事"和"可以规模扩张的事"，并使前者顺理成章地并永久地让位于后者。在闪电式扩张的某个阶段中扩张规模的代码或流程可能会在下一个阶段崩溃，而你用来替代它的任何代码或流程可能根本不会在开始时扩张规模。不妨想想爱彼迎的创始人如何解决房东在 Airbnb.com 上发布低质量出租房照片这个问题：他们成了摄影师。正如布莱恩·切斯基告诉我的："我们向布鲁克林 RISD（罗德岛设计学院）的朋友借来相机，然后敲开所有房东的大门。"

布莱恩和联合创始人乔·杰比亚加起来每天能拍摄大约 10 栋房屋（联合创始人柏思齐不得不留在公寓兼办公室里，确保网站不会崩溃）。谈谈无法规模扩张的事吧！有一次，一位房东问布莱恩什么时候才能收到房租，然后布莱恩从他的背包里取出公司支票簿，给他签了一张支票。"我想你们不是一家非常大的公司。"房东收起支票时说道。

随着爱彼迎的发展，摄影部门必须大幅规模扩张。因此，创始人聘请了来自 Craigslist 的摄影师，请求他们在 RISD 的朋友帮忙，甚至招募了爱好摄影的爱彼迎房东。通过利用这些资源，该公司建立了一支由 5~10 名摄影师组成的稳定队伍，他们每拍一户可以得到 50 美元报酬，爱彼迎使用电子表格中的复杂管理工具跟踪摄影师和任务完成情况。

很快，这个系统也不堪重负。因此，他们聘请了雪城大学的暑期实习生埃莉·蒂勒，并派她全职管理摄影师。埃莉将全部重心投入管理摄影事务，从而将活跃摄影师的数量增加到大约 50 人。直到这时，爱彼迎才采用了真正可扩张的解决方案：软件。内森编写了一些代码，在网站上添加了两个按钮：一个让房东可以申请摄影师，另一个让摄影师完成任务后埃莉可以发起付款。最终，创始人聘请乔·扎德担任入门级工程师，并要求他与埃莉合作，使摄影过程完全自动化。

在编写代码之前，爱彼迎通过三种不同方式处理摄影问题，并且从那时起多次重新设计了摄影系统。爱彼迎一开始就建立可扩张的自动摄影系统是没有意义的；当公司开始经营时，网站每天仅有10名访客，唯一的工程师就是柏思齐。他为解决这个问题所做的任何工作都会耽误爱彼迎业务增长所需的其他所有工程工作。虽然资源有限，而且做了设计电子表格这种后来必然被抛弃的"无用功"，但通过做无法规模扩张的事，该公司得以实现增长。

第七条规则：忽略客户

长久以来，客户服务的基本规则一直是"客户永远是对的"。但对于许多闪电式扩张公司而言，关键规则是"只要不降低速度，就尽可能提供客户服务……这可能意味着没有客户服务！"许多闪电式扩张初创企业仅提供电子邮件支持，或根本不提供任何支持，而是指望用户在论坛上寻找答案和互相帮助。

在绝对意义上，忽略客户很少是积极做法。客户喜欢被倾听的感觉，忽略客户最终会耗尽公司的商誉。但对于闪电式扩张公司而言，让客户感到被忽略往往是火苗之一，在你扑灭更大、更致命的火苗之前，只能任其燃烧。

我们在 PayPal 的经验提供了一个生动的例子，它说明超高增长要求快速改变客户服务方法。2000 年 2 月，交易量的日复合增长率为 3%~5%。每天我们都会收到成千上万封电子邮件，但来不及一一回复，这使问题复杂化，因为首封电子邮件没有得到回复的用户只会再发一次。

传统观念要求我们尽可能多地安排员工去做客户支持。但我们所做的恰恰相反。在一支 40 人的团队中，我们只有两名支持人员（我们的办公室经理花了一半时间来帮助他们）。我们还有更迫在眉睫的火苗要扑灭。例如，在同一时期，我们筹到了首轮主要风险投资；开始与 Billpoint 竞争，我们最大的合作伙伴 eBay 试图用它来克隆我们的业务；与埃隆·马斯克的 X.com 就合并问题展开谈判。一言以蔽之，我们很忙，而且我们没有足够带宽来解决客户服务问题，所以我们忽略了客户！毕竟，他们的投诉没有阻止交易量呈指数增长。

当然，忽略客户也有成本。尽管 PayPal 仅被列在帕洛阿尔托当地的电话簿中，但是每天中的任何时候都有许多人查询该电话号码并拨打随机分机号，每次铃声响起，另一端都是愤怒的客户。我们不再接电话。

忽略客户是一种临时解决方案。最终，当我们在某轮融资中筹到大量风险资本并宣布与 X.com 合并之后，终于腾出时间和资源来处理这个问题。我们与内布拉斯加州州长结成联盟，宣布我们将在奥马哈招聘客户支持岗位。为什么是奥马哈？因为 X.com 已经在那里设立了一支小型客户服务团队。为什么 X.com 选择了奥马哈？因为该公司有位早期员工的妹妹住在那里，她愿意帮助初出茅庐的初创企业接听客户服务电话。

我们最终派出大部分公司员工主持小组面试，这样我们就可以在 30 天内聘用并培训 100 名新客服员工。我们聘请了 PayPal 的员工萨拉·因巴赫领导这项工作，她最终搬到奥马哈待了18个月。幸运的是，每个参与者的故事都结局圆满：我们的产品足够有用，我们的客户坚持使用我们的产品，直到我们能开始为他们服务；我们击败了 Billpoint，成功上市，最终以15亿美元的价格将公司卖给了eBay；至于莎拉，她在奥马哈的18个月从多个层面讲都富有成效，除了在奥马哈建立了一家仍雇用着1 000多人的服务和运营组织以外，她还在那里遇到了她的丈夫。

第八条规则：筹集超额资金

企业家通常会尽量避免筹集超出需要的资金。筹集过多资金将稀释他们在公司中的股份，并引入了一种悬而未决的优先权（所有这些资金都必须在创始人和员工参与分享收益之前偿还给投资者）。然而，进行闪电式扩张时，你应该总是筹集超过——最好是大大超过——需要的资金。

"超额"现金可以让你更好地解决不可预见的问题。关于闪电式扩张，唯一可以预见的就是你会在某些时候遇到不可预见的情况，包括从股票市场崩盘或异常开支到你创办公司之初没有出现而你也没有预测到的市场机会。

事实上，多数企业家筹到的资金更可能太少而不是太多。获得诺贝尔奖的经济学家丹尼尔·卡尼曼和他的长期合作者、已故的阿莫斯·特沃斯基，在他们1979年的论文《直觉预测：偏见与纠正程序》（Intuitive Prediction：Biases and Corrective Procedures）中写到"规划谬误"时描述了这种普遍现象。

> 规划谬误是指你制订计划，通常是针对最好情况的计划，然后假设结果将遵照计划出现，即使那时你应该了解更多信息。

我合作过的几乎每位企业家都曾深受规划谬误之害，尤其是首次创业者！

拥有"超额"资本可以在结果实际上不符合计划时为你提供缓冲。此外，它还增加了你的选择：如果你需要投资于增长，那么你就可以做更多事而不必经历耗时的另一轮筹资。正如 Minted 的首席执行官玛丽亚姆·纳菲西告诉我的："你应该当作银行存款只剩一半那样去行动，因为你必须时刻考虑到毁掉优秀企业家和优秀企业的所有失败和所有优化。我们俩都知道有太多人有优秀的创意，走的路也正确，只是没钱了。"

对于 PayPal 和领英，我们都在市场崩溃之前筹集到了大量资金（分别在 2000 年和 2008 年），我们当然很高兴自己做到了。拿 PayPal 来说，这笔钱让我们在互联网泡沫破灭时期保持增长，没有它，我们就不会实现首次公开募股。领英的情况没有那么严重，但我意识到超额资金带来更多选择的价值远远超过了股权稀释的潜在负面影响。

即使事实证明这些资金不是必需的，一轮重要融资也可能产生积极的信号效应；它有助于说服世界上其他人相信你的公司很可能成为市场领导者，并且可以阻止投资者支持其他竞争对手。

多数闪电式扩张初创公司都有很高的资金消耗率。这是因为销售和营销等增长动力往往需要超过产品销售收入的大量投资。制造"杀手级公司"通常需要很多钱，这就是为什么我们有风险资本家！

但是，虽然为了增长而消耗现金（并向投资者筹集资金以弥补资金不足）可能是有意义的，但你应该考虑让这笔投资具有长期盈利能力。如果从长远来看单位经济效益为正，并且可以以较低成本获得资本，那么吸收投资以促进快速增长就是有意义的。公司短期内不会盈利，但会建立客户群，以便在遥远的未来产生更高收入和利润，从而推升长期价值。

对于技术初创企业而言，你需要筹集的资金金额往往取决于两个主要因素：人工成本和外部客户获取成本。好消息是，这些成本在很大程度上是可预测的，这使你有机会采取周密行动而不仅仅是做出反应。硅谷的经典经验法则是筹集足够用于运营 18 个月至 24 个月的现金。这是因为通常需要大约 6 个月来筹集下一轮风险投资，这意味着除非你有至少 18 个月的"飞机跑道"，否则你只有不到一年的时间来取得足够进展，以说服风险资本家向你进行另一轮投资。

这很重要，因为对于所有融资活动来说，将其作为长期任务而不是短期任务来对待都更容易成功。我们不是第一个发现投资者总是愿意投资给不需要钱的公司的人。很少有事能比"我们不需要筹钱"这句话更能引发风险资本家巴甫洛夫式的积极反应了。不幸的是，这说起来容易做起来难。

当你对初创企业进行闪电式扩张时，增长如此迅速，公司以各种方式挑战极限，以至于许多地方漏洞频出。用钱来修补这些漏洞很诱人，但你必须抵抗这种诱惑。只用钱来修补通往下一个规模阶段的关键路径上的漏洞，其他一切都可以等待。正如我之前所说的，在 PayPal，我们有意避免在客户服务上花钱，因为我们知道这不是一条关键路径。你的太极打得越久，推迟支出越久，筹集资金时就越可能没有短跑道压力。

记住，创办一家公司就像从悬崖上跳下来，在掉落途中组装一架飞机。如果你耗尽了购买升空所需燃料和零件的资金，那么没人会关心途中的花钱效率如何！

第九条规则：让企业文化与时俱进

几乎所有的创始人、商业大师和学者都认为企业文化很重要。虽然在闪电式扩张过程中你可以忍受许多低效行为并任由许多火苗燃烧，但忽视企业文化是不可取的。爱彼迎的布莱恩·切斯基以一种简单明了的方式定义企业文化：共同的做事方式。明确定义企业处理事务的方式很重要，因为闪电式扩张需要积极、专注的行动，而模糊不清的文化会妨碍战略实施。网飞的联合创始人兼首席执行官里德·黑斯廷斯告诉我："羸弱的企业文化是散漫的；员工各行其是，互不理解，公司变成钩心斗角之地。"

马克·扎克伯格和谢丽尔·桑德伯格在脸书有许多精彩之举，其中之一就是建立统一的企业文化，正如马克最初的座右铭"快速行动和打破常规"所总结的，它致力于积极实验和数据驱动决策。脸书的企业文化帮助员工明白，他们不应害怕尝试可能失败的事情。

这使脸书可以更快行动，并在实验失败后快速继续前进。

想象一下，如果有人从你的初创企业中随机挑选一名员工提出以下问题：

- 你的公司打算做什么？
- 你打算如何实现这些目标？
- 你更快地实现这些目标会带来哪些可接受的风险？
- 当你必须权衡某些价值观时，哪些价值观优先？
- 你聘用、提拔或解雇有何种行为的人？

她能回答这些问题吗？如果你问另一位员工，他会给出相同答案吗？当企业拥有强大的文化时，员工会给出一致答案并据此行动。

坚守某种企业文化有时意味着筛选掉不适合这种企业文化的"A级求职者"。例如，在 PayPal，马克斯·列夫琴进行了一项问题解决测试，作为我们工程团队的招聘流程的一部分。他想要一种专注于解决大局问题的企业文化，而不仅仅是编写优秀代码。如果某人是个优秀的程序员，但不是以解决问题为导向，我们就不会聘用他（她）。在领英，我们试图招聘勤奋工作但也爱家的人。我们的创始团队成员有家庭，我们希望建立员工回家与家人共进晚餐的惯例（然后在晚上远程工作）。如果求职者认为初创企业需要所有人每天在办公室待到晚上 10 点，那么同事和他们自己都会不可避免地感到沮丧，所以他们会被筛选掉。相反，无论多么有才华，希望朝九晚五工作的求职者也会被筛选掉。

企业文化至关重要，因为它会影响人们在没有具体指令和规定时或者这些规定达到其崩溃点时的行为。在 2017 年一个臭名昭著的例子中，美国联合航空芝加哥航空部门的员工应公司要求，强行将乘客杜成德从超售航班中拖走，并在此过程中打断他的鼻子，敲掉他两颗牙齿，使他遭受严重脑震荡。第二天早上，美联航的首席执行官奥斯卡·穆诺茨向美联航的员工发送了一封令人费解的电子邮件。

> 我们的员工遵守了处理此类情况的既定程序。虽然我对出现这种情况深感遗憾，但我也强烈支持你们所有人，我要赞扬你们为确保航班顺利飞行而继续采取的卓越应对措施。
>
> 但是，我确实相信我们可以从这次经历中吸取教训，我们正密切关注这一事件的背景。给予客户及彼此尊重和尊严是我们的核心价值观，无论情况多么具有挑战性，我们都必须始终记住这一点。

杜成德事件是一个典型例子，说明了糟糕的公司价值观表达如何削弱企业文化。现场员工认为他们需要将乘客从飞机上赶下来，以便让美联航的另一名机组人员来到飞机上（即"顺利飞行"），且满足准时起飞率和航班取消率等指标比给予顾客"尊重和尊严"更重要（我们大多数人都同意这不包括打断他们的鼻子和敲掉他们的牙齿）。

相比之下，美国西南航空公司不仅清楚公司价值观，还将其作为招聘和管理的重点。该公司的心态不是"我们看到它就算知道了",而是"这个人是否已经按照我们的方式做了"。该公司使用行为面试问题来确定求职者是否适合该公司的文化。例如,为了确定某人能否成为无私的团队成员,他们可能会要求她举出自己不遗余力帮助同事取得成功的例子。

西南航空承认,某些职位需要特定技能组合。正如西南航空所言:"我们不会聘用态度很好但不能驾驶飞机的飞行员!"但是,出现两名同样合格的求职者时,符合西南航空价值观的人会收到工作邀请。而且,即使西南航空找到价值观不符的合格求职者,也会继续寻找,直到找到合适的人才,无论这个职位空缺多久。

西南航空的发展和宣传实践也与公司价值观明确挂钩。在绩效评估中,不仅要评估员工业绩,还要评估他们如何获得这些业绩;事实上,该公司会对员工的"勇士精神"、"服务心"和"乐观态度"等进行评价。

换言之,企业文化不仅仅体现在西南航空网站上的使命宣言中,它融入了这家航空公司的流程和实践。

在这两个例子中,企业文化都有真正的商业含义。在美联航的例子中,没有强大价值观的企业文化导致了灾难性公关失败。对于西南航空来说,员工"服务心"和"乐观态度"的价值体现在客户满意度的具体指标上。尽管西南航空在准时到达率等指标上的表现高于平均水平,但该航空公司的乘客投诉率始终最低。

企业文化在硅谷的崛起中发挥了关键作用。无论在什么时代,多数塑造和定义科技行业的标志性公司,例如惠普、英特尔、苹果、谷歌、脸书，都以其独特文化而闻名。对于最近出现的爱彼迎和 Salesforce.com 等初创企业市场领导者来说，情况也是如此。

通常，这些企业文化要归功于创始人。比尔·休利特和戴维·帕卡德是惠普方式的代名词。鲍勃·诺伊斯、戈登·摩尔和安迪·格鲁夫被称为英特尔三杰。史蒂夫·乔布斯、拉里·佩奇和谢尔盖·布林以及马克·扎克伯格分别被视为苹果、谷歌和脸书企业文化的来源。然而，虽然创始团队的个性在定义企业文化方面发挥着关键作用，但更准确地说，企业文化会逐渐出现，它基于许多人的行为，而不仅仅是创始人的行为。

主要的企业文化通常起源于对公司成功至关重要的部门领域。早期，工程部门占主导地位，工程文化构成了惠普方式等企业文化的基础。随着科技行业的成熟，销售部门变得更加重要，于是销售导向型企业文化出现在甲骨文和思科等公司。今天的公司也可能拥有产品文化、设计文化、营销文化、金融文化甚至运营文化。所有这些企业文化都可能成功，但你应该关注哪个部门对企业成功至关重要。除了这个选择对公司价值观所起的作用之外，推动企业文化发展的部门高管往往也是最有可能的首席执行官继任者。

企业文化的发展与品牌建设息息相关。企业文化是企业形象的核心，它告诉我们自己和别人我们是谁、我们在世界上的位置，以及其他人如何看待我们！你可以在网站上列出想要的所有价值观，但是要让它们成为企业文化不可或缺的一部分，唯一的方法就是将它们作为战略的一部分，并确保你和其他人身体力行（以坚实证据和具体细节为支持）。

那么，你如何在企业中培养强大的文化？我认为最好的方法是一种中间立场，它介于通过善意忽略让企业文化顺其自然地发展和尽量事先定义全面的企业文化之间。前一种方法有可能产生薄弱的企业文化或不符合公司需求的企业文化，后者可能过于僵化且不灵活。

多数文化最初是自然而然形成的。正如我们之前讨论的，企业创始人仅靠他们的个人地位就可以对企业文化产生重大影响。如果创始人认为某些信念和做法是获胜的关键，那么这些信念和做法往往会传递给与其密切合作的人。这可能发生在招聘过程的筛选中，也可能是密切合作的结果，或两者兼而有之。例如，谷歌的拉里·佩奇是一位具有强大学术背景的技术专家。因此，谷歌发展出一种技术导向的学术文化，它与这位斯坦福大学计算机学系毕业生的气质非常相似。例如，谷歌的工程师都是 4 人用一间办公室，因为斯坦福大学的研究生办公室就是这样的。谷歌聘用埃里克·施密特是为了吸取更强大的商业经验，因为谷歌知道埃里克的学术背景（他在加州大学伯克利分校获得了电子工程和计算机学博士学位）将使他与拉里和联合创始人谢尔盖·布林在企业文化上有效统一步调。

在闪电式扩张公司中，随着公司的发展壮大，企业文化变得越来越重要，并且越来越难以保持。一开始，员工在公司成立初期形成的纽带可以成为塑造企业文化的强大力量，但随着越来越多人加入进来，自发互动让位于正式结构，使之变得更具挑战性。

自然而然地传播企业文化需要私人互动和时间。这种渗透在闪电式扩张的"家庭"阶段甚至"部落"阶段都有效，但在后期阶段会失效。如果创始人没有与所有员工进行私人互动，或者这些互动是短暂和零星的，那么渗透就不起作用了。当公司规模每年增长一倍或两倍时，即使与创始人进行短暂和零星的私人互动也算最好情况了！

当企业到达闪电式扩张的"村庄"阶段（至少100名员工）时，私人互动网络就不够了，尤其是当多个办公地点需要同步企业文化时。

德鲁·休斯敦确保所有Dropbox员工都意识到他们需要帮助重建企业文化。"我们告诉员工：'你可能上周刚刚入职，但迟早你将成为Dropbox的老员工，所以请记住你现在喜欢它哪里，因为你有责任确保这些优点继续存在。'"

从顺其自然的企业文化传播发展到有意识的企业文化传播并不总是那么容易。里德·黑斯廷斯的经历很典型。"当我们（网飞）上市时，我们有150人，"里德告诉我，"大家担心，现在我们已经上市，一切都会变糟，我们会建立烦琐的流程，并且不再冒险。而我们所做的是提倡员工自由。如果你想凭借很少的规则来运营，就需要设定背景环境。"然而，尽管早期员工常常担心刻意的企业文化发展会带来官僚主义，但正如里德所言，企业文化实际上是官僚主义和规则的替代品。企业文化越强大，就越不必用严格指令来约束员工行为。

刻意的企业文化传播的两个关键手段是沟通和人事管理。沟通很重要，因为它为创始人提供了直接接触所有员工的渠道。它可以采取多种形式，从正式的面对面会议到电子通信，再到与办公室布局和设计一样看似中性的事物。

例如，爱彼迎采用许多渠道来最大限度地传播企业文化。联合创始人布莱恩·切斯基每周向所有爱彼迎员工发送的电子邮件就是一种有力手段。"你必须继续重复做一些事，"布莱恩在斯坦福大学的闪电式扩张班上说，"企业文化就是重复，一遍又一遍地重复对公司真正重要的事。"爱彼迎也通过视觉冲击巩固这些口头信息。布莱恩聘请了皮克斯的一位艺术家，创作了一块从头到尾讲述爱彼迎房客全程体验的故事板，强调以顾客为中心的设计思想，这是其企业文化的标志。甚至连爱彼迎的会议室都在讲故事，每间会议室都是可以在爱彼迎上租住的房间的复制品。每次爱彼迎团队成员在其中一个房间举行会议时，他们都会想起房客住在那里的感受。

在亚马逊，杰夫·贝佐斯因禁止使用幻灯片并坚持用书面备忘录而知名，每次会议开始时，与会者都要在一片安静中阅读这些书面备忘录。这项备忘录政策是亚马逊鼓励实事求是文化的方式之一。备忘录必须具体而全面，阅读备忘录的人必须做出相应反应，而不是仅仅坐在那里浏览幻灯片上的要点，并点头表示泛泛同意。贝佐斯认为备忘录能鼓励更聪明的问题和更深入的思考。另外，因为它们自身就包含足够信息（而不要求有人上前介绍），所以更容易在更多亚马逊员工之间传阅。

史蒂夫·乔布斯将建筑作为他在皮克斯精心实施的沟通策略的核心部分。他设计了皮克斯总部，使前门、主楼梯、主剧场和放映厅都通往中庭，中庭里有咖啡馆和邮箱，确保所有部门和专业的员工经常看到其他团队的员工，从而加强皮克斯协作、包容的企业文化。在沃尔特·艾萨克森撰写的史蒂夫·乔布斯传记中，皮克斯的首席创意官约翰·拉塞特说："史蒂夫的理论从第一天就开始生效，我经常遇到几个月未见的人。我从未见过这样一座促进协作和创造力的建筑。"

打造"忒修斯之船"

培养企业文化的另一个主要手段是企业的人事管理实践。毕竟，对企业文化最强烈的影响因素往往是你聘用、提拔和解雇哪些人。

当埃里克·施密特造访我们在斯坦福大学开设的闪电式扩张课时，他分享了谷歌的招聘策略如何塑造其企业文化。"你聘用的人才塑造了你的企业文化，"埃里克说，"我们聘用在某些方面有特殊才能的人。你不应该聘用普通人，而是应该聘用有压力和成就的人。"企业文化也是爱彼迎招聘流程的关键部分。每位求职者还要经过一次价值观面试，由一位不是该求职者招聘经理的爱彼迎员工主持，这确保考察价值观时能独立于公司对求职者特定工作技能的需要程度。

当企业快速增长时，通常会渴求人才，不惜一切必要代价聘请员工加入。问题是你最终聘用的是雇佣兵而不是传教士。如果你每年将公司规模扩大三倍，就能在一年内将公司从以传教士文化为主转变为以雇佣兵文化为主。

快速增长的另一个副作用是，许多（即使不是大多数）员工将向缺乏经验的经理汇报工作。《联盟》一书中提出的系统性方法可以帮助这些经理更好地协调员工的个人价值观和使命以及公司文化。

当其他火苗还在燃烧时，优先考虑企业文化可能很难。在闪电式扩张的家庭阶段甚至部落阶段，人力资源部门通常不作为独立部门存在，它可能会外包给 TriNet 这样的专业雇主机构，或者作为办公室经理或行政助理兼顾的次要工作。因此，早期员工的无意识习惯和模式通常会不经内行把关就形成并融为企业文化。即使在公司设立人力资源部门之后，其首要任务通常也是尽快聘用更多员工，而不是专注于企业文化和价值观。如果一家公司希望将企业文化作为人力资源部门的优先任务，那么创始人和领导需要确保为人力资源团队提供完成这项任务所需的时间和资源，并且相应管理、评估和奖励新员工。

随着公司的发展壮大和需求的变化，这些机制需要与时俱进。里德·黑斯廷斯和网飞以网飞文化幻灯片而闻名，这是一份 100 多页的幻灯片，解释了网飞的高绩效文化。里德和帕蒂·麦科德编写了网飞文化幻灯片，以帮助筛选掉不希望参与网飞文化的求职者。但这份幻灯片没有刻在石头上，网飞仍在定期修改它。

发展企业文化的原因之一是"忒修斯之船"悖论。古代历史学家普卢塔克提出了这个术语，它指的是神话英雄忒修斯杀死半人半牛怪弥诺陶洛斯后返回雅典搭乘的船。传说中，雅典人用新木材替换破损部件来维护这只著名的船，直到最后没有一片原始木材留下。普卢塔克称，哲学家们对替换部件组成的船是否仍然是忒修斯之船而争论不休，没有定论。（有趣的是，哲学家托马斯·霍布斯提出了一个更复杂的问题：如果留下被替换的原始木材部件，然后用于建造第二艘船，那么会发生什么？）

所有公司都像忒修斯之船一样。员工入职，工作一个或几个任期，然后离职，被新员工代替。一家稳定、低增长的公司可能会持续数十年或更长时间，缓慢地更替员工，但保持相同规模并保持强烈的连续感。换言之，船只的"木板"在10年又10年的时间里基本保持不变。相比之下，像脸书这种闪电式扩张公司可能在10年内从"家庭"阶段发展到"国家"阶段，每年规模翻两倍或三倍，在新年组成整艘船的员工到下一个新年前夕就变成了一小部分。与此同时，正如我们在"聘用合时人才，而不是合适人才"中讨论的，许多早期员工可能在这个过程中的某个时刻离开，这意味着仍然属于这艘船的原始"木板"更少了。然而，这些变化是闪电式扩张的必要组成部分：随着企业发展壮大，你需要拥有新技能的新人才。

公司的员工、产品和办公室可以、将会并且必须随着闪电式扩张而变化。企业文化是允许这艘船保持其基本身份的少数机制之一。企业文化是帮助苹果公司在史蒂夫·乔布斯去世后仍保留其"苹果特色"的原因，也是Intuit从出售个人财务软件包转向提供云会计套件后仍然保留其"直觉特色"的原因。在这个闪电式扩张时代，企业文化已成为非常热门的话题，因为在快速增长和变化而非保持稳定和停滞时，企业文化更为重要。

随着企业文化的发展，你必须像走钢丝一样拿捏好分寸。发展太慢会阻碍你适应新业务和不断变化的环境；发展太快，忒修斯之船幻觉就会崩溃，员工将不再有归属感。

用荷兰历史学家约翰·赫伊津哈的话来说，"如果我们要保护文化，就必须继续创造文化"。

缺乏多元化和其他文化陷阱

鉴于企业文化受到普遍重视，我们也应该思考试图打造强大企业文化可能带来的陷阱。

首先，强大的企业文化与邪教可能只有一线之隔。很明显，企业文化会缩窄到某种程度。将企业文化融入招聘流程，意味着你要按照设计剔除人才，并且必须注意招人时不要过于死板以至千人一面。成功的企业需要结合一致性和多元化。正确的一致性（例如，聪明、主动、颖悟、勤奋、有使命感）可以给公司带来优势，PayPal当然是这种情况。但过多相同之处可能导致群体思维、偏见和停滞。

太多公司误解了聘用"适合企业文化的人"意味着什么。在许多情况下，这导致团队大量聘用进入精英大学的少数年轻白人男性，这阻碍了企业的创新能力或服务于更广阔的市场。但即使不采用这种有问题的做法，聘用"适合的人"也不意味着问："你适合装进这个筐吗？"

例如，许多初创企业的工作文化都是，员工在上午10点后上班，工作到很晚，晚上还要聚在酒吧社交。换言之，这是大学生活的扩展版！如果你的初创企业有这种企业文化，你可能不会聘用希望提早上班并在下午6点前下班的员工，或者很少在晚上社交或外出的员工。这可能有利于"文化匹配性"，但这也意味着你不会聘用出于宗教原因或其他原因不喝酒的人，你也不会聘用身为父母的员工，甚至可能不会聘用已婚员工（至少是希望保持已婚状态的员工）。你不应聘用以肤浅方式"适应"企业文化的人，无论是基于性别、种族还是母校，而应该聘用对企业文化有贡献的人。当贝琳达·约翰逊于 2011 年加入爱彼迎时，她为这家年轻公司带来了截然不同的背景和经验。爱彼迎的创始人才二十几岁，他们还兜着尿布时贝琳达已经是一名律师，在雅虎担任了十几年高管。正是这些差异帮助贝琳达和爱彼迎成功成为一个团队。布莱恩·切斯基称她为爱彼迎的"国务卿"，她的外交手腕和知识帮助爱彼迎与监管机构和市政当局建立了富有成效的关系。新员工是改善企业文化并使企业如虎添翼的机会，他们应该与当前的企业文化兼容，但也带来有助于改善它的要素。技巧在于寻找企业现有"免疫系统"不会排异的移植体。

闪电式扩张公司尤为容易建立缺乏多元化的文化，因为它们总是强调速度。最快、最简单的招聘方式通常是要求员工推荐他们的朋友。但是基于同质性的招聘（"物以类聚、人以群分"）几乎不可避免地导致同质性。就像初创企业在代码上走捷径会招致"技术债务"一样，它们在招聘中走捷径可能招致"多元化债务"。

这种多元化债务对于公司和整个社会来说都是一个严重问题。同质性有损于公司，因为群体思维降低了公司的适应力和灵活性，如果闪电式扩张提供的许多机会并非对所有合格人才完全开放，无论其性别、性向、宗教或民族如何，就将损害社会。

这些问题中最丑陋的表现之一就是在不同公司揭露出的性别歧视和性骚扰文化。在几乎所有情况下，出现这些问题都是因为属于代表绝大多数员工的群体中的一名或多名员工对少数群体员工有统治权。很多时候，高管们都滥用权力，为其他员工提供了一个可耻的样本。这绝对是不可接受的，并且需要采取行动。例如，2017 年，我呼吁进行"体面承诺"，以期解决风险投资业中男性滥用权力和地位伤害女性（以及某些男性）的严重问题。

但愿多数闪电式扩张公司的企业文化永远不会容忍这种不良行为，但确保这一点的最佳方法是从一开始就建立包容性文化。在这个领域中，让企业文化自然而然地发展是不够的。即使在"家庭"阶段，公司对于多元化也应有明确态度，并以书面形式表明其致力于在性别、性向、宗教、出身和年龄方面具有包容性。而且，从招聘最初10名员工开始，尤其是产品、工程和营销等核心部门的员工，就应优先考虑多元化。

在"部落"阶段和"村庄"阶段，招收员工的速度要求采用更系统的方法来实现多样性。我们建议至少实施三项关键政策：首先，衡量人口统计数据，并使这些信息在内部和外部都是透明的和可得的。与任何指标一样，你无法管理未衡量的指标。其次，建立相当于美国国家橄榄球联盟鲁尼规则的规则，该规则要求联盟球队面试（但不一定聘用）至少一名应聘任何高级橄榄球运营职位的少数族裔。最后，将至少一部分高管薪酬与公司的多元化目标进展挂钩。

在理想情况下，所有公司从一开始就会建立多元化的员工队伍。但是公司聘用的人越多，多元化就变得越重要。不要坐等将多元化目标列为优先事项。当你的公司规模达到10 000人时，从"程序员兄弟"避风港转变为真正包容的企业文化要困难得多。

另一个陷阱是文化虚伪。如果你宣扬公司奉行强大的企业文化，就必须说到做到，否则将弊大于利。当你说一套做一套时，员工会认识到其中的虚伪。信任是靠努力赢来的，而不是只靠说出来的。对于通常在初创企业中拥有道德权威的创始人以及非创始人首席执行官来说尤其如此，他们的职位放大了其言行的影响。创始人和首席执行官是文化榜样，如果他们没有以身作则地践行企业文化，企业文化就会不可避免地被削弱。

企业需要永无止境地改变

八个关键转变和九条违反直觉的规则有什么共同之处？它们反映了这样一个事实：当你进行闪电式扩张时，需要永无止境地改变。当你成功实现关键转变或成功应用违反直觉的规则时，棋局将发生变化，你必须从头来过。

没有哪个市场是永远有价值的，这意味着即使通过主导某个重要市场成功达到"国家"阶段的公司，也必须不断寻找下一个闪电式扩张市场。曾经助力创造大规模财富的每种激动人心的新技术或新市场，最终都会成为稳定、乏味的行业。在历史上的不同时期，货船、铁路和汽车工业都曾催生改变世界和创造代际财富的公司和创新。如今，它们基本上是一潭死水（虽然像特斯拉这种公司偶尔能重振这些行业），这种命运仍然好过变得无关紧要但不太可能为大规模增长带来许多激动人心的机会。

同样的模式在硅谷以较小规模上演，动态随机存取存储器（DRAM）、硬盘驱动器和个人计算机等市场，让英特尔、希捷和康柏等公司在成为低利润商品之前增长到巨大价值。（英特尔仍在增长，这要归功于它转向高利润率的中央处理器，而希捷和康柏则萎靡不振，康柏最终被收购并销声匿迹。）

最优秀的企业家和公司在一个市场上使用成功的闪电式扩张来跃入另一个市场。英特尔从动态随机存取存储器市场跃入了微处理器市场，并乘着第二波浪潮再攀高峰。微软利用其在操作系统中的主导地位开发了主导地位更强大的 Microsoft Office 平台。亚马逊的电子零售闪电式扩张使其成为使用亚马逊网络服务进行云计算的领导者。也许脸书对虚拟现实会进行类似操作。

永无止境的变化需要你充满恐惧和希望。恐惧是因为你永远不能休息或停止不前。希望是因为新的市场总在崛起，从硅谷到上海（以及其他所有地方），每个人都有机会建造新的火箭船。

在刘易斯·卡罗尔的经典著作《爱丽丝镜中奇遇记》（*Alice Through The Looking-Glass*）中，红皇后告诉爱丽丝："瞧瞧，你在这儿得全力奔跑才能原地不动。如果你想去别处，必须至少跑到两倍快！"有时对公司进行闪电式扩张的感觉有点像竭尽全力奔跑结果却原地不动。但是，我们和红皇后的世界区别在于，闪电式扩张竞赛是为了打造让世界更美好的事物。无论你的新市场是机器学习、新型无线计算，还是某种尚未发明出来的东西，都有一个词可以说明闪电式扩张的副产品，那就是"进步"。

第五章

闪电式扩张的蓝图

尽管你在本书中看到的许多案例都是有关硅谷科技公司的，但闪电式扩张原则的适用对象远远超出了这个特定领域。在本章中，我们将重点关注闪电式扩张的广泛前景，包括它在其他地区和行业中的运作方式，以及它对全球经济未来的意义。因为这个问题非常重要，因此我们用本章中的一整节专门研究中国的闪电式扩张。

高科技行业之外的闪电式扩张

尽管闪电式扩张可能最适用于高科技行业，但其方法可以使任何行业受益，只要这些行业中的机会能展示出强劲增长因素（比如市场规模、推广、毛利率和网络效应）并克服增长限制因素（比如缺少产品／市场匹配性和运营可扩张性）。

以西班牙服装零售商 Zara 为例。很少有行业比服装业看起来更远离谷歌和脸书等互联网公司的世界。然而，虽然 Zara 的规模扩张花了更长时间（该公司成立于 1975 年，巧合的是，微软恰好在同一年成立），但其在行业中的规模和主导地位可以与高科技领军企业相媲美，并使其创始人阿曼西奥·奥尔特加成为世界第三大富翁（仅次于杰夫·贝佐斯和比尔·盖茨，但领先于沃伦·巴菲特）。

Zara 在一个巨大的市场中经营。2016 年，全球服装销售额超过 1.4 万亿美元，尽管 Zara 的毛利率在 2017 年达到了 10 年来的最低点，但仍然保持了 57% 的强劲水平（谷歌为 61%，亚马逊为 35%）。Zara 全球商店网络为其提供了广泛的分销渠道，虽然服装无法提供强大的网络效应，但服装确实拥有相当大的消费者忠诚度，这使 Zara 能在一定程度上锁定长期优势。

然而，更重要的是，Zara 实际上使用闪电式扩张方法来经营业务。速度是 Zara "快时尚"商业战略的基础，历经几十年，这一战略可以用一句话概括："以快过其他任何厂商的速度为客户提供他们想要的商品。"

Zara 业务的每个方面都围绕着实现这一速度来组织。结果令人印象深刻：Zara 仅需两周时间开发一款新产品并进入商店，而行业平均水平为 6 个月；Zara 每年推出一万多款新设计，这是 H&M 和 Gap 等竞争对手的数倍。Zara 只持有 6 天的库存，而竞争对手 H&M 持有近 10 倍的库存。20 世纪 70 年代，奥尔特加制定了一项规则，即 Zara 必须在不到 48 小时内完成商店的服装订单。如今，Zara 仍然遵守这条规则，尽管它已从西班牙本地的一家零售商扩张为在非洲和亚洲拥有商店的全球服装帝国。

为了实现这些结果，Zara 找到了一种平衡方法，既能解决运营可扩展性这个增长限制因素，同时又遵守违反直觉的规则来接受混乱并做无法扩展的事。鉴于其庞大规模，你会认为 Zara 将求助于中国以提高其利润率，就像苹果公司对 iPhone 的做法一样。但与其竞争对手不同，Zara 仍在西班牙生产大部分服装。由于其财务实力雄厚，Zara 能在西班牙建立 14 家高度自动化的工厂，在那里机器人生产"坯布"，也就是新生产的未经漂白和染色的服装。然后 Zara 使用位于西班牙和葡萄牙的 300 多家小商店合作伙伴网络，将这些坯布加工为成衣。虽然劳动力成本可能高于中国，因此"效率"较低，但回报是令人难以置信的响应力和速度。

响应式制造对 Zara 的商业模式至关重要。服装由 Zara 设计中心的小团队设计，设计师与制版师和商业销售专家合作。Zara 的商店经理每天都会提供反馈。销售专家会对这些反馈进行分析，然后将分析结果提交给设计师和制版师，他们接到分析结果后就开始在现场画出设计草图，以惊人的速度平均每天推出三种新品。然后，这些设计将发送给工厂生产，生产出的服装再发到合作伙伴商店，完成整个流程。

Zara 的物流模式延续了这种更重视响应力而非效率的偏好。Zara 的产品以小批量分销，这需要更频繁的出货。物流成本较高，但这使 Zara 可以在不到 24 小时的时间内将服装送到欧洲、中东和美国的商店，在不到 48 小时的时间内将服装送到亚洲和南美洲。

这种对速度的关注直接来自创始人，并使整个公司充满活力。2013 年《财富》杂志的一篇文章讲到，奥尔特加有次在红绿灯前停下来时，发现一名年轻的摩托车手身穿一件打着 20 世纪 70 年代风格补丁的牛仔夹克。奥尔特加抓起他的手机给助手打电话，在电话里描述了夹克的样子，并命令助手将该设计投入生产。Zara 时尚女装部门负责人洛雷托·加西亚接受《财富》采访时解释了迅速应对潮流的必要性："今天看起来很棒的创意，两周后就会变成最糟糕的创意。"

尽管存在混乱以及小批生产和运输的效率低下问题，但 Zara 的毛利率仍然高于其竞争对手 H&M（55%）和 Gap（29%）。这是因为追求速度带来的低效率使 Zara 得以避免最重要的毛利率下降原因之一，即未售出服装的积压，而这是几乎所有服装公司都面临的问题。奥尔特加在他 16 岁时设计了这种模式，即不要订购存货并寄希望于它能卖出去，而是要弄清楚人们想要什么，然后生产出来。

另一个将闪电式扩张用于完全不同类型业务的例子是 21 世纪初美国页岩油和天然气行业的迅速崛起。能源部门在我们定义的增长因素上得分很高。石油和天然气行业是一个巨大的高利润行业，拥有非常高效的分销系统。虽然页岩油行业的网络效应并不明显，但它自身拥有强大的长期竞争优势。在能源行业，通常做法是租用 99 年钻探权而不是直接购买土地，价格由保底租金和特许权使用费组成。这意味着租到一片合适的土地等于对该片土地下的石油和天然气拥有牢不可破的垄断权，至少在租赁期限内是如此。

闪电式扩张使页岩油公司以惊人的速度增长。2002 年，领先的页岩气生产商 Chesapeake Energy 的报告收入为 7.38 亿美元。仅仅 4 年之后，Chesapeake 的报告收入就达到 73 亿美元，并被加入标准普尔 500 指数。实现这种数量级增长只花了相当于上高中所需的时间。

Chesapeake 的联合创始人，已故的奥布里·麦克伦登和他的合伙人汤姆·沃德不具备勘探或炼油方面的通常行业背景。麦克伦登和沃德不经营钻井平台或炼油厂，而是"地产商"，他们是寻找土地并与土地所有者就矿权租赁进行谈判的专家。这种专业知识对他们的闪电式扩张至关重要。

20 世纪 90 年代后期，水平钻井和改良水力压裂技术（压裂）的结合，使得从页岩层中提取碳氢化合物首次有了经济可行性。这项技术的本质是，能源公司可以将水平轴钻入岩层，然后将高压液体泵入井中，使岩石破碎并释放更多石油和天然气。由于传统的钻井技术不适用于页岩层，因此这些地层上的土地从未被出租过，这意味着当水力压裂技术使人们首次能开采到这些碳氢化合物时，购买这些矿权的市场就完全开放了。

虽然 Chesapeake 不是第一家采用水力压裂技术的公司——实际上是米切尔能源公司（Mitchell Energy）于 1997 年首先将水力压裂技术用于开采得克萨斯州的巴奈特页岩层，但它将这项技术创新与麦克伦登的商业创新相结合，从而成为历史上增长最快的能源公司。

Chesapeake 的行动速度快于该行业的其他任何公司，它派一大批地产商积极租赁尽可能多的土地，并指示他们支付任何必要的费用，不管天然气储量是否值得该价格。雇用一大批地产商并为看不见的东西支付高额租金似乎效率低下……直到天然气井开始生产。由于水力压裂技术的改良使该公司的天然气井赚得盆满钵满，至少一开始是如此，因此 Chesapeake 的闪电式扩张战略得到了回报。

麦克伦登和 Chesapeake 的案例也说明了以高增长名义牺牲效率的内在风险。闪电式扩张可能导致巨大的胜利和巨大的损失，它们有时发生在同一家公司身上。Chesapeake 继续借钱以更高价格租赁更多土地。麦克伦登的行动似乎说明他的闪电式扩张战略肯定会成功，但Chesapeake受到了2008年全球经济衰退的重创。2008年6月，其股价达到62.40美元的高位后开始大幅下跌，在2016年年初跌至2.61美元（2017年，该公司的股票交易价格在每股4美元到8美元之间）。麦克伦登是借钱购买的Chesapeake股票，因此在个人财务方面也承担了很大风险。2008年的追加保证金要求迫使他以巨大亏损卖掉了94%的Chesapeake股票。

麦克伦登最终被迫在2013年辞去了Chesapeake的首席执行官一职，但仍然是坚定的闪电式扩张支持者。2016年麦克伦登去世时，他正在经营美国能源合伙公司（American Energy Partners），这是他离开Chesapeake后创立的公司，为此向投资者筹集了150亿美元。

即使你无法将软件驱动的高科技商业模式完全应用于你的行业，对增长因素和增长限制因素进行认真分析也可能发现在哪里能找到闪电式扩张机会并获得相关回报。毕竟，如果你能对T恤和油井进行闪电式扩张，就很可能有能力对任何业务进行闪电式扩张。

对大型企业进行闪电式扩张

虽然人们一提到闪电式扩张的超高速增长，就会想到活力四射的初创公司，但闪电式扩张也可以在更大的成熟企业中进行。没有任何增长因素或增长限制因素，也没有任何经过验证的模式或商业模式要求企业是一家独立拥有、私营、由风险投资支持的公司。即使闪电式扩张成功后，企业无法提供使员工变得富裕的股票期权，你也可以而且应该吸取并灵活利用闪电式扩张的经验教训，帮助你实现快速增长和首个规模扩张者优势。

在一家大型企业中尝试进行闪电式扩张与在初创企业中尝试进行闪电式扩张相比，既有优势也有劣势。脚踏实地很关键——初创企业在闪电式扩张方面具有一些内在优势。闪电式扩张离不开速度和冒险，而初创企业可以损失的东西少得多，因此灵活得多。希望进行闪电式扩张的成熟公司需要找到主要优势，以克服其在速度和冒险方面的内在劣势。

第一个优势：规模

这听起来可能很明显，但是有些机会只有在达到大型成熟公司的规模时才能利用。例如，亚马逊无法在其数据中心没有实现大规模扩张的情况下推出亚马逊网络服务，并成为管理这些数据中心的全球领导者。如果无法利用亚马逊的规模经济和卓越运营的声誉，那么试图打造这种产品几乎是不可能的。即使在今天，亚马逊网络服务的主要竞争对手也是其他具有相当规模的公司，比如微软、谷歌和 IBM。

除了技术，规模可能是更大的优势。当快速贷款公司（Quicken Loans）推出 Rocket Mortgage（火箭抵押贷款）时，该服务可以在不到 10 分钟的时间内在线提供抵押贷款，这样就能利用快速贷款公司的消费者营销专长（包括超级碗广告）来获取客户，并利用该公司现有的财务关系为这些抵押贷款提供资金。结果，在其首个完整运营年度（2016 年）中，Rocket Mortgage 发放了 70 亿美元贷款，如果它是一家独立公司，它将在全国所有抵押贷款机构中排名前 30 位，并使快速贷款公司的已完成贷款总金额达到 960 亿美元，与 2015 年的 790 亿美元相比大幅增加。

另一方面，如果初创企业能参与同一场竞争，那么除非规模存在巨大差异，否则规模可能无法提供显著优势。例如，当爱彼迎进行闪电式扩张时，它正在与假日房屋租赁在线服务网站 HomeAway 竞争，HomeAway 是一家规模大得多的成熟企业。然而，HomeAway 是通过 21 次陆续收购实现的规模扩张，这意味着其所有收购都在不同技术平台上进行，并服务于不同客户。事实上，HomeAway 的规模实际上是劣势！HomeAway 后来被 Expedia 收购，作为后者应对爱彼迎竞争威胁的部分手段。

第二个优势：迭代

成熟公司的另一个优势是能进行多次迭代闪电式扩张。闪电式扩张是一种高风险策略，第一次尝试时可能无法取得成功。你需要有足够资金继续扩张下去。微软的名气就是来自它通过迭代从仿冒产品发展到市场主导者的能力。第一版和第二版 Microsoft Windows 未能成功复制 Apple 的 Macintosh 操作系统；第三版 Microsoft Windows 尽管仍然不如苹果的操作系统，但已经足够好了，微软对 Windows 95 和 Windows NT 等后续版本的操作系统发起了闪电式营销，使它们占据了主导地位。微软后来通过 Xbox 业务重复了这一战略，它从 Xbox 发展到 Xbox 360，又发展到今天的 Xbox One。

用体育运动来类比，这就像你可能要多次射门才能得分。成熟企业可以更轻松地为多次射门融资，直到踢进球。

这种优势也不仅限于技术。在页岩油行业，金融资源在 Chesapeake Energy 等先驱者的成功中发挥了重要作用。2012 年，奥布雷·麦克伦登接受《滚石》杂志采访时说："能借款 10 年并平安度过繁荣和萧条周期几乎和水平钻探一样重要……如果某些方法在一段时间内不起作用，我们可以重新部署并找到管用的方法。"

第三个优势：耐久性

在闪电式扩张中进行多次尝试的能力是优势，在单次尝试中保持耐心的能力也是优势。大公司（如果它们有耐心的股东）比初创企业有更长的时间，后者需要立即拿出业绩才能继续筹集资金。谷歌经常使用从自动驾驶汽车到抗衰老治疗的不同技术来赢得时间。脸书也在与 Oculus Rift（一款为电子游戏设计的头戴式显示器）和虚拟现实比拼谁能耗得更久。关键是知道何时扩大规模。微软曾经试图用 Windows CE 过早地对智能手机进行规模扩张。然而事实证明，只有在摩尔定律使手机中央处理器足够强大，苹果将软件与电容式触摸屏、康宁公司（Corning）的抗损伤大猩猩玻璃（Gorilla Glass）和大批量中国制造相结合后，现代智能手机才变得实用。

第四个优势：合并与收购

成熟企业的最后一个优势是能使用收购来推动闪电式扩张。收购已经进行闪电式扩张或有可能进行闪电式扩张的企业，可以使现有公司转型。例如，以"用户出价"机票为人熟知的 Priceline 在收购 Booking.com 时完美执行了这一策略，使其在酒店预订市场中获得了持久优势。许多美国消费者熟悉 Priceline，只是因为演员威廉·沙特纳主演的著名广告"Priceline 谈判家"，但他们可能并不知道，Priceline 近三分之二的收入来自美国以外的酒店订单。2015 年，Priceline 的 10 年收益率实际上高于任何财富 500 强公司的股票。

和直接的闪电式扩张一样，成功实施并购战略需要对市场有罕见或独特的洞察力；如果旅游领域的所有企业都知道在线酒店预订的价值，Priceline 就无法负担收购 Booking.com 的费用。成熟企业也可以使用一系列收购来进行闪电式扩张，只要它们比 HomeAway 更好地进行整合。例如，脸书收购 Instagram 和 WhatsApp 帮助它抵御了危险的竞争者 Snap，从而在年轻一代的社交网络中占据了主导地位。

但是，在实施闪电式扩张战略时，除了速度和灵活性降低之外，成熟公司还有许多劣势要考虑。

第一个劣势：激励

成熟企业面临的一个主要问题是，激励措施往往鼓励谨慎扩张而非积极的闪电式扩张。成功的公司通常认为它们已经拥有了有价值的资产，这意味着冒险往往会受到惩罚。如果你冒险并失败，就会损害有价值的资产。初创公司就不会面临这种情况，因为默认情况下，初创公司总会失败，因此没什么可损失的。公司还面临来自股东、分析师和媒体的压力。问题是，大公司领导者谨慎行事没有错！众所周知的大型失败会扼杀成熟企业的股票价格及其声誉。此外，潜在回报必须是巨大的。同样是 1 000 万美元的机会，初创企业可能认为这是改变人生的赌注，但对大公司而言只不过是零钱而已。

　　针对个体员工的激励措施也可能对成熟公司内部的闪电式扩张产生负面影响。提出有风险的闪电式扩张计划的员工或主管，是能从成功的闪电式扩张中获得最大收益（晋升、奖金、势力，等等）的人。相比之下，其他员工从这种成功中获得的收益甚微，如果这种成功让优胜者的晋升机会或奖金高于他们的，他们最终甚至可能有损失。如果该计划不成功并使公司损失大笔资金，那么其员工都将承担失败代价。你还不明白为何那么多大胆的提议都被委员会否决了吗？

第二个劣势：不分阶段的投资

　　大公司的另一个（很大程度上是自己造成的）劣势是不能或不愿进行分阶段投资。这是内部激励措施的结果，内部激励措施往往根据经理监督的收入奖励经理，同时惩罚失败并低估增长机会。分阶段投资让经理在进行实验时尽可能减少影响公司的不利因素。但由于大多数此类实验都会失败，因此大公司经理试图通过投入更多资源来降低失败风险。不幸的是，大多数闪电式扩张机会的风险和不确定性都相当高，需要大量资金才能取得成功，这使得不分阶段的投资实际上成为公司下的赌注。对于一家不成功则成仁的初创企业来说，这可能不是什么大不了的事；但对于持续经营的企业而言，这可能事关重大，因为其业务本可能持续盈利数年甚至数十年！

出于自负的原因，高级经理也可能喜欢吹得天花乱坠并重金投入小型实验，如果它们成功的话，就可能实现闪电式扩张。大型公司的管理费用也更多；当提案获得批准时，竞争对手可能已经锁定了市场。

毫无疑问，亚马逊是一家仍然重视和鼓励分阶段投资和实验的大公司。杰夫·贝佐斯在他著名的股东信中谈到了这一点。贝佐斯希望确保亚马逊继续拥有初创思维，他称之为"第一天"。贝佐斯写道，"坚持第一天的心态需要耐心试验、接受失败、种下种子、保护树苗，并在看到客户开心时加倍下注。"

第三个劣势：公共市场压力

最后，上市的成熟公司面临着呈交短期（即季度）财务业绩的额外压力。闪电式扩张通常需要牺牲短期效率（因而牺牲财务业绩）来创造长期价值。私营公司通常是私人持股的，这让大股东更容易同意进行高风险的长期投资——如果你的股东愿意冒险获得更大回报。但是，如果公众持股的上市公司试图实施闪电式扩张战略，就可能面临激进投资者和其他此类股东的反对。这甚至会导致最糟糕的可能性：如果没有必要的投资和跟进来获得长期回报，闪电式扩张就会付出最初的代价。许多上市的闪电式扩张公司，比如谷歌和脸书，都试图通过发行两类股票来避免公共市场压力，这样决策权就属于少数人（即拉里、谢尔盖和马克）。

考虑到这些优点和缺点，大型公司开始进行闪电式扩张时可以使用以下一些具体管理方法或"技巧"。

闪电式扩张技巧

一种帮助现有公司进行闪电式扩张的有效技巧是，想办法利用过去有闪电式扩张经验的人和企业。一种显而易见的做法就是与闪电式扩张初创企业合作。例如，面对优步的崛起及其对人类驾驶汽车市场的相应威胁，通用汽车的应对措施是，向优步的闪电式扩张竞争对手 Lyft 投资 5 亿美元。通用汽车还通过收购 Cruise 的自动驾驶汽车技术对冲其风险投资。

一种不太显而易见的方法是利用风险资本家的知识。风险资本家热衷于进行闪电式扩张及其带来的回报，即使他们在本书出版之前不知道这些具体术语。如果你邀请他们成为项目中的少数投资者，他们将对你的情况进行切合实际的评估。例如，许多大公司错误地定价自己的资产或高估自己的优势，即使客观的观察者认为这种尝试不明智，它们也会试图进行闪电式扩张。邀请风险资本家是了解专业有识之士如何评估你的资产价值的快捷方式。

减轻大企业闪电式扩张内在劣势的最后一种方法是将新项目视为公司内的公司。一旦闪电式扩张项目开始进行，你就需要以不同于常规项目的方式管理它。以旨在提供稳定增长的传统项目作为对比进行评估时，速度更快、效率更低的闪电式扩张会显得轻率和浪费。因此，闪电式扩张项目需要与公司其他部门隔离，以便负责该项目的高管可以有效运营它。典型的例子就是史蒂夫·乔布斯管理 Macintosh 初始团队的方法，该团队有独立办公室，那里是普通苹果员工的禁区。拉里·佩奇将相同方法用于安卓，他允许安卓团队在独立办公室工作——佩戴谷歌员工徽章的人不能进入安卓办公室，并采用与母公司不同的招聘做法。索尼的 PlayStation 项目、亚马逊的 Kindle 项目以及 IBM 的 Watson 团队也是如此。

商业领域之外的闪电式扩张

虽然我们的重点是闪电式扩张在商业领域的应用，但面临不确定性时，牺牲效率换取速度的基本原则几乎可以应用于任何环境。

接下来，我们将考察如何把闪电式扩张的增长因素和增长限制因素应用于非商业环境。

市场规模

对于非营利组织，我们需要找到市场规模的新衡量指标，因为我们不能依赖收入等财务指标。通常，最好的指标可能是生活得到改善的人数，但其他指标，例如"健康生活年数"或"固化碳公吨数"，也可以起到这种作用。虽然指标可能会变化，但市场规模原则仍然适用，因为如果没有大型市场，闪电式扩张就几乎没有意义。比尔和梅林达·盖茨基金会决定解决疟疾预防和治疗问题的主要原因之一，就是疟疾"市场"规模巨大。2012 年，2.07 亿人患有疟疾，其中 627 000 人死于这种疾病，77% 是 5 岁以下的儿童。这些数字中还包括，2000 年至 2012 年，年死亡人数下降了 42%，这部分要归功于盖茨基金会的努力。这是一个很大的市场，闪电式扩张能在此产生巨大影响。

推　广

推广在非商业环境中的重要性与它对逐利公司的重要性不相上下。无论你的"产品"是社会服务、政治候选人还是其他任何东西，可能多么有效地改善用户的生活，其影响都与你执行有效推广策略的能力成正比。Mozilla 基金会并不是唯一开发 Web 浏览器（火狐）的开源组织，但它是唯一能够利用推广实现领先市场份额的非营利组织。2008 年，巴拉克·奥巴马之所以能赢得总统大选，部分原因是他的竞选活动率先利用了互联网的推广潜力，包括通过社交媒体利用现有的草根人脉并实现病毒式传播。

毛利率

由于许多非营利组织不向服务对象收费，因此不适用毛利率。但是，我们可以使用符合毛利率精神的指标，例如经济影响。从较高层面看，毛利率是每 1 美元影响力的衡量指标，每 1 美元的影响力越大，非营利组织越应该进行闪电式扩张。例如，国际公民社会支持组织（International Civil Society Support）估计，每花 1 美元用于预防和治疗疟疾，就会产生 20 美元经济效益，使用浸有杀虫剂的蚊帐是最具成本效益的一种干预措施。与软件毛利率相比，符合毛利率精神的指标的影响力更胜一筹。

网络效应

在非营利组织中，网络效应相对罕见。尽管有一些超级非政府组织，比如红十字会和联合劝募会，但它们的市场地位主要归功于规模经济而非真正的网络效应。但是，仍然值得考虑是否有可能利用网络效应，因为这样做可能产生重大影响。

例如，当萨尔·可汗开始通过互联网辅导他的表弟时，他的可汗学院由此开启。当其他表兄弟开始报名时，他决定在 YouTube 上发布他的讲座，以便世界上任何人都可以使用它们。利用 YouTube 平台的关键决策意味着可汗学院同时拥有巨大的市场（任何可以访问 YouTube 的人，也就是大多数人类），以及强大的推广平台（任何在 YouTube 上搜索教育内容的人都可能偶然看到可汗学院）。随着可汗学院获得庞大的用户群，它开始受益于基于标准的间接网络效应。教育工作者开始将可汗学院的视频纳入其官方课程，并制定与其他教育工作者共享的课程计划。如今，每月有 4 000 万名学生和 200 万名教育工作者使用可汗学院（整个美国只有 5 070 万名中小学生），志愿者已将其视频翻译成 36 种语言。

缺乏产品 / 市场匹配性

对于营利性企业而言，无情的市场经济规律很快就会淘汰未能实现产品 / 市场匹配性的公司。如果没能产生吸引力，企业将缺少生存所需的收入，且几乎没有能力向投资者筹集更多资金。相比之下，非营利组织通常会出于非经济原因接受拨款和捐赠，而且资金流并不总是与受资助组织的效益相关。"顾客"是它的服务对象，但"客户"是资助者。然而，如果这些组织希望进行闪电式扩张，产品 / 市场匹配性对它们而言仍然很重要。通常，非营利组织为其"顾客"服务的效率越高，就能向"客户"筹集越多资金。"慈善：水源"（Charity：Water）是一家为发展中国家人民提供清洁、安全的饮用水的非营利组织。它还是一种面向用户的产品 / 市场匹配性模式，这些用户从经其资助的超过 23 000 个水源项目中受益，资助者可以看到打出的水井的照片，并且知道他们 100% 的捐款都将用于资助这些项目（该组织的运营成本由基金会和赞助商承担）。因此，2006 年成立后的 10 年中，"慈善：水源"已向超过 30 万名个人捐赠者筹集了超过 2.52 亿美元。

运营可扩张性

说到挑战，运营可扩张性是商业领域以外一个更大的挑战。随着企业的规模扩张，通常会获得收入或风险投资，并将其大量投资于可扩张的基础设施或聘用更多员工。商业领域也充斥着成功扩张的公司，这意味着更容易招到可以帮你管理快速增长的员工。相比之下，非营利组织通常没有同样规模的金融资本，当然也无法获得同样经验丰富的人力资本。因此，设计一种不需要太多资源实现扩张的商业模式，例如 Mozilla 基金会这种开源组织，就显得尤为难能可贵。

除了增长因素和增长限制因素以外，另一个主要的潜在差异是非营利组织和影响力组织如何看待竞争。在商业领域（以及某些非商业组织，比如政治竞选机构）中，竞争——具体而言指击败竞争对手，是闪电式扩张最重要的动机之一。相比之下，盖茨基金会欢迎另一个花费数十亿美元试图"击败"盖茨基金会以实现根除疟疾目标的大型非营利组织。这可能有助于解释为什么闪电式扩张在商业领域之外相对不太常见。然而，鉴于我们当今面临的挑战规模——从气候变化到贫困再到需要改革的教育体系，我们认为考虑如何将可扩张技术解决方案应用于传统上不可规模化问题的时机已经成熟。

让我们来看两个非常具体但截然不同的例子，以了解在商业领域以外应用闪电式扩张原则的一些方法。

示例一：穿出成功

"穿出成功"（DFS）为低收入女性提供捐赠的职业正装，并为其提供面试辅导，以帮助她们获得工作。其运营资金的 99% 来自拨款、政府经费和捐款。

"穿出成功"没有为扩张提供资金的投资者或收入，因此创始人南希·卢布林必须找到巧妙方法来规避运营可扩张性的挑战而不消耗现金。一个特别聪明的策略是利用其基础设施限制来克服人力资源限制。为了实现规模化，"穿出成功"需要找到一种方法来筛选潜在客户（以确保该组织为最有需要的人服务）并为其服装"店"配备员工，这两者通常都需要付薪员工或大量招募志愿者。不过，卢布林与服务于相同客户的家庭暴力庇护所等组织合作，以零成本完成了两项工作。"穿出成功"仅接受合作伙伴推荐的客户，作为交换，这些合作伙伴需要提供志愿者担任商店员工。这使"穿出成功"能扩大其服务的人数规模并得到提供该服务所需的劳动力，所有这些都不用花一分钱！

卢布林还通过对"穿出成功"实行"特许经营"来利用创新推广模式的力量。只要有人希望开办"穿出成功"服装店，就会受邀飞往纽约并住在她公寓的沙发床上。然后，她会对这些企业家进行培训，将其送回家乡，开办新的"穿出成功"服装店。当卢布林于 2002 年离开"穿出成功"时，她已将该组织扩展到 76 家服装店。如今，"穿出成功"已经扩展到 21 个国家，帮助了将近 100 万名女性。

示例二：巴拉克·奥巴马的总统竞选

2008 年，巴拉克·奥巴马的总统竞选团队利用闪电式扩张的力量（尤其是商业模式创新）以及硅谷的工具，将一个鲜为人知的首任参议员从伊利诺伊州推向白宫，尽管他要与一系列名声显赫的美国政治家交手，包括前第一夫人兼参议员希拉里·克林顿。

在奥巴马的这场看似希望渺茫的总统竞选活动背后，关键的商业模式创新是前所未有地利用连通性实现和协调去中心化运动。奥巴马于 2007 年 2 月 10 日宣布参选。根据竞选顾问史蒂夫·斯平纳的说法，该竞选团队的员工在一年内从零增加到 700 人（以及数量级更高的志愿者）。这种快速增长的关键是使用技术来利用现有的大型网络并实现强有力的推广。

首先，奥巴马专注于通过互联网向个人筹集小额捐款，而不是向富有的传统民主党捐款人筹集大额捐款。这是不得已而为之，因为他要与希拉里·克林顿竞争民主党的提名人选，后者被认为是理所当然的最佳人选，她在白宫和参议院时与大型捐款人建立了深厚关系。但事实证明，这种新商业模式让奥巴马筹集的资金超过以往任何一位候选人：他获得的竞选捐款超过 6.5 亿美元，比乔治·沃克·布什总统在 2004 年连任竞选活动期间创下的纪录高出近 3 亿美元。超过一半的捐款金额不到 200 美元；相比之下，2004 年大选周期筹集的资金中只有 27% 来自小额捐款人。

其次，奥巴马的竞选活动还利用技术来建立并管理一支动员投票的志愿者队伍。这里，奥巴马的竞选团队得益于非凡的运气；官方宣布他获得提名资格之前不久，他的竞选团队就联系了年轻的社交网络脸书以建立官方网页。他们联系了脸书的联合创始人克里斯·休斯，说服他相信奥巴马能赢得总统大选并改变世界，于是休斯离开脸书，加入了竞选团队。休斯曾在世界上最伟大的闪电式扩张公司之一工作，他带来了这方面的个人经验，并迅速采取行动将硅谷的工具应用于奥巴马的竞选活动。

休斯和他的团队最终设计出三个关键工具，利用增长因素帮助奥巴马赢得大选。第一个工具是 my.barackobama.com，简称 MyBO。MyBO 是一个社交网络，利用现有的奥巴马支持者网络，让他们能彼此联系、创建团体、规划活动和筹集资金。在竞选过程中，志愿者使用 MyBO 创建了 200 万个主页，举办了 20 万次线下活动，筹集了 3 000 万美元。

第二个工具是"邻里之间"拉票工具。当 MyBO 用户登录时，"邻里之间"会列出他们可以致电或造访的摇摆选民名单。"邻里之间"利用在线数据库将志愿者与他们可能联系的人进行匹配，同时考虑到年龄、职业、语言和兵役等因素。"邻里之间"产生了大约 800 万通电话以及海量口头宣传。

第三个工具是选民登记网站"为改变而投票"，它自动整理好非常复杂的当地选民登记规则，帮助可能投票给奥巴马的选民正确登记。例如，大学生登录时会被问到他们的大学和童年居所的位置，"为改变而投票"将帮助他们在更迫切需要学生投票的州登记。在活动期间，"为改变而投票"帮助了 100 万人登记投票，如果使用老式的上门动员方法，需要 2 000 名付薪员工才能达到大致相同的登记数量。

2008 年 11 月 4 日星期二，奥巴马当选为美利坚合众国第 44 任总统。部分得益于竞选活动采用的闪电式扩张方法，他获得了超过 6 900 万张选票，再次创下美国总统候选人的竞选纪录。

正如这些例子所示，闪电式扩张可以用于打造利润丰厚的业务，也可以成为社会影响和变革的有力工具。这殊为不易；你要么能获得大量资本（正如我们在奥巴马 2008 年的总统竞选活动中看到的），要么能利用社区或其他现有网络的贡献（正如"穿出成功"的例子所示），要么两者兼而有之。但是，如果你能支持这种快速增长，闪电式扩张的经验就能帮助你应对这种增长的压力，并最大限度地发挥你对世界的影响。

"大硅谷"的闪电式扩张

过去 10 年，商业界一个引人注目的发展是美国太平洋沿岸的其他高科技生态系统与硅谷更紧密地融合起来。在 20 世纪大部分时间里，西雅图、洛杉矶和硅谷是截然不同且差异化的行业中心。硅谷的专长是计算机，而西雅图和洛杉矶都拥有强大的航空航天和国防工业，每个生态系统在咖啡馆（西雅图）和娱乐业（洛杉矶）都大肆宣扬自己的市场领导地位。但在 21 世纪，西雅图和洛杉矶也成了与硅谷联系日益紧密的高科技生态系统大本营。

2017 年，《经济学人》杂志中一篇题为《美国的两个科技中心如何融合》（How America's Two Tech Hubs Are Converging）的文章认为，西雅图和硅谷的联系越来越紧密，证据是西雅图初创企业的大部分风险投资都来自硅谷的风险投资公司，而且大约 30 家硅谷公司已经开设了西雅图办事处，以利用该市丰富的计算机科学家资源，而西雅图的两家主要的闪电式扩张公司——亚马逊和微软——则拥有成千上万在硅谷工作的员工。与此同时，西雅图的亚马逊网络服务已成为硅谷初创企业和规模化企业的首选云计算平台。

作为初创企业和规模化企业中心，洛杉矶也取得了令人瞩目的增长。据研究公司 CB Insights 称，2016 年，洛杉矶初创企业获得了 30 亿美元融资，自 2012 年以来翻了 6 倍。洛杉矶的生态系统，包括太平洋沿岸的所谓硅滩地区，已经产生了一些重要公司，包括 Snap 和 SpaceX，每家公司价值都超过 100 亿美元；以及其他成功案例，比如在线男性护理用品平台 Dollar Shave Club。值得注意的是，Snap 的创始人在斯坦福大学念书时相遇，SpaceX 由曾在洛杉矶居住的埃隆·马斯克创立，他们的大部分投资者都是硅谷风险投资公司，比如 Lightspeed、Founders Fund 和 Venrock。与西雅图一样，洛杉矶也是谷歌等硅谷主要公司的业务基地。当你意识到西雅图和洛杉矶离硅谷非常近，因此其资本、人才和学习网络可以相互交织时，这些关系就没有那么令人意外了：要知道，搭乘短途飞机到西雅图只需花 2 小时，到洛杉矶只需花 1 小时；或者，从洛杉矶开车 6 小时就可以到达硅谷，5 号州际公路沿途有大量特斯拉超级充电站，因此风险投资家可以放心出行！这有助于整合资本网络，硅谷投资者可以轻松投资于西雅图和洛杉矶的交易，因为他们可以飞来飞去参加董事会会议。这也有助于整合人才网络，因为企业家可以轻松地在各个中心城市之间旅行，以建立和维持关系，分享见解和面对面学习。例如，地理位置的便利性让埃隆·马斯克可以同时经营特斯拉（位于硅谷）和 SpaceX（位于洛杉矶）。西雅图和洛杉矶还为专业人士提供了良好的高质量生活环境，因为它们是主要文化中心和热门旅游景区，但房价没有硅谷高（虽然很难说房价便宜）。

如果这些城市通过高铁或马斯克提出的超级高铁等其他交通工具连接起来，或者当自动驾驶汽车出现后，这些联系将可能更加紧密，所有这些都将使这些城市与硅谷之间的旅行和通勤更加快捷、廉价。因此，洛杉矶和西雅图日益成为创业公司的肥沃土壤，这里也非常适合建立计划进行闪电式扩张的公司。观察亚马逊旨在建立第二个总部的 HQ2 项目（亚马逊计划投入 50 亿美元建设一个可容纳 5 万名员工的新企业园区）最终是否将进一步扩展"大硅谷"，将是很有意思的事。穆迪将奥斯汀评为最可能被选中的城市，而《纽约时报》则认为丹佛良机在握。考虑到从硅谷迁往科罗拉多的长期模式，以及西南航空公司在圣何塞和奥斯汀之间开设的"呆鸟"（nerd bird）① 航班，这两座城市都是合乎逻辑的扩张地点。

新兴生态系统中的闪电式扩张

在美国，波士顿和奥斯汀这种城市已成为强大的科技中心，最

---

① 因为这趟航班上的大部分旅客都是搞研究的书呆子（nerd），所以把这类航班称为"呆鸟"。——译者注

近又涌现出科罗拉多州博尔德甚至纽约市等科技中心。在欧洲，伦敦、斯德哥尔摩和柏林等城市（扎姆韦尔兄弟的 Rocket Internet 试图将闪电式扩张作为一种商业模式实现工业化，他们的成败都令人瞩目），也已经开始产生引人关注的公司。根据沃顿商学院的研究，就产生价值数十亿美元的"独角兽"初创企业数量而言，斯德哥尔摩实际上是仅次于硅谷的城市。在处于劳动年龄（18~64 岁）的瑞典成年人中，65% 的人认为在瑞典创办公司恰逢良机；相比之下，在处于劳动年龄的美国人中，47% 的人认为在美国创办公司恰逢良机。

例如，斯德哥尔摩的流媒体音乐巨头 Spotify 拥有多数硅谷独角兽都会羡慕的闪电式扩张记录。Spotify 的联合创始人丹尼尔·埃克和马丁·洛伦松都是有闪电式扩张经验的连续创业者，埃克是 Stardoll 的首席技术官，而洛伦松是 Tradedoubler 的联合创始人。Spotify 使用经过验证的免费增值商业模式，提供免费的基本服务，并鼓励用户订购更高质量且无广告的音频。2008 年推出以来，Spotify 一直追求极其积极的投资，向硅谷风险投资公司（比如 Founders Fund、Accel 和 Kleiner Perkins Caufield & Byers）以及有规模化经验的全球投资者（比如李嘉诚的维港投资和尤里·米尔纳的数字天空技术公司）筹集到超过 25 亿美元资金，付费订购用户从 2011 年的 100 万人增长到 2017 年的 6 000 万人。

值得注意的是，尽管他们在斯德哥尔摩取得了成功，但在 2016 年，埃克和洛伦松开始担心对移民实行限制性、高门槛的住房规定以及对股票期权征收重税等政策，可能会使 Spotify 难以留在当地。果然，2017 年 2 月，Spotify 宣布将在纽约分支机构增加 1 000 个新职位，使美国成为大部分 Spotify 员工的大本营。

在西方世界之外，前景可能更加光明。当然，我们知道中国在这方面表现突出，但预计 21 世纪印度也将在经济上反超美国。印度电子商务巨头 Flipkart 已向全球投资者，包括 Accel（硅谷）、Tiger Global（纽约）、Naspers（南非）、GIC（新加坡）和软银（日本），筹集了近73亿美元。它的创始人萨钦·班萨尔和宾尼·班萨尔——两人不是亲戚——都在亚马逊工作。非洲是 M-Pesa 移动支付系统等移动服务的先锋，该系统在英国开发，由美国的 IBM 管理，而 IBM 的技术业务现在由中国的华为管理。2015 年，M-Pesa 在肯尼亚的交易额为 280 亿美元；相比之下，肯尼亚当年的国内生产总值为 630 亿美元。南美洲是一个快速增长的市场，当地居民主要讲西班牙语。以色列拥有比任何其他国家更高的人均初创企业数量，是网络安全公司的领先中心，也是蓬勃发展的风险投资社区大本营。甚至连澳大利亚也出现了像 Atlassian 这样的成功技术公司。

新兴生态系统中的闪电式扩张带来了不同挑战和不同机会。新兴生态系统缺少成熟生态系统（比如硅谷，或者更广泛地说，美国市场）提供的许多平台，比如支付系统和物流供应商，更不用说专业服务提供商（律师、会计师等）、经验丰富的高管以及进取型风险资本家了。这使闪电式扩张更加困难并导致增长速度放缓。利用现有平台要比构建自己的平台容易得多。

另一方面，一旦你取得成功，建立自己的平台就是一个主要竞争优势，这种优势通常会随着时间推移而愈加明显，从而导致更快的长期增长。MercadoLibre 早期的成长速度远远慢于亚马逊。在南美洲，甚至只有不到一半消费者拥有银行账户。该公司不能像亚马逊那样简单地利用无处不在的信用卡网络和成熟的物流供应商，相反，它必须建立自己的支付系统和物流系统。

然而，如今拥有 Mercado Pago 这样南美洲领先的电子商务支付系统，使 MercadoLibre 能保持更高的增长率，同时为潜在竞争制造障碍。尽管希望在美国市场上与亚马逊竞争的竞争对手可以借由 VISA 和 UPS 快速启动和发展壮大，但 MercadoLibre 的竞争对手将不得不使用 MercadoLibre 的支付和物流平台，这使它们更难实现大幅市场增长。

MercadoLibre 还能利用 eBay 等闪电式扩张前辈的经验教训。2001 年，eBay 收购了一家名为 iBazar 的法国公司，该公司拥有一家巴西子公司。因为 eBay 希望专注于欧洲，所以它向 MercadoLibre 提出一项建议：接管这项巴西业务，并以 19.9% 的 MercadoLibre 股份作为交换。这笔交易包括一项为期 5 年的竞业禁止协议（这意味着 MercadoLibre 至少不必担心 eBay 在这段时期内扩展到南美市场），以及一项最佳实务共享协议。虽然首席执行官马科斯·加尔佩林是为了竞业禁止协议而决定做这笔交易，但他在接受里德的"规模化大师"播客采访时表示，最后的事实证明，MercadoLibre 交易中最重要的部分是最佳实务共享协议：

> 最后的事实证明，对我们极具价值的是非常非常密集的最佳实务共享过程。我们这 5 年基本上就像是 eBay 的子公司！我们每个季度都会去（硅谷的 eBay 总部），我们公司的每个不同

部门都会与 eBay 的不同部门交流最佳实务。这帮助我们实现了规模扩张，并且了解到 eBay 在世界不同地区、面临不同竞争对手时的所有不同问题。我们学会了挑拣选择；eBay 的有些做法我们非常欣赏，而 eBay 的另一些做法我们认为并不适用于南美洲，我们会采取不同的做法。

马科斯和他的团队不只是模仿 eBay。他们从 eBay 的最佳实务中学习，并根据自己市场的具体特点进行了调整。

全球所有这些新生态系统都代表了引人注目并可能存在差异化的机遇，就像 15 年前的中国或 25 年前的硅谷一样。例如，波士顿凭借其世界一流的医院和大学赢得了健康领域的领导地位，而纽约则凭借互联网时尚和奢侈品租赁平台 Rent the Runway 以及订阅式投递高档化妆品试用装平台 Birchbox 等企业，成为时尚相关领域的领导者。像爱沙尼亚这样的国家已经使其对国际市场的依赖成为一种实力；即时通信软件 Skype（由爱沙尼亚程序员帕瑞特·凯瑟萨鲁和扬·塔里安创建）不太可能创始于美国，因为国际电话对美国消费者来说没那么重要。

中国：闪电式扩张的沃土

还记得马化腾在 2010 年推出微信然后对其进行闪电式扩张的决定吗？尽管微信对腾讯的成熟桌面产品 QQ 以及腾讯的整体账面利

润构成巨大风险，但他仍然推出了微信。通过承担这些风险并推出微信，马化腾使腾讯重获活力并将其推向更高的高度。

微信的故事说明了为什么中国最终很可能成为比硅谷更好的闪电式扩张生态系统。与硅谷一样，中国拥有鼓励冒险的企业文化，愿意为积极增长提供资金的高度发达的金融部门，以及大量高价值科技人才。但由于近年令人难以置信的增长，中国市场既庞大又容易受到破坏。

几十年来，中国一直是世界上增长最快的经济体之一，著名会计师事务所普华永道（PricewaterhouseCoopers）预计2030年中国的经济规模将超过美国。在许多领域，中国已经超过了美国。2016年，中国的移动支付金额为8.6万亿美元。相比之下，美国的移动支付金额为1 120亿美元。换言之，中国的移动支付市场几乎是美国的77倍。滴滴出行在中国每天提供2 000万次打车服务，超过优步全球打车服务数量的3倍。在涉及市场规模增长因素时，这些因素使中国对于几乎其他所有生态系统都具有重大优势。

由于其灵活的劳动力市场，中国在克服运营可扩张性增长限制因素方面也具有重大优势。2012年，《纽约时报》一篇关于苹果在中国的制造业务的文章对此进行了探讨："苹果高管估计约需8 700名工业工程师来监督和指导最终参与制造iPhone的20万名装配线工人。该公司的分析师预测，在美国找到这么多合格工程师需要长达9个月的时间。而在中国，只花了15天。"

这造就了一个生态系统，在这个生态系统中，公司以惊人的速度成长、分裂和重组。"创新在这里发展得更快。"创新工场负责人、曾任谷歌大中华区总裁的李开复说。中国市场将增长视为几乎所有问题的首要、最终和最佳解决方案，或许这就是中国初创企业规模扩张的节奏往往比硅谷公司快得多的原因。

例如，中国智能手机制造商小米从创立到 2014 年成为全球最有价值的初创企业，只花了不到 5 年时间，不过这个纪录已经被优步和滴滴出行超越，没有闪电式扩张会放任自身懒散无为。雷军于 2010 年创办小米，到 2015 年，它成为仅次于三星和苹果的全球第三大智能手机制造商。

但正如公司在中国的崛起速度可能更快，公司在中国的衰落速度也可能更快。2016 年，IDC 报告称，小米的销售额同比下降了 40%，因为其纯在线销售战略开始动摇，OPPO 和 vivo 等竞争对手通过实体分销商的销售获得了市场份额。至少有一位分析师预测小米的价值将下跌超过 90%。

小米对这场危机的回应既体现了雷军的强劲竞争力，也体现出中国可能达到的惊人节奏。该公司通过快速、大规模的行动建立了线下销售渠道，在一年内开设了 100 家"小米之家"零售店，目标是到 2019 年开设 2 000 家商店，从而攻克了分销问题。2017 年第一季度，小米在中国的智能手机销售额中，高达 34% 的部分来自其 100 家零售店，该公司称其产生的每平方英尺销售额仅次于苹果公司著名的苹果商店。2017 年，IDC 报告称，小米的销售额比上一年度反弹了 59%，使其重新跻身于全球五大智能手机制造商之列。这是一个从白手起家到再次白手起家的故事，所有过程都压缩进不到 10 年的时间里。

作为创始人、投资者和作家，我们对硅谷的方式有深入的个人了解；相比之下，我们对中国的了解必然是外来者的角度。然而，我们不禁被这两个生态系统可以相互学习的宝贵经验之多所震撼。

例如，中国速度证明了激烈竞争作为激励因素的价值。一次，雷军告诉我："你们美国企业家很懒。我的公司里绝大多数人周六晚上 9 点仍然在工作。"在某些方面，他是对的。几乎没有硅谷企业能匹敌中国闪电式扩张公司的工作强度。美国的标准工作时间是上午 9 点到下午 5 点，但小米是按照"996"模式运营——上午 9 点上班，晚上 9 点离开办公室，每周工作 6 天。我在领英中国看到了同样的景象。为了在非常紧张的期限内完成我们的"赤兔"项目，当时的中国团队负责人沈博阳将整个开发团队搬到酒店住了两周，以便其成员可以全天候工作而不会有来自正常生活的干扰。

这种强烈的职业道德有一个副产品，那就是决策速度大幅提高，这是闪电式扩张的关键优势。吴恩达是斯坦福大学教授、Coursera 联合创始人，在谷歌和百度负责重要的机器学习项目。当我在"规模化大师"播客中采访他时，他告诉我，他在百度时，有次在吃饭时想起一个人力资源问题，于是，他在晚上 7 点发短信给人力资源主管，主管又发短信给她的团队要求解决这个问题。7 点 30 分，吴恩达得到了答案。"如果她回复的时间超过一个小时，"吴恩达说，"我就会担心。"这种快速决策可能让许多人感到不适，但通过不断做出快速决策，中国企业家适应了这种不适和不确定性，因而能更快行动。

另一个优势来自中国庞大的人才储备。充足的人力资本使中国企业能更快扩张规模，包括在多个城市开设多个分支机构。关于如何利用整个人才库，中国也可以传授硅谷一二。例如，中国为女企业家提供了令人艳羡的环境。在世界上73位白手起家的女性亿万富翁中，有49位（超过2/3！）生活在中国。在世界上十大最富有的白手起家女性中，有8位是中国人。

最后，中国近期才崛起为工业强国，这意味着中国更多行业仍处于新生阶段，因而有很大竞争空间。硅谷可能已经垄断了软件和互联网市场，顺便垄断了硬件行业，但中国在从农业到化工的各个行业都有快速发展的公司。

尽管有这些令人印象深刻的优势，但中国也可以向硅谷学习。首先，硅谷相对没那么疯狂的速度意味着它可以追求更深层次的技术和更长远的视野，比如埃隆·马斯克关于行星际旅行的项目，以及谷歌对旨在"治愈死亡"的项目Calico著名的7.5亿美元投资。硅谷仍然在大多数深层技术创新，比如人工智能、虚拟现实、太空飞行和核能方面具有领先地位。

虽然硅谷肯定是大量残酷竞争的主场，但这种文化也鼓励公司之间开展更多合作。这种合作利用公司间的网络关系促进整个地区提高创新力和生产力。2015年，谷歌对TensorFlow软件库实行开源，这让谷歌得以利用外部智慧来改进其机器学习项目，但也让整个硅谷（以及世界上其他地区）的公司得以加速自己的机器学习项目。

此外，硅谷的闪电式扩张历史使其在集中经验和制度知识方面领先中国数十年。请记住，世界上一半最有价值的科技公司都聚集在这个人口不到400万的狭小地区，它的面积是广州市的1/10，人口是中国人口的1/350。与此同时，中国两家价值超过1 000亿美元的公司，阿里巴巴和腾讯，历史都不到 20 年。总之，这些事实意味着，尽管中国有庞大的劳动力资源和令人难以置信的技术人才资源，但它缺少硅谷的密度，而且有助于管理闪电式扩张公司的规模化企业高管后备实力仍然有限。

最后，中国更保守的管理和招聘实务可能会对闪电式扩张形成障碍。在我的朋友、雅虎的联合创始人杨致远的领导下，雅虎对阿里巴巴进行了富有先见之明的投资——在 1997 年首次造访中国时，中国政府派给他的导游是一个名叫马云的英语老师。杨致远那时就观察到，中国公司试图从公司内部培养领导人。与硅谷不同，在中国，很少从外部公司引进高管，而且少数被聘用的外部高管通常业绩不佳。例如，雨果·巴拉是谷歌备受好评的高管，他曾加入小米担任国际副总裁，但刚过两年就离开了该公司，转而负责脸书的虚拟现实业务。

这种内部方法对闪电式扩张有重大影响，你必须提前几年开始思考如何填补领导职位空缺，并立即着手为其培养人才。这也意味着企业之间的流动性要小得多，因此思想和创新的交汇也会减少。这种情况可能正在改变；杨致远指出，第一代中国初创企业巨头已经开始为下一代初创企业播下种子。例如，打车软件巨头滴滴出行的创始人程维曾在阿里巴巴学习如何进行规模扩张，他在那里工作了 8 年，然后创办了自己的公司。这种经验可能有助于程维以令优步羡慕的速度对滴滴进行规模扩张。尽管成立时间比优步晚 3 年，但滴滴在 2015 年完成的打车订单比优步自成立以来完成的打车订单总量都多。与此同时，阿里巴巴、腾讯和百度等第一代公司都是滴滴的投资者，它们使滴滴的管理层能接触到有助于实现闪电式扩张的知识网络。

总体而言，我们认为中国的科技行业领导者善于向硅谷学习。当我在中国旅行和演讲时，我发现听众们熟悉硅谷正在发生的事。多数中国高管都会读说英文，并且每天都看最新的英语新闻。有多少美国或欧洲高管会读中文并了解中国的最新发展情况？如果你等待英语媒体报道一项创新——这可能要等到一家硅谷公司做这项创新时——中国的闪电式扩张公司可能已经在全球市场上取得一年先机了。

最大的机会在于硅谷和中国携手合作，结合各自的优势。吴恩达称，太平洋两岸的创意结合推动了语音识别方面的突破性进展。辉达等硅谷公司为机器学习网络提供了图形处理器单元，而进展来自硅谷在图形处理器单元编程方面的专长与中国在超级计算方面的专长的结合。截至 2016 年 11 月，世界上最强大的超级计算机是位于中国无锡国家超级计算中心的神威太湖之光，而第二位是天河二号。美国最强大的超级计算机是位于田纳西州橡树岭国家实验室的泰坦，计算能力不到神威太湖之光的 1/5。

没人知道这两个生态系统中的创新领导者的未来合作会诞生怎样的财富和进步。

进行防守的三种选择

到目前为止，我们的重点是帮你了解如何使用闪电式扩张将初创企业打造为规模化企业，或快速扩张新产品或业务部门。换言之，你已经学会了如何使用闪电式扩张来进攻。

但是，如果你是守方呢？如果你不是一无所有因而稳赚不赔，那么情况会恰恰相反吗？

如果你发现竞争对手试图通过闪电式扩张将你的企业从现在的位置上挤下去，那么你有三个基本选择来保护自己：打败它们，加入它们，或者避开它们。

选择一：打败它们

防御闪电式扩张的第一种选择是以不变应万变，从而击败竞争对手。正如我们讨论的，许多闪电式扩张注定失败。你应该评估商业模式的增长因素和增长限制因素，如果它们看起来不适合进行闪电式扩张，那么不要反应过度可能是最佳策略。

拳王穆罕默德·阿里的粉丝可能会回忆起他在"丛林之战"拳击赛中对战乔治·福尔曼时使用的"倚绳战术"。倚绳战术是等待对手自己出拳，当对手筋疲力尽时，再用反击制胜。

至于 .com 时期的网上杂货零售商 Webvan，其商业模式的许多问题（低利润率、严重的运营可扩张性问题），意味着其闪电式扩张从一开始就可能注定失败。成熟的杂货商基本上都采用倚绳战略：它们会建立自己的在线杂货店，但这些都是渐进、低投资的行动。连锁超市 Safeway 甚至利用 Webvan 的失败，让 Webvan 说服早期用户在线订购杂货，然后推出自己的杂货配送服务，以解决顾客的订单迟滞问题。

当然，同样是这些杂货商，现在它们面临着亚马逊这种截然不同的竞争对手及其收购高端超市 Whole Foods 的行为。这些情况似乎要求做出另辟蹊径的反应。亚马逊不太可能把自己赶出场外！

选择二：加入它们

如果你的市场看起来已经具备进行闪电式扩张的成熟条件，那么一种显而易见的应对措施就是启动自己的闪电式扩张。这样做的问题是——尤其当你是一家成熟公司时，你可能没有技术或专业知识来赢得正面竞争。你或许能购买技术或专业知识，但这本身也会带来一系列风险。

首先，如果发生闪电式扩张，那么几乎肯定意味着投资者（公众投资者或私人投资者）对市场充满热情，愿意提供廉价资本。这意味着任何收购交易的价格都可能非常高昂。

其次，正如我对布莱恩·切斯基对收购 Wimdu 发出的警告，任何并购都会带来文化冲突的可能性。成熟稳定的公司和冒险的闪电式扩张者的文化差异很大。

在与亚马逊的竞争中，沃尔玛斥资 33 亿美元收购了 Jet.com，对于一家历史仅有 13 个月的初创企业来说是高价了（亚马逊已经对其给出了很高估价，而这个价格相当于亚马逊出价的两倍）。这两家公司已经出现了一些文化冲突，例如沃尔玛要求 Jet 停止举办惯例的办公室欢乐时光活动，停止在办公室厨房存放酒，以及不再允许员工在工位上喝酒。2017 年《华尔街日报》的一篇文章称，Jet 高管怨声载道，于是沃尔玛允许 Jet 恢复举办办公室欢乐时光活动。

另一方面，收购大大提高了沃尔玛的电子商务销售额，而且 Jet 让沃尔玛吸引了城市千禧一代，这是通常不愿去沃尔玛传统商店的关键人群。闪电式扩张存在风险，但如果竞争对手有可能成功扩大规模，那么坐以待毙也存在风险。

选择三：避开它们

最终的，或许也是最常见的"成功"选择，是将当前市场让给闪电式扩张公司，并利用现有资产迁移到不太容易遭遇竞争的新市场。不妨回顾引言中列出的价值 1 000 亿美元的科技公司名单，该名单中最老牌的公司成功运用了这一策略。

IBM 是最初的计算机闪电式扩张公司之一。IBM 愿意投资于 System/360 大型主机等突破性产品的发展，这使其在数十年内主导了计算机领域。在小托马斯·沃森的领导下，IBM 投资 50 亿美元（相当于现在的 300 亿美元）用于开发和推出 System/360。但是到 1993 年 4 月，当郭士纳接任首席执行官时，IBM 公布了 80 亿美元亏损，这是截至当时美国商业史上最大的一笔亏损，并且看上去 IBM 面临被戴尔等年轻闪电式扩张公司超越的危险。

郭士纳没有忽视这个问题，也没有尝试在个人计算机市场——这个市场正是 IBM 在 1981 年创建的——上直接竞争，而是成功地将 IBM 重新定位为美国企业界值得信赖的系统集成商和技术顾问。

IBM 的市场转移可以从两笔交易中看出来：2002 年，郭士纳担任首席执行官的最后一年，IBM 收购了普华永道的咨询业务，并于 2005 年将其个人计算机业务（包括其标志性的 ThinkPad 品牌）出售给一家新的闪电式扩张公司——来自中国的联想（该公司也于 2014 年收购了 IBM 的服务器业务）。

另一个强有力的例子可以参见独立书店如何抵御来自亚马逊的冲击并实际上卷土重来。没有哪家独立书店能在图书品种或价格上与亚马逊竞争。但是，过去 7 年来，即使亚马逊继续扩大规模，独立书店的数量也一直有所增加，因为它们已经从图书销售业务转到文学社区业务，成为作者签名、图书俱乐部会议、朗诵表演等文化活动场所。独立书店提供了亚马逊无法提供的体验（至少在虚拟现实变得更先进之前）：徜徉于书店中，沉浸在书香里，身边是友好的工作人员，还有志趣相投的爱书人。

在闪电式扩张竞争对手的瞄准镜中发现自己确实可怕，但如果你选择了正确反应就不会"死"。但要快速决定，闪电式扩张的速度意味着慢条斯理和坐以待毙没有两样。

第六章

负责任的闪电式扩张

在理想世界中，闪电式扩张公司将体现出社会可能希望其业务具备的所有优点：多元包容的员工队伍、对股东和利益相关者的强烈责任感、充足的高薪职位，以及身为道德表率和社会领袖的高管。可惜事实是，尽管闪电式扩张能产生这些好处，但闪电式扩张公司也可能犯下其他类型公司所犯的罪行，即使它们努力尽责行事，也会面临一些内在挑战。

闪电式扩张公司几乎总是在竞争激烈的市场中运营，为了生存和兴旺，它们需要在发展上超越竞争对手。在最好的情况下，它们可以持续专注于经营业务，同时努力实现更广泛的社会目标，从而完成这个任务。在最坏的情况下，它们试图不择手段地快速发展。

闪电式扩张公司增长得如此之快，以至于它们在有时间完全成熟之前通常就成为社会的关键角色，因此使这些压力倍增。这可能导致有问题的企业文化、与监管机构的对抗关系，以及有问题的决策。

这些挑战是真实存在的，但不应该阻止我们进行闪电式扩张。技巧在于将责任与速度结合起来，这样我们就能成功利用首个规模扩张者优势，同时仍然建立并遵守强有力的道德标准。

怀疑论者可能会说，闪电式扩张产生的规模本质上是坏的，社会应该阻止公司规模增长过大。1911 年，后来担任美国最高法院法官的路易斯·布兰代斯在美国国会作证时表示："在经历了过去 20 年之后，我认为我们可以说两件事：首先，公司可能过于庞大而难以成为最有效的生产和分配工具；其次，无论公司规模是否超过最大经济效率点，都可能太大而无法被渴望自由者所容忍。"

我们不同意规模化对当今世界造成危害这种立场。首先，布兰代斯是在"托拉斯"时代发表的这番讲话，当时 J. P. 摩根这种人物将美国工业整合为强大的巨头公司，比如美国钢铁公司。但我们认为今天的闪电式扩张公司与镀金时代的托拉斯在本质上有所不同。这些托拉斯对钢铁和石油等关键物资的供应实行实质垄断。消费者没有其他选择，被迫与它们做生意。相反，苹果和亚马逊等公司必须每天赢得客户，如果它们做不到，消费者就可能购买戴尔笔记本电脑并从巴诺书店订购图书。

其次，我们认为，虽然有时大规模可能有害，但大规模也可能是好事。规模创造了垄断公司，但规模也创造了巨大价值。例如，我们喜爱的智能手机就是依赖规模经济的大众市场消费电子产品。虽然布兰代斯说得对，社会需要防范阻碍技术创新或商业创新的垄断，就像原先的 AT&T 垄断抑制电信业进步那样，但今天的大公司实际上通过提供适用于从商业生产力软件（Slack）到娱乐（网飞）的所有业务的平台，使创新和创造更多价值成为可能。即使是规模化产生的资本集中也并非全是坏事，它让闪电式扩张公司可以实施像太空旅行（SpaceX）和自动驾驶汽车（谷歌的 Waymo）这种可能大幅改善我们生活的"登月计划"。

与条件反射式地要求大公司解体相反，遏制滥用规模化的更好方法是利用詹姆斯·麦迪逊在《联邦党人文集》第10篇中提出的健康共和国原则。麦迪逊试图解决"派系"危险，派系即违反整个社群利益的特定群体。麦迪逊认为派系是自由的自然结果，为了防范派系，最好的策略是创造多元化社会，在这个社会中没有特定派系能占据主导地位。麦迪逊写道："扩展领域，接纳更加多种多样的政党和利益，这样就不太可能有具备侵犯其他公民权利的共同动机的多数群体；即使存在这种共同动机，那么有这种动机的人也更难发现自身的力量并团结起来行动。"我们相信相同方法也适用于经济学和政治学；换言之，种类繁多的强大公司——如果阻止它们串通一气——可以抵消任何特定实体的恶意或自私目标。

确实如此，与生活中任何事物一样，闪电式扩张会产生赢家和输家。初创企业可能而且将会失败，所有创业企业都会给创始人、员工和投资者带来风险。与此同时，它们也为新业务、新创新和新工作创造了机会。但是，最成功的现代社会宁可在自由方面犯错，也不会试图消除所有风险，总体来说，我们会因为允许企业家承担这些风险而改善生活。

人们也容易认为，最简单的确保负责任行为的方法是对其立法。问题是，我们生活在全球竞争市场中。如果某国政府实行僵化的法律抑制境内公司的增长速度，只会使不负责任的境外闪电式扩张公司更容易主导新兴行业。

当人们发现既有外国政党又有国内政党利用脸书和推特对美国

大选过程实施黑客攻击后，这一事件掀起了轩然大波。这显然很糟糕，应该采取措施来了解和解决使用户数据暴露的漏洞。但不妨想象一下，如果所有这些用户都采用其他政府管辖的社交媒体平台会如何？很可能美国公众都不会知道这个问题，更不用提有能力补救它了。

脸书是一个全球网络，它使用户更容易与来自世界各地的人们建立联系。例如，世界上不存在"英国的脸书"，但脸书的管辖权属于美国而不是英国，这意味着当英国用户的数据遭到入侵，一位英国议员寄给马克·扎克伯格一封信，要求他在议会委员会作证时，扎克伯格没有义务这样做。这就是在全球化世界中监管企业的局限性。

能力越大，责任越大

负责任的闪电式扩张很重要，因为成功的闪电式扩张公司通常发展到某个阶段就不能被单纯视为一家企业，它们实际上影响了所处的社会结构。脸书和推特等社交媒体改变了我们消费信息的方式以及沟通方式。阿里巴巴和 eBay 这样的市场提供了经济机会，某些专营卖家甚至依靠它们谋生。爱彼迎这种共享经济服务可以为其所在的城市带来更多旅游者和多元性。亚马逊正在改变整个零售业，而这将影响每个人。正如蜘蛛侠教导我们的，能力越大，责任越大。

我们认为，闪电式扩张公司的责任不仅是在遵守法律的同时最大限度地提高股东价值，还要对企业行为如何影响广大社会负责。但即使不谈道德责任，负责任的闪电式扩张也是很好的商业战略。社会提供了企业赖以生存的生态系统以及企业的运营环境，这意味着它理所当然地要求成功企业承担一定责任。换言之，企业的成功取决于社会是否正常运作。在硅谷，有些人可能会幻想建立漂浮在公海上的城市群落，① 但事实上，闪电式扩张公司依赖于法治、强大的金融市场，以及培养出有才员工的教育体系和健康的消费者市场。用沃伦·巴菲特的话来说，当我们出生在闪电式扩张生态系统中时，就赢得了"卵巢彩票"。

此外，负责任的闪电式扩张实际上可以防止威胁增长速度的立法。当政府认为某个行业的行为不负责任时，通常就会制定相关法规。例如，美国（以及许多其他国家）都有环保法规，因为曾有公司产生废弃物污染而对公民和自然环境造成伤害。聪明的闪电式扩张公司意识到，自我监管实际上可以推迟或抢先于政府监管。企业家经常抱怨监管机构制定糟糕的政策，因为他们不了解业务的复杂性；自我监管使企业能运用其专业知识找到实现社会目标的最具成本效益的方法。

---

① 美国非政府组织海洋家园协会（Seasteading Institute）的创始人帕特里克·弗里德曼从 2001 年开始酝酿一个计划：在公海上建立主权独立的城市国家。按照他的设想，海上城市将成为融合最新科技的宜居家园，同时也是不受现有法律和道德约束的自由主义乐土。这里指有些人希望闪电式扩张公司可以像海上城市一样自由发展而不受法律约束。——译者注

风险评估框架

要在不牺牲增长速度的情况下负责任地进行闪电式扩张，关键是具备区分各种形式的风险的能力。我们建议采用的风险评估框架是考虑两个不同坐标轴：已知风险与未知风险，以及系统性风险与非系统性风险。

	已知风险	未知风险
系统性风险	已知 / 系统性风险	未知 / 系统性风险
非系统性风险	已知 / 非系统性风险	未知 / 非系统性风险

不确定性本身并不是风险，它只会产生未知，而未知本身并不是负面因素。任何读过悬疑小说、曾到一座新城市旅行或学过一门新语言的人都可以作证，生命中最大的乐趣之一就是将未知变为已知的发现之旅。

但是，当你将不确定性与负面结果的可能性结合起来时，就会产生风险。风险大小是潜在负面结果的概率和严重程度的函数。闪电式扩张总有风险，但并非所有风险都相同。这就是你需要区分系统性风险和非系统性风险的原因。

非系统性风险是局部风险，最多会影响系统中的某一部分。系统性风险可能直接影响甚至破坏整个系统，也可能是一连串问题的结果。例如，核战争风险是系统性风险甚至灭绝级风险的明显例子。即使我们不相信自己能完全消除这种风险，如此大的风险也值得花费大量精力来降低其发生的可能性。

应用这种分析表明，一些关于闪电式扩张的常见担忧实际上是非系统性风险。例如，一个普遍担忧是，闪电式扩张将产生由强大的技术高管组成的寡头集团，他们对政府和社会拥有太多权力。但即使在科技公司占据世界上最有价值公司前列的今天，鲁珀特·默多克和科赫兄弟这种传统商业大亨对公共政策的影响，仍然远大于杰夫·贝佐斯、拉里·佩奇或马克·扎克伯格等科技行业领导者。

另一种人们开始广泛表示的担忧是，社交媒体（主要是闪电式扩张公司的产品）是一种独具危险性的技术，它对消费者有害，尤其是对年轻人，会使他们上瘾并耗光所有注意力。毫无疑问，有些人花费过多时间来制作和消费社交媒体内容，超过了对其健康和生产力最适宜的程度。但这真的是系统性风险吗？ 2010 年，美国知名网络杂志 *Slate* 的一篇题为《别换台！》(Don't Touch That Dial!) 的文章列举了历史上批评者认为消费信息的新媒体会毁掉社会的多个例子。苏格拉底曾对书面文字的有害影响发出警告，他认为这会损害记忆力。16 世纪，康拉德·格斯纳试图编纂囊括所有图书的清单，这项工作使他得出结论：新奇的印刷机导致过多"杂乱有害"的数据涌入人们的思想。法国政治家纪尧姆 – 克雷蒂安·德·拉穆瓦尼翁·德·马勒泽布写道，报纸让读者与社会隔离，他们本应从教堂讲坛上获知新闻。尽管有这些警告，但书面文字、印刷机和报纸还是给人类带来了巨大好处。社交媒体的影响可能与以往任何形式的媒体存在质的不同（尽管这种可能性不大），但我们一般会发现，当人们开始说"这次不同"时，情况通常并非如此。

新技术总可能导致新问题。报纸会导致蛊惑人心的"黄色新闻"，广告会导致蛇油推销员。答案不是禁止报纸或广告，而是制定政策和制度以减轻风险。这就是为什么我们有诽谤法和联邦通信委员会等监管机构。随着时间的推移，观众本身将变得更成熟并建立自己的"免疫反应"。

社交媒体批评者指出，社交媒体会腐蚀政治话语的文明性和理想中以证据为基础的客观真相，这是正确的。这些是真正的问题，意味着我们应该尝试修正它们。社交媒体应该更透明地公布广告金主，并且应该要求广告与任何其他媒体遵守相同的真实性标准。

另一方面，闪电式扩张科技公司出现的技术可能带来真正的系统性问题（但媒体关注度却低得多）。由 CRISPR-Cas 9 靶向基因组编辑驱动的合成生物学可能在医学和农业产生巨大收益，但也带来了坏人设计出致命全球流行疾病的系统性风险。这个领域的变化和发展发生得如此之快，以至于政府很难建立智能监管制度来管理这些风险。负责任的闪电式扩张公司应该认真考虑系统性风险，并在涉及广泛利益相关者的问题上进行分阶段对话，而不是反抗或阻碍监管机构。相反，监管机构不应该假设它们比有关行业了解得更多并做出单方面决定。透明和开放沟通下的广泛合作是确定系统性风险并找出成本最低的干预措施，以减少这些风险，同时仍然鼓励快速创新的最佳方式。

系统性风险和非系统性风险的区别在不断变化而非静止不变，闪电式扩张公司应该做好据此改变方法的准备。例如，脸书因其在2016 年美国总统大选中扮演的角色广受批评，这既是因为推广欺骗性内容（又名"假新闻"），还因为没有采取足够措施保护用户的个人数据免受剑桥分析公司（Cambridge Analytic）等政治咨询公司的利用。这两个问题都是合理的担忧，因为它们都削弱了脸书用户对脸书内容和脸书本身的信任。

脸书的规模使其成为超过 2 亿美国人的海量数据的守护者，也成为大多数美国人获取新闻并与朋友分享的主要方式。这意味着数据隐私和欺骗性内容的问题不仅影响脸书及其用户，也影响社会本身的结构。如果脸书仍然是常春藤大学学生的利基社交网络，其影响将在很大程度上是局部的，但如果这些问题实际影响了 2016 年总统大选的结果，那么这毫无疑问是系统性风险。

在这种情况下，公司可能必须与政府合作才能解决严重问题。面对这种规模，本能反应往往是要求建立新的监管机构，但事实证明，仅凭政府监管速度会太慢，无法跟上闪电式扩张的快速变化。与此同时，事实尚未证明纯自我监管就足够了。我们需要动态的公共 / 私人合作，即政府支持与私人实施相结合。

同理，意识到通过社交网络传播错误信息可能破坏选举结果之后，《纽约时报》和《华盛顿邮报》等传统媒体的回应是要求脸书聘请人类编辑来监督"假新闻"。这看起来是"当你手握锤子时，一切看起来都像钉子"的典型例子。你不能将为 50 人的新闻编辑室设计的传统编辑流程应用到有 10 亿潜在"记者"每天写出数十亿篇"文章"的平台上。脸书不应该尝试复制和粘贴解决方案，而应该提出自己的想法来解决问题，然后找到可扩张方法来实施它们。这些解决方案不需要是完美的，它们只需要比以前的方案更好，更重要的是，随着时间的推移不断改进。这是一个挑战，但如果解决方案最终产生的结果比旧方法还好，融入更多声音、透明的信息核实和社会认同，我们也不应感到惊讶。

选择如何行动

一旦你将风险分为已知风险与未知风险或系统性风险与非系统性风险，就需要决定如何反应。我们认为，潜在的反应分为四大类。

第一类：立即采取果断行动

系统性风险可能需要立即做出反应以"阻止媒体扩大事态"。例如，2011 年，旧金山的一位爱彼迎房东回到家中，发现一位爱彼迎房客毁了她的房子并偷走了她的财产，包括她祖母的珠宝。爱彼迎最初的反应是与警察部门协调并给予房东经济补偿，但强调这种事件将作为个案处理，这可能在法律上合理，但没有解决系统性问题——房东失去了对爱彼迎的信任。

认识到问题的严重性后，布莱恩·切斯基采取了果断行动。首先，他在爱彼迎官方博客上以书面形式承担全部责任："我们让 EJ 失望了，为此我们非常抱歉。我们本应更快做出反应，更感同身受地进行沟通，并采取更果断的行动，以确保她感到安全和放心。但我们没有为危机做好准备，我们犯了错误。"其次，他宣布爱彼迎担保公司（Airbnb Guarantee）将为房东提供最高 50 000 美元的财产损失赔偿。考虑到危机的范围和潜在影响，这些行动绝对是必要的，不仅对爱彼迎，对整个行业而言也是必要的。（你可以在爱彼迎官方博客上看到布莱恩题为"我们的信任与安全承诺"的完整回复。）

第二类：现在采取短期行动，但以后再采取永久行动

即使面对系统性风险，也可以采用短期补救措施，以后再代之以永久性补救措施。在 PayPal，信用卡诈骗绝对是现实存在的系统性问题。毕竟，用户不信任的支付系统毫无价值。但我们没有为防止这种欺诈提出即时解决方案。我们的反应是自己承担这些成本，以免用户受到影响。我们知道这是临时解决方案，但它给我们争取了时间，让我们可以在产品中加入更强大的诈骗检测功能。

第三类：现在注意到问题，并承诺以后采取行动

如果风险现在可以控制但将来会变成系统性风险，你就不能忽略这个问题。即使你没有立即采取行动，也应该承诺以后采取行动，这样当风险变成系统性风险时，你就不会措手不及。

在 PayPal 早期，除了信用卡诈骗问题，我们还面临着非法交易问题。我们显然不希望人们使用 PayPal 买卖毒品或资助犯罪分子和恐怖分子，这将构成系统性风险。另一方面，我们内部不具备法务会计或警务工作方面的专业知识。由于我们的交易量仍然很低，并且我们判断非法交易发生的可能性非常低，因此决定延后解决这个

问题，但我们也承诺建立必要的专业知识和基础设施，以便以后更好地管理这个问题。

第四类：任其燃烧

当你面临某种未知的非系统风险时，可能甚至不值得花精力分析它，因为它可能只是一个小火苗，你应该任其燃烧。

平衡责任与速度

责任和速度都是需要优先考虑的事务，平衡它们需要高超的技巧，每个增长阶段采用的方法可能截然不同。我们观察到一些似乎适用于大多数公司的广义模式。

早期，在"家庭"阶段和"部落"阶段，负责任的闪电式扩张明确定义了公司的使命，并奠定了重视社会责任感的企业文化基础。要做到这一点，你应该想象公司成功成为全球巨头的未来，然后评估成功对关键利益相关者和整个社会的可能影响。

例如，你的公司是否会产生负外部性，即你和客户的交易是否会对外部各方产生成本？约翰·D.洛克菲勒可能没有意识到对标准石油公司（Standard Oil）进行闪电式扩张最终将影响全球气候，但他的后代似乎已经意识到了，因为 2016 年洛克菲勒家族基金宣布将立即撤出其持有的埃克森美孚股权——标准石油公司最大的企业后裔。理想情况下，你希望预测到这些外部性，同时仍然有时间从根本上重塑商业模式或开展另一项业务，因为当企业规模仍然非常小时，更容易进行彻底改变或完全放弃项目。

在这个阶段，你还应采取行动预测增长的内部影响。例如，闪电式扩张公司需要迅速聘用人才，因此通常依靠个人关系来招聘求职者。如果这种方法被乱用，可能会导致同质和非包容性的企业文化。但是，如果你在规模扩张之前就建立了多元包容的人际网络，那么在该人际网络内招聘并不会在以后产生太多的多元化挑战。

当公司取得成功并进入村庄阶段时，你就该问自己："哪些问题如果现在不解决，规模扩张后就无法解决？"在这个阶段，在道德和速度之间取得平衡尤为困难，因为公司可能马力全开并追求全力以赴的闪速增长，如果你停下脚步或放慢速度来解决问题，竞争对手就可能在你眼皮底下夺取首个规模扩张者优势。这就是问什么"无法解决"，而不仅仅是什么"难以解决"的原因。

你还应该继续认真考虑成功的潜在负面影响。在早期阶段，你只是猜测未来；在"村庄"阶段，你就有足够数据相对准确地推断未来。你仍然可能犯错，但是如果你不这样做，那么一旦发生最坏的情况，你就会背负疏于履行道德义务的罪名。

一旦公司到达"城市"阶段或"国家"阶段，就需要承担防御者的责任，这与挑战者的责任截然不同。还记得你问过自己哪些问题可以留待以后解决吧？好吧，以后来了。如果你之前忽略了诸如多元化、法律合规性或社会公正等问题，那么你需要明白，现在所有人都盯着你，而你将被视为负责任的公民和榜样。而且，如果你没有主动承担这些责任，就必须被动承担这些责任——这几乎肯定代价更高、更为痛苦。无论喜欢与否，当你的公司处于城市阶段或国家阶段时，你就需要开始像市长或总统一样思考，并为整个人类的利益而不仅仅是为你的利润制定规则。

在过去几十年中，闪电式扩张重新定义了无数行业，并几乎影响了我们生活的每个部分。你醒着的每个小时都可能在使用多种过去或现在的闪电式扩张公司的产品。

但如果闪电式扩张时代刚刚开始呢？迄今为止，闪电式扩张的重点领域一直是软件和互联网，但它有可能在未来重塑我们的实体基础设施甚至是我们的身体。借助自动驾驶汽车和更出色的机器学习，人工智能将很快普及。生命科学领域的技术创新，例如 CRISPR 基因编辑，可能会改变生命本身的结构。加密货币和区块链技术可能会改变政府和企业在全球金融和商业中的作用。

新技术迅速涌现，并必将再次改变一切。这些新技术将使新的商业模式成为可能，从而创造新的行业。在高科技历史中，平台转移，例如从大型机转移到客户端服务器，或从网络转移到移动设备，代表着巨大的机遇。如今，多个平台正在同时出现或转移，产生更大的复杂性，而快速增长也将带来更高的回报。

与此同时，市场和投资者越来越愿意积极投资于闪电式扩张。由于私人投资者愿意为增长提供资金，因此公司会更久地保持私有性质，这样它们就可以继续投资于公开市场可能不乐见的闪电式扩张。爱彼迎和小米等公司的估值达到数百亿美元，因此与绝大多数上市公司相比，它们的（账面）价值更高。由于公开市场投资者无法从上市后的闪电式扩张公司中获得这么多利润，因此这些投资者希望投资于私营公司，这使闪电式扩张可以获得更多资金！

在本书中，我们试图帮助社会上不同利益相关者更好地理解闪电式扩张现象，它如何改变世界，以及如何应对它。

企业家应该意识到，闪电式扩张是重大新技术、商业生态系统和公司确立地位并取代前辈的主要模式。凭借从本书中获得的知识，企业家可以更好地将这种方法应用于自己的企业，更加了解竞争对手如何使用相同方法来改变竞争环境，并更充分地准备好应对这些竞争威胁。他们还将更好地了解如何以负责任的方式进行闪电式扩张，并建立能促进社会进步并为之感到自豪的公司。

企业高管和组织领导者需要认识到，闪电式扩张可能会很快影响其行业和企业。因为技术正在成为每家企业不可或缺的一部分（请记住，所有公司都将成为科技公司），技术变革的速度正在提高每家企业的变化速度。

了解闪电式扩张让成熟企业可以更好地预测和适应市场格局的变化。某些变化可能会销声匿迹。但另一些变化将改变一切，并要求每个人，包括市场领导者，做出相应改变。大公司通常很难适应这种变化，从资本结构到组织激励的一切都使它们难以承担巨大风险。但是，如果市场领导者利用本书介绍的经验来防御闪电式扩张竞争对手，同时投资于自身新业务的闪电式扩张，那么它们未来仍将保持市场领导地位。

政府、政治家和监管机构应该试着了解闪电式扩张如何帮助而不是损害社会。闪电式扩张带来的快速变化可能具有破坏性，因而令人恐惧。无论是通过税收还是监管，本能反应都是试图减缓闪电式扩张的速度。这种本能是可以理解的，但服从这种本能的问题是，无论变化是否源自你的后院，它都将发生。放缓速度让你感觉更舒适，但代价是允许其他地区的竞争对手在全球市场上获得持久的主导地位。闪电式扩张吸引了投资并创造出重要的新行业，社区或国家需要更多而不是更少的闪电式扩张公司。

更好地理解闪电式扩张的优点和缺点，不仅有助于政府进行适当调整以鼓励闪电式扩张，还有助于提高实现正确社会效益的机会。

过去 30 年中国的经济改革和增长使 8 亿人摆脱了贫困，比这段时期内任何其他政策或计划的效果都要显著。尽管这种增长付出了非常实际的社会和环境代价，却让整个世界大为进步。闪电式扩张还改善了社交流动性。与底特律最贫穷的 20% 人口的子女相比，旧金山最贫穷的 20% 人口的子女在成年后成为最富裕的 20% 人口的机会增加了一倍。我们认为，闪电式扩张可以将这种经济奇迹带到世界上其他地区，受过教育的闪电式扩张者更可能履行其道德义务，致力于产生积极的社会影响。

移动银行服务 M-Pesa 自 2007 年推出以来对非洲产生的积极影响就是一个例子。它提高了收入，促进了经济增长，并赋予了妇女经济权力。亚历山大·汉密尔顿在 18 世纪 90 年代提议建立美国的全国性银行系统，但他的愿景花了近一个世纪才得以实现。而借助闪电式扩张，M-Pesa 在短短 10 年内就为多个国家实现了这一目标。

当新想法出现并传播时，就会产生进步。这些想法的形式有时是印刷机或智能手机等技术，有时仍然是抽象的，比如民主或资本主义。闪电式扩张可能是抽象的文化基因，但它对世界产生了非常具体的影响。闪电式扩张的文化基因诞生于硅谷，扎根于中国，并迅速蔓延，这是闪电式扩张发挥作用的唯一方式。随着它的传播，它也起着催化剂的作用，有助于加速其他想法的影响。我们希望看到本书帮助改变每个地区——非洲、中东、欧洲、南美洲，以及北美洲和亚洲（美国和中国处于领先地位的地区）。

关于闪电式扩张时代，所有人都需要了解以下内容：速度和不确定性是新的稳定性。

在这个瞬息万变的世界中繁荣发展的唯一方法就是接受不可避免的变化。无论你关心的是个人生活还是国家命运，都可以利用它创造优势。

本书实际上是关于如何适应网络时代的系列书中的第三本。《至关重要的关系》重点关注个人如何通过保持"永久测试版"状态使其职业生涯适应快速变化的世界。（请访问 thestartupofyou.com 获取更多资源和灵感。）《联盟》分析了公司和经理如何在不确定的未来面前调整人才管理策略，与员工建立更牢固的关系。（请访问 alliedtalent.com 获取帮助，将这些方法用于你的公司。）本书则承前启后，它解释了闪电式扩张如何帮助创造网络时代，以及企业家、领导者、公司和政府如何影响即将到来的变化。

首先，你应该不断学习。关于当今的快速变化，最好也是最坏的事是，没有哪个专家对于任何新兴现象有 10 年以上的经验。如果你能比其他人更快地攀登学习曲线，你就有机会从中获得巨大价值。虽然我们希望能编写一份简单、全面的规则清单来保证你取得成功，但目前任何人都不清楚该如何描述适用于未来几年所有可能变化的战略，更不用说未来几十年了。大局总在变化，学习就是你的适应方式。

其次，你应该率先做出反应。随着新技术和新趋势的出现，其方向不确定性将使许多人不知所措，裹足不前。尽管存在不确定性，愿意采取行动并迅速采取行动的人将会有超乎寻常的优势。你应该去寻找闪电式扩张公司和闪电式扩张市场，在那里你将发现最大的增长空间和机会。

最后，看似有些矛盾的是，你应该成为稳定之源。在不断变化和不确定的世界中，人们需要得到安心和支持。当别人被动荡所困时，在风暴中心提供一片稳定安宁之地，将使你成为天生的领导者。

这个处方可能看起来令人生畏，但我们相信这个激烈竞争的时代可能是件好事。对个人或公司而言，竞争可能具有挑战性，但这对社会整体有利。随着越来越多的地区和生态系统鼓励闪电式扩张，将创造出更多净价值。与生物多样性一样，这种"闪电式多样性"支持不同类型的增长，并使闪电式扩张可以用于更广泛的重要问题。闪电式扩张还有助于防止停滞和自满，因为它让新领域得以出现快速增长，迫使守成者适应。

如果你相信未来将比过去更好，那么闪电式扩张就是振奋人心的，因为我们会更快到达未来。如果你认为未来将比过去更糟，那么闪电式扩张就是可怕的，因为它会更快推翻现有秩序。

以下是我们对闪电式的个人感受：

我们相信，未来可以而且应该比过去更好，并且值得忍受为尽快到达未来而进行闪电式扩张所感到的不适。

我们希望看到闪电式扩张让更多企业家能成立善于变革的公司并成功扩大规模。

我们希望看到更多成熟公司利用闪电式扩张的经验教训提高适应性，并为应对未来挑战做好更充分的准备。

我们希望看到活动家和政府使用闪电式扩张工具让世界变得更好。

选择闪电式扩张的公司将很快奠定每个行业的进展步伐。现在轮到你来领导这个变化了，为了你自己、你的公司以及整个社会。

快步奔向未来吧！

致 谢

感谢我们的家人米歇尔、阿莉莎、贾森和玛丽萨在这个漫长过程中的支持和耐心。感谢我们的编辑塔莉娅·克罗恩和她在《货币》杂志的同事为我们的想法提供了沃土。我们团队的莉萨·迪莫纳、梅根·凯西、戴维·桑福德、赛义达·萨皮瓦、布雷特·博尔考伊和伊恩·阿拉斯在整个过程中提供了关键支持。

迈赫兰·沙哈米为我们在斯坦福大学的CS 183 C班提供了赞助，和我们一起教授该班的还有我们的朋友兼教师同事阿伦·布卢和约翰·利利。我们还要感谢与全班同学分享自己故事的嘉宾，其中许多案例都写进了本书，他们包括萨姆·奥尔特曼、布莱恩·切斯基、帕特里克·科利森、迈克尔·迪林、黛安娜·格林、里德·黑斯廷斯、玛丽莎·梅耶尔、希希尔·梅赫罗特拉、三浦康、玛丽亚姆·纳菲西、珍妮弗·帕哈卡、埃里克·施密特、塞利娜·托巴科瓦拉、尼拉夫·托利亚和杰夫·韦纳。

我们非常感谢格雷洛克合伙公司的诸位对本书的支持，包括约瑟夫·安萨内利、杰丽·陈、乔希·埃尔曼、克里斯·麦卡恩、斯泰茜·恩戈、西蒙·罗思曼和埃莉莎·施赖伯。

我们非常感谢琼·科恩、德龙·特里夫和 WaitWhat 团队的其他成员，他们制作了"规模化大师"播客。书中的许多故事都来自该播客第 1 季和第 2 季的嘉宾，包括阿内尔·布斯里、萨拉·布莱克利、斯图尔特·巴特菲尔德、巴里·迪勒、约翰·埃尔康、卡泰丽娜·费克、蒂姆·费里斯、帕耶尔·卡达奇亚、南希·卢布林、马克·平卡斯、琳达·罗滕贝格、谢丽尔·桑德伯格、霍华德·舒尔茨、彼得·蒂尔、特里斯坦·沃克、埃文·威廉姆斯和马克·扎克伯格。

我们还要感谢在这些故事中扮演配角的人，包括埃姆博·艾哈迈德、多米尼克·安塞尔、格雷格·鲍德温、亚莉克莎·克里斯顿、波莱特·梅科尔、克里斯·科斯塔、莉萨·柯蒂斯、苏珊·丹齐格、安杰拉·达克沃思、卡拉·戈尔丁、娜塔莎·黑斯廷斯、玛格丽特·赫弗南、德鲁·休斯敦、伊藤穰一、莱拉·詹纳、丹尼尔·卡尼曼、谢丽尔·科隆德、达拉·霍斯劳沙希、乔希·科佩尔曼、奥米德·柯德斯塔尼、米歇尔·李、蒂姆·莱夫勒、克丽丝滕·马哈弗、凯瑟琳·明肖、吴恩达、奥布里·帕加诺、哈迪·帕尔托维、罗伯特·帕辛、朱丽安娜·罗蒂奇、安德烈斯·鲁索、迪克·斯托克顿、托尼·詹、约西·瓦尔迪和达里尔·伍德森。

"硅行会"的作者为早期草稿提供了宝贵反馈，这些作者包括彼得·西姆斯、珍妮弗·阿克、南希·杜瓦蒂、莫滕·汉森、弗兰斯·约翰松、李夏琳、蒂娜·西利格、克里斯·希普利、安妮－玛丽·斯劳特和卡罗琳·韦布。

致　谢

　　一路上，还有许多人帮助过我们，包括本·卡斯诺查、埃拉德·吉尔、宾·戈登、弗雷德·科夫曼、德米特里·梅尔霍恩、马滕·米科斯、克里斯托弗·施罗德、迈克·沃尔皮和帕特·瓦多斯。

　　感谢比尔·盖茨慷慨地抽出时间为本书作序。

在本书中，我们讲述了不同闪电式扩张者的故事。本附录对它们做了简要介绍，为好奇的读者提供了基本背景。

爱彼迎

Airbnb.com

爱彼迎提供在线市场与住宿服务，从而使人们可以出租或租住短期客房，包括度假屋出租、公寓出租、民宿、旅社床位或酒店房间。2008 年 8 月成立于加利福尼亚州旧金山。

阿里巴巴

Alibaba.com

阿里巴巴集团是一家电子商务、零售和技术企业集团，提供消费者对消费者、企业对消费者以及企业对企业等服务，包括电子支付和云计算。1999 年 4 月成立于中国杭州。

亚马逊

Amazon.com

亚马逊是一家电子商务公司，也生产 Kindle 和 Echo 等消费电子产品，是全球最大的云计算服务提供商。1994 年 7 月成立于华盛顿州西雅图。

苹果

Apple.com

苹果公司设计、开发和销售消费电子产品、计算机软件和在线服务，例如 iPhone、iOS 操作系统和 Mac 个人电脑。1976 年 4 月成立于加利福尼亚州洛斯阿尔托斯。

慈善：水源

Charitywater.org

"慈善：水源"是一家非营利组织，为发展中国家的人民提供清洁安全的饮用水。2006 年夏成立于纽约州纽约市。

切萨皮克能源公司

Chk.com

切萨皮克能源公司是一家石油和天然气勘探与生产公司。1989 年 5 月成立于俄克拉何马州俄克拉何马城。

CLASSPASS

ClassPass.com

ClassPass 提供固定费率的月卡订购服务，购买月卡的用户可以参加世界各地的健身班。2013 年 6 月成立于纽约州纽约市。

穿出成功

Dressforsuccess.org

"穿出成功"是一家非营利组织，提供支持网络、职业服装和开发工具，帮助女性在工作和生活中成长进步。1997 年成立于纽约州纽约市。

DROPBOX

Dropbox.com

Dropbox 是一款文件托管服务，提供云存储、文件同步、个人云和客户端软件。2007 年成立于加利福尼亚州山景城。

脸书

Facebook.com

脸书提供 Facebook、Instagram 和 Whatsapp 等产品，从而使人们能相互联系、分享、发现和交流。2004 年 2 月成立于马萨诸塞州剑桥市。

FLIPKART

Flipkart.com

Flipkart 是一家主要服务于印度市场的电子商务公司。2007 年 10 月成立于印度班加罗尔。

谷歌

Google.com

Alphabet 公司是一家控股公司，旗下包括谷歌（该公司的核心互联网业务）以及其他非互联网公司，例如 Calico、Verily、Waymo、X 和 Nest Labs。在本书中，我们将该公司称为谷歌，因为它是为大多数人所熟知的名称，还因为我们主要关注的是该公司的互联网业务。1998 年 9 月成立于加利福尼亚州帕洛阿尔托。

高朋

Groupon.com

高朋是一个电子商务市场，它将订购用户与本地商家提供的优惠联系起来。该公司主要关注的领域是活动、旅行、商品和服务。2008 年 1 月成立于伊利诺伊州芝加哥市。

可汗学院

Khanacademy.org

可汗学院的宗旨是为任何地方的任何人提供免费的世界级教育。它通过提供在线练习和教学视频来实现这一目标。2006 年 10 月成立于加利福尼亚州山景城。

领英

LinkedIn.com

领英是世界上最大的专业网络，旨在将世界各地的专业人士联系起来，使他们更高效、更成功。2002 年 12 月成立于加利福尼亚州山景城。

MERCADOLIBRE

MercadoLibre.com

MercadoLibre 为个人和公司提供在线购买、销售、推广宣传和购买商品的解决方案。1999 年 5 月成立于阿根廷布宜诺斯艾利斯和加利福尼亚州斯坦福。

微软

Microsoft.com

微软开发、制造、许可、支持和销售计算机软件、消费电子产品、个人计算机和服务。按照收入计算，它是世界上最大的计算机软件制造商。1975 年 4 月成立于新墨西哥州阿尔伯克基市。

M-PESA

vodafone.com/content/index/what/m--pesa.html

M-Pesa 是在肯尼亚推出的一款手机上的汇款、融资和小额信贷服务，但服务于全球市场。2007 年 3 月成立于肯尼亚内罗毕。

网飞

Netflix.com

网飞是一款互联网娱乐服务，为会员提供电视节目和电影，包括原创剧集、纪录片和故事片。会员可以随时随地观看他们想看的内容，中间不会插入广告。1997 年 8 月成立于加利福尼亚州斯科茨谷。

PAYPAL

PayPal.com

PayPal 运营着一个支持在线转账的全球在线支付系统，它可以作为支票和汇票等传统纸质支付命令的电子替代品。1998 年 12 月成立于加利福尼亚州帕洛阿尔托。

PRICELINE

Priceline.com

Priceline 为消费者和当地合作伙伴提供在线旅行和相关服务。其主要品牌有 Booking.com、priceline.com、agoda.com、KAYAK、Rentalcars.com 和 OpenTable。1997 年成立于康涅狄格州斯坦福德。

火箭抵押贷款

RocketMortgage.com

通过火箭抵押贷款网站或移动应用程序，用户可以上传财务详情并在几分钟内获知抵押贷款决定。快速贷款公司于 2015 年 11 月在密歇根州底特律推出了火箭抵押贷款。

SALESFORCE.COM

Salesforce.com

Salesforce.com 提供基于云的销售、服务和营销应用程序，并使合作伙伴能在 Salesforce 平台上提供和运行自己的解决方案。1999年 2 月成立于加利福尼亚州旧金山。

SLACK

Slack.com

Slack 提供基于云的协作工具和服务，将团队与完成工作所需的应用程序、服务和资源联系起来。2009 年成立于加拿大不列颠哥伦比亚省温哥华。

SPOTIFY

Spotify.com

Spotify 是一款音乐和播客流媒体服务，让用户可以创建和收听播放列表以及单曲。2006 年 4 月成立于瑞典斯德哥尔摩。

STRIPE

Stripe.com

Stripe 帮助企业接受在线付款和移动应用程序中的付款。2010

年成立于加利福尼亚州帕洛阿尔托。

腾讯

Tencent.com

腾讯是一家控股公司，其子公司在中国和全球提供各种与互联网相关的服务、产品和技术，主要服务包括 QQ 和微信。1998 年 11 月成立于中国深圳。

特斯拉

Tesla.com

特斯拉是一家汽车制造商、储能公司和太阳能电池板制造商。2003 年 7 月成立于加利福尼亚州圣卡洛斯。

推特

Twitter.com

推特是一款在线新闻和社交网络服务，用户可以在其中发布被称为"推文"的消息并进行互动。2006 年 3 月成立于加利福尼亚州旧金山。

优步

Uber.com

优步是一家运输技术公司。它开发、营销和运营优步的交通和食品配送移动应用程序。2009 年 3 月成立于加利福尼亚州旧金山。

小米

Mi.com

小米是一家电子和软件公司，设计、开发和销售智能手机、移动应用程序、笔记本电脑和相关消费电子产品。2010 年 4 月成立于中国北京。

ZARA

Zara.com

Zara（及其控股公司 Inditex）是全球最大的服装和时装零售商。1974 年 5 月成立于西班牙阿尔泰修。

作为<u>企业家和投资者</u>，里德·霍夫曼或他作为普通合伙人的风险投资公司格雷洛克合伙公司与本书中提到的公司有以下关系：

爱彼迎：格雷洛克投资组合中的公司，投资者和董事会观察员

Cloudera：格雷洛克投资组合中的公司

Dropbox：格雷洛克投资组合中的公司

脸书：格雷洛克投资组合中的公司，个人投资

Friendster：个人投资

Gladly：格雷洛克投资组合中的公司

格雷洛克合伙公司：普通合伙人

高朋：格雷洛克投资组合中的公司

Instagram：格雷洛克投资组合中的公司

领英：联合创始人、格雷洛克投资组合中的公司

Medium：格雷洛克投资组合中的公司

微软：董事会成员

Mozilla：前董事会成员

Nextdoor：格雷洛克投资组合中的公司

Pandora：格雷洛克投资组合中的公司

PayPal：创始董事会成员兼高管

Pure Storage：格雷洛克投资组合中的公司

红帽：格雷洛克投资组合中的公司

SocialNet：联合创始人

汤博乐：格雷洛克投资组合中的公司

Zynga：前董事会成员，个人投资

本书中的一部分资料取自 2015 年秋季我们在斯坦福大学教授的一门课，这门课名为"CS183C：技术驱动闪电式扩张"，它帮助我们改进了想法并提供了部分内容，即各位嘉宾在课上的讲话。

在课堂上，我们要求学生写两篇论文和感想总结。我们列出了精选论文以及感想总结范文的链接，既是为了奖励学生的努力学习，也从其他角度为读者提供了关于闪电式扩张的一些观点。本书纸质版的读者可以在 Blitzscaling.com 网站上找到以下链接。

论文精选 1

medium.com/cs183c-blitzscaling-class-collection/featured-essays-for-assignment-1-f8b34938e5e2

乌古斯汗·阿塔伊

罗伯特·曾

豪尔赫·奎托

阿克赛尔·埃里克森

乔斯林·内夫

论文精选 2

medium.com/cs183c-blitzscaling-class-collection/featured-essays-for-assignment-2-c620149f8eb5

豪尔赫·奎托

斯凯拉·多勒辛

阿龙·卡尔布

乔斯林·内夫

感想总结范文

柴塔尼亚·阿萨瓦：medium.com/@casawa/ride-of-your-life-678bea009d3f

克里斯蒂娜·陈：medium.com/@christina.chen/teachers-open-the-door-you-enter-by-yourself-c9135aadef92

豪尔赫·奎托：medium.com/@jcueto/taking-the-leap-399ec46cf3a5

玛克辛·坎宁安：medium.com/@mmcunnin/blitzscaling-with-reid-hoffman-co-final-assignment - 62 e 921 ba 2 bf 3

斯凯拉·多勒辛：medium.com/@sdorosin/from-household-to-nation-final-musings-on-blitzscaling- 2 b 8 b 6 e 27 a 3 ce

阿克赛尔·埃里克森：medium.com/@ericsson_axel/lightning-fast-final-essay-on-blitzscaling- 612 d 12 fc 2139

安德烈·埃斯特瓦：medium.com/@andreesteva/cs- 183 c-final-essay-blitzscaling-a-foundation-for-rapid-company-growth -e 59043 d 63292

维贾伊·戈埃尔：media.com/@vijaygoel/blitzscaling-knowing-when-it-s-time-to-go-all-in- 55 f 4 cad 85 aaa

马库斯·戈梅：medium.com/@mvgomez/final-lessons - 6 ac 03 fdb 1397

里什·古普塔：medium.com/@rish_says/what-i-learnt-from-reid -hoffman-brian-chesky-marissa-mayer-elizabeth-holmes-jeff -weiner-on- 1 e 66 bf 61 a 23 a

库尔特·海因里希：medium.com/@kurtjheinrich/cs 183 c -blitzscaling-takeaways-final-essay- 10609 b 080562

布兰登·希尔：medium.com/@brandon_hill/how-and-when -to-blitzscale-f 54 c 31 f 2 a 4 fd

泰迪·荣格雷斯：medium.com/@teddyjungreis/blitzscaling-for- dummies-c 3 b 48272 acec

阿龙·卡尔布：medium.com/@kalb/blitzscaling-retrospective -b 8 e 72 bf 81229

丹尼尔·哈里托诺夫：medium.com/@volkfox/cs 183 c-final-essay - 1a3242 eca9f

查尔斯·卢：medium.com/@lesleslu/like-lightning - 638 c 9051 beb 8

瑞安·麦金尼：medium.com/@ananmckinney/blitzscaling-the-future-8c9c27c1e1e7

琼·麦克马斯特：medium.com/@joannmacmaster/99c620beaa8a

乔斯林·内夫：medium.com/cs183c-blitzscaling-student-collection/blitzscaling-a-chemical-reaction-bf9e318fe903

纳米特·帕瑞克：medium.com/@Nirmit_Parikh/cs-183c-blitzscaling-168d208532aa

威瑞尔·帕特尔：medium.com/@vral/2ab47a57a162

戴恩·拉思伯恩：medium.com/@daynerathbone/blitzscaling-takeaways-73570800f84b

舒赫尔·什雷斯塔：medium.com/@shikharshrestha/final-reflections-on-blitzscaling-a8eb5aacba96

贾森·威克斯：medium.com/@Weeksy_J/cs183c-final-assignment-9be1b4af8087